D1735854

Paul Chan
Selected Writings 2000 — 2014

Paul Chan
Selected Writings 2000 — 2014

Redigiert von George Baker und Eric Banks,
mit Isabel Friedli und Martina Venanzoni
Einführung von George Baker

LAURENZ-STIFTUNG
[SCHAULAGER]®

Paul Chan: Selected Writings 2000–2014
Redigiert von George Baker und
Eric Banks, mit Isabel Friedli und
Martina Venanzoni

Herausgegeben von der Laurenz-Stiftung,
Schaulager, und Badlands Unlimited

Die Publikation wurde anlässlich der
Ausstellung *Paul Chan* im Schaulager Basel,
11. April bis 19. Oktober 2014, realisiert.

Erweitertes E-Book (englische
Sprachausgabe) mit Multimedia-Inhalt
auf Apple iBooks, Amazon Kindle
und anderen E-Readern erhältlich.
Weitere Informationen auf
www.badlandsunlimited.com

Übersetzung: Suzanne Schmidt und
Tarcisius Schelbert (Texte Paul Chan),
Nikolaus G. Schneider (Essay George Baker)
Lektorat: Marianne Wackernagel und
Wolfgang Rother (Schwabe Verlag)
Gestaltung: Kobi Benezri, Zürich
Produktion: The Production Department
Druck: Schwabe AG, Muttenz, Schweiz
Gestaltung E-Book: Ian Cheng
Zusätzliche Programmierung und
Produktion E-Book: Micaela Durand
und Matthew So

VERTRIEB:

Schweiz
Laurenz-Stiftung, Schaulager
Ruchfeldstrasse 19
CH-4142 Münchenstein/Basel
info@schaulager.org

Europa
Buchhandlung Walther König, Köln
Ehrenstrasse 4
D-50672 Köln
Tel. +49 (0)221 / 20 59 6-53
Fax +49 (0)221 / 20 59 6-60
verlag@buchhandlung-walther-koenig.de

Nordamerika
ARTBOOK / D.A.P.
155 6th Avenue, 2nd Floor
New York, NY 10013
ARTBOOK.COM

Erste Auflage 2014
© 2014 Laurenz-Stiftung, Schaulager,
   und Badlands Unlimited
© Texte bei den Autoren: Paul Chan,
   George Baker
© Werke von Paul Chan: Paul Chan
Sonstige Werke siehe Bildnachweis

ISBN: 978-3-9523971-3-8
E-Book ISBN (englische Sprachausgabe):
978-1-936440-64-1

Inhalt

III. FONTS UND WERKE

IV. KÜNSTLER UND AUTOREN

Eine neue Welt verlangt eine neue Sprache

Von George Baker

Die Ideen verhalten sich zu den Dingen wie die
Sternbilder zu den Sternen.[1]

—Walter Benjamin

Wer hat nicht schon in den Himmel hinaufge-
schaut, verzweifelt, auf der Suche nach einem
Zeichen, nach irgendetwas.

—Paul Chan

Eine kategoriale Unbeständigkeit plagt die Werke des Pantheons
bedeutender Künstler-Autoren unserer Zeit. Robert Smithson.
Dan Graham. Martha Rosler. Allan Sekula. Mike Kelley. John
Miller. Moyra Davey. Jimmie Durham. Andrea Fraser. Gregg
Bordowitz. Manchmal politischer Natur, manchmal als Mittel
zum Zweck (die Beschreibung eines Kunstwerks oder Projekts),
manchmal poetisch, manchmal fiktional, manchmal historisch – sogar kunsthistorisch –, weisen Künstlertexte eine
Heteronomie auf, die den Akt des Schreibens selbst destabili-
siert. Möglicherweise ist dies die grosse Verheissung dieser in den
letzten Jahren von Künstlern hervorgebrachten Schreibweise,
eine Herausforderung für Stellenwert, Aufgabe und Zweck des
Schreibens in unserer Kultur; und mit Sicherheit charakterisiert eine derartige Instabilität die schriftstellerischen Aktivitäten
Paul Chans.

Jede Sammlung von Künstlerschriften droht eine solche
Heteronomie zu zerstören oder zu entschärfen. Ich möchte
daher, gewissermassen als Geste der Verschärfung, zunächst einfach an die extreme Vielfalt von Chans Auseinandersetzungen
mit der Sprache erinnern, wobei in der vorliegenden Sammlung
von Essays, Statements und auf Sprache beruhenden Werken nur
eine Selektion abgedruckt werden konnte.

Meine erste Begegnung mit einer Spracharbeit von Paul Chan fand 2004 in seiner Ausstellung in der Greene Naftali Gallery in New York statt, in deren Mittelpunkt die Projektion *My Birds... Trash... The Future* (2004) stand. Auf einem Sockel hatte der Künstler einen Revolver platziert, der dank einem eingebauten Lautsprecher Worte ausspuckte. Wer zuhören und deutlich verstehen wollte, musste sich die Waffe an den Kopf halten, den Lauf der Pistole auf das Ohr gerichtet (*Untitled (for Antigone)*, 2004). Dieses Werk kann aufgrund seines performativen und bildhaften Charakters, seiner Verzweiflung und des schwarzen Humors als emblematische Arbeit gelten. In der Folge lernte ich frühere Projekte Chans kennen, die mit Zeichensätzen, mit Fonts, spielen: die *Alternumerics*, die die Grundbausteine der Sprache sowohl auf lesbare als auch auf unlesbare Weise transformieren, was sich wie ein roter Faden durch seine Kunst zieht. Aus solchen Spracharbeiten scheint sich eine konzertierte Praxis des Schreibens herauskristallisiert zu haben, die an Dringlichkeit und Häufigkeit mehr und mehr zunimmt. Die Essays des Künstlers zeugen inzwischen von einer Auseinandersetzung mit Philosophie, die man in dieser Intensität auf dem Gebiet der Kunst nur selten, auf diesem Niveau vielleicht sogar noch nie zuvor erlebt hat.

Zu Paul Chans Werken zählt aber auch ein illustriertes Kinderbuch, *The Shadow and Her Wanda* (2007), wenngleich eines, das auf dem Text eines Philosophen basiert, auf Nietzsches 1880 erschienenen *Der Wanderer und sein Schatten*.[2] Es gibt auch andere Geschichten, kurze fiktionale Texte sowie Dialoge und Stücke mit einer kollektiven Autorschaft.[3] Einige Texte sind mit entliehenen Abschnitten angereichert, machen sich Standpunkte anderer Autoren zu eigen, während andere originär erscheinen. Einige gingen aus Reden hervor, die bei Feiern oder zu öffentlichen Anlässen gehalten wurden (und als Audio-«Sendungen» auf der Website des Künstlers, nationalphilistine.com, weiterleben), andere traten zunächst als Stellungnahmen in öffentlichen

Debatten, als Argumente in Erscheinung. Einige setzen sich mit Politik auseinander, am häufigsten mit dem Irakkrieg, andere befassen sich mit Religion, Kirchen, dem spirituellen Bereich. Es gibt ein bisschen Pornografie. Und vielleicht ein bisschen Poesie. Und nicht wenige Aphorismen (um den griechischen Ausdruck zu verwenden), das heisst die Textfragmente, die wir als Maximen kennen (in Erinnerung an die lateinische Bezeichnung), mit ihrer nahezu irrwitzigen Verdichtung und ihrer schillernden Kürze. Und dann gibt es da eine weitschweifige Geschichte des Fleisches und seines Verzehrs in heutigen Gesellschaften.[4] Eine tiefgreifende Reflexion über die Rolle des Lichts in abendländischen Vorstellungen und Bewusstseinsformen. Einen Vortrag über Duchamp (noch ein Duchampianer!), der auch ein Exkurs über die Freiheit ist und sich dann selbst als «Komödie» bezeichnet. Auffallend ist, dass jene instrumentellen Formen des Schreibens fehlen, die für Künstler in der Vergangenheit so charakteristisch waren: das politische Traktat und das avantgardistische Manifest.

(Es handelt sich dabei zwar nicht wirklich um eine «Schrift», aber hier ist vielleicht der Ort, um darauf hinzuweisen, dass meine Lieblingspublikation Chans, ein Katalog seiner Werke, einen Umschlag hat, der in der Dunkelheit leuchtet. Als ich dies zum ersten Mal bemerkte, verschlug es mir den Atem. Und so lasse ich das Buch nun unbeachtet, obwohl es vor einem Bücherregal steht, ganz in der Nähe meines Schreibtischs. Häufig ist es das Letzte, was ich vor dem Schlafengehen sehe, und das mir inzwischen vertraute Schimmern weckt Erinnerungen an lang zurückliegende und weit entfernte Schlafzimmer, eine Rückkehr in die Kindheit.[5] Alle Bücher sollten in der Dunkelheit leuchten. Und vielleicht tun sie das ja auch, gibt Chans Katalog zu bedenken, und wir haben es einfach nicht bemerkt.)

Und dann gibt es da jene Referenzen, die in den Texten selbst auftauchen. Wie ein Kunstkritiker oder Kunsthistoriker hat Chan Essays über andere Künstler geschrieben (Rachel Harrison, Sigmar Polke, Henri Michaux), über Filmemacher (Chris Marker,

Paul Sharits, Pier Paolo Pasolini), Dramatiker und Schriftsteller (Stuart Sherman, Saddam Hussein [!]) und Theoretiker oder Philosophen (Theodor W. Adorno, Michel Foucault, Jacques Rancière). Doch das umfassendere Textkorpus vervielfältigt diese scheinbar unzusammenhängende Liste von Bezugspunkten auf exponentielle Weise. Wir begegnen einer Welt, die bevölkert wird von Maurice Blanchot und dem Rapper Jadakiss, von Outsider-Künstlern wie William Hawkins oder Henry Darger, Politikern wie George W. Bush oder Politikwissenschaftlern wie Carl Schmitt, einer Welt, in der Mark Twain (Chan bezeichnet ihn als « grössten amerikanischen Philosophen») und Jam Master Jay, Hegel und Insane Clown Posse, Platon und Marquis de Sade auftreten sowie immer wieder Lieblingsautoren wie William Faulkner, Karl Kraus, Georges Bataille, Robert Bresson, Samuel Beckett, John Cage, der Apostel Paulus, Yvonne Rainer, Philip Guston und Empedokles. Darin folgen die hier versammelten Schriften direkt den seltsamen Gruppierungen und recht spezifischen literarischen oder historischen Bezügen, die Chans frühe Werke mit projizierten Bildern kennzeichnen. So verschmelzen in *Happiness (Finally) after 35,000 Years of Civilization (After Henry Darger and Charles Fourier)* (1999–2003) Charles Fourier und Henry Darger auf unerklärliche Weise miteinander, und Biggie Smalls, Pasolini, das Buch Levitikus, William Blake und Beckett ziehen zusammen ihre Bahnen durch *My Birds... Trash ... The Future.*[6]

Es ist der beklagenswerte Fluch des Kritikers, das bedrückende Schicksal der edierten Anthologie, Ordnung in eine derart verschwenderische Vielfalt zu bringen. («[J]edes System, das eine Welt reduziert», schreibt Chan in seinem Text über die *Alternumerics*, «ist [...] tragisch. Man denke etwa an Diderots Enzyklopädie. Oder an den Sozialismus.») In der vorliegenden Sammlung haben die Herausgeber Chans Essays nach Gattungen gegliedert, nach einem elementaren Raster: philosophische Essays über Ästhetik und Politik, Schriften, die im Zusammenhang mit bestimmten

Werken oder Produktionen entstanden, dann Texte, die sich explizit mit bestimmten Persönlichkeiten befassen, sowie ein vierter Teil mit einer Auswahl jener Spracharbeiten, die sich der Form des Essays und vielleicht überhaupt jeder Verschriftlichung widersetzen. Innerhalb dieser umfassenden Kategorien, die, muss man zugeben, aufgrund der Natur der Texte immer wieder durchlässig sind oder durchbrochen werden, gilt dann eine Art Nicht-Ordnung: die blanke Chronologie als «Nullpunkt» von Ordnung, die Chan selbst in einer von ihm häufig verwendeten, implizit anarchistischen Formulierung wohl als eine Ansammlung von Essays «in keiner bestimmten Reihenfolge» bezeichnen würde. Allerdings wurde jeder Abschnitt um einen Gegensatz herum strukturiert, oder vielleicht einfach nur um ein Begriffspaar, eine Kollision zweier völlig disparater, aber bedeutsamer Begriffe, die darüber hinaus zum grössten Teil fast klischeehaft vertraut anmuten: Ästhetik und Politik, Theorie und Praxis, Künstler und Autoren, Fonts und Werke. In dieser Hinsicht vermögen die Kategorien des Buches ein Echo auf die von den Texten selbst in Szene gesetzten Gruppierungen zu geben, wenn auch nicht auf ihre Bandbreite und mitunter schrille Disparität.

Der Leser dürfte inzwischen erraten haben, dass ich gerade die Verschiedenheit der Texte, die von ihnen geleistete Arbeit des Gruppierens und unzusammenhängenden Sammelns traditioneller Formen und Inhalte, für die überragende, wenn auch paradoxe Einheit der Texte selbst halte. In seinem Essay über Sharits nennt Chan die Bandbreite der Bezüge, mit denen wir in den propositionalen Zeichnungen des Künstlers konfrontiert werden, eine «Konstellation der Ideen und Diskurse [...], die die geistige Sprengkraft der Werke ausmachen». Man ist versucht, die Bandbreite der Bezüge und die Galaxie der Persönlichkeiten, die in Chans Schriften erscheinen, auf ähnliche Weise zu begreifen. Derartige Figuren bilden den Pantheon eines Künstlers, den würzigen Eintopf aus Ideen und Bildern, die das Werk inspirieren. Doch ich glaube, dass die konsequente Aktivität des

Gruppierens und Aneignens, das Sammeln von Positionen und Stimmen, das in Chans Begriff der «Konstellation» anklingt – Darger mit Fourier, Biggie Smalls mit Beckett, Blake und Pasolini –, eine tiefergehende Funktion im Werk des Künstlers erfüllt. In der Tat liesse sich Folgendes sagen: Die Arbeit mit der Sprache, die Arbeit des Schreibens ist für Chan zu jener endlosen Produktion von *Konstellationen* geworden, die ich unmittelbar als ein Denken oder als eine Idee charakterisieren würde, die sich in eine Form entlädt, die Vielheit involviert, in eine Gestalt, die neue Anordnungen entwirft, in eine Menge unerwarteter Beziehungen – kurz gesagt, in visuelle Bilder.

Ausserhalb der Texte, jenseits von Chans frühen Projektionen, lässt sich die Entwicklung der Taktik der Konstellation durch sämtliche Projekte des Künstlers hindurch verfolgen. Vor seinem scheinbaren, erst unlängst erfolgten «Verzicht», Kunst zu machen, um stattdessen mit Badlands Unlimited E-Books zu verlegen, bot Chan eine Serie «kostenloser Hörbücher» auf seiner Website nationalphilistine.com an. Unter dem Projektnamen *My Own Private Alexandria* (2006) schuf der Künstler eine Sammlung «kostenloser DIY MP3-Audioessays», eine Serie aufgezeichneter Lesungen von Texten von Philosophen, Künstlern, Kritikern und Schriftstellern mit einer Gesamtlänge von rund 16 Stunden. Darunter finden sich «Das Glück in der Sklaverei» von Jean Paulhan, der neue Essay «Der Autor als Empfänger» von Kaja Silverman, ein Text über die «bevorstehende soziale Metamorphose» von Charles Fourier, «Ein Waffenstillstand für die Kreaturen» von Colette, ein Aufsatz über «die Geburt der Kunst» von Maurice Blanchot, das «Theologisch-politische Fragment» von Walter Benjamin, der Text «Das Ding» von Martin Heidegger, die Geschichte «Lust auf Verlust» von Lynne Tillman und eine Abhandlung über das «Küssen» von Voltaire, insgesamt etwa 45 Texte. Mehrheitlich von Paul Chan selbst gelesen, auch wenn ihm hier und da Freunde zur Seite stehen, scheinen die Texte durch den Vortrag mit einer Wiederbelebung der Gedanken der Essays einherzugehen, mit

14

einer physischen Verkörperung des Denkens, und die Website benennt die Missgeschicke, die sich bei der Lektüre immer wieder einstellen: Chans fürchterliches Französisch («falsch ausgesprochen», «verschandelt»), der «seltsame Leserhythmus», der einem schwierigen Text zusetzt, ein Buch, «das auseinanderfällt, verdammt», ein «Husten», «etwas Gekicher» oder «unkontrollierbares Gelächter» im Falle eines überzogenen Essays mit dem Titel «Gastro-Porn» von Alexander Cockburn in der *New York Review of Books*.

My Own Private Alexandria, das zunächst in einer ungeordneten Master List präsentiert wird, von der es auf der Website heisst, sie folge «keiner bestimmten Reihenfolge», lässt sich umstrukturieren und neu organisieren, indem man eine Reihe bonbonfarbener Boxen in der Kopfzeile der Website anklickt. Diese Master List zunächst im Sinne einer reinen Quantifizierung «nach Datum» oder «nach Länge» neu zu ordnen, präsentiert dem Leser eine schwindelerregende Serie anderer Optionen, wie sich die Texte gruppieren und umgruppieren lassen. Man bietet uns Lesecluster, die «etwas mit Ästhetik» zu tun haben, oder «von noch lebenden Autoren», oder die «Tiere erwähnen» oder «Erotik» oder «in denen Gott herumgeistert» oder «Freud», oder die möglicherweise «Aktivisten sich anhören sollten» oder die «besonders melancholisch» sind oder «Rezepte» enthalten oder die «mitten im Krieg» geschrieben wurden. Jede Gruppierung verändert die Auswahl der Texte, erzeugt Listen und Serien von Autoren unterschiedlichen Charakters, als ob das Wichtigste an den kostenlosen Hörbüchern die Aktivität des Gruppierens selbst sei, die Konstellation der Gedanken und Denker, die sie erzeugen. In *My Own Private Alexandria* wird die Bibliothek zu einer potenziellen Konstellation, einer Art veränderbaren Playlist, die einem nicht zufälligen Shuffle (Mischvorgang) folgt, bei dem Ordnen und Neuordnen, Arrangieren und Umarrangieren zwar von einer digitalen Plattform unterstützt werden mögen, aber offenbar auch zu einem wesentlichen Akt des Denkens selbst geworden sind. Wiederbeleben und dann neu ordnen, das ist es, was Chans Hörbücher leisten.

Das Digitale als Plattform, so könnte man sagen, ist bereits in Chans frühesten Font Works, den *Alternumerics*, in unterschiedlichen Konstellationsformen ausgebrochen. Die im weitesten Sinne mit Übersetzungsprozessen befassten *Alternumerics* «verstümmeln», so der Künstler, die alphanumerische Tastatur, durch neue und disparate Fonts, «die das Bedeutungspotenzial von Schrift zugleich einschränken und erweitern». Mehrere von Chans frühen Fonts spielen mit dem Gedanken der Verräumlichung der alphanumerischen Sprache zu Bildern – ein Kennzeichen, so könnte man sagen, der Konstellation als einer Form, eine Art des Schreibens, die sich selbst zu einem Bild komprimiert. *Blurry but not blind—after Mallarmé* (2002) wandte sich der modernistischen Geschichte der Verräumlichung von Text im Werk des bedeutendsten mit dieser Dynamik befassten Dichters zu; *The Wave, Gone* und *The River, Gone* (beide 2005) verwandelten Buchstaben in Linien, Worte in abstrakte Gemälde, und sie taten dies als Fonts, die von den linearen Formen und Bildelementen der Malerin Agnes Martin abgeleitet waren.[7] Doch der Font *The Future Must Be Sweet—after Charles Fourier* (2001) sollte sich als derjenige herausstellen, der sich am direktesten mit der Taktik der Konstellation auseinandersetzte. Fourier, so Chans Erläuterung, «meinte, die Welt soll um unsere Lüste herum organisiert sein: Jeder soll gleichen Zugang zu Liebe, Gerechtigkeit und exquisiten Speisen haben». Indem er jeden einzelnen Buchstaben als eine Gruppierung von Wörtern neu konzipiert, die durch diagrammatische Linien, Cluster aus Ideen und utopischen Begriffen miteinander verbunden sind, «deutet» der Font «Fouriers Philosophie in ein textuelles graphisches System um und verleiht den einzigartigen Verbindungen, die Fourier zwischen radikaler Politik und utopischen Wünschen herstellte, eine Form. Unterschiedliche Beziehungen zwischen den Buchstaben (und den Wörtern) entwickeln sich auf der Grundlage einfacher Veränderungen bei der Textverarbeitung: Punktgrösse, Seitenbreite, Zeilendurchschuss und Unterschneidung.» Tippt man in dieser Schriftart, so erzeugt man ein Netz wechselseitig miteinander verbundener Wörter, ein Diagramm aus Lüsten, Hoffnungen und Idealen. «Fatty duck», «The social compass», «Pleasure», «Civilization», «Bright pastries», «Philanthropy», «Multiple lovers». Doch die daraus hervorgehenden, technisch anmutenden Diagramme rufen unweigerlich auch eine ursprünglichere Sprache des Mythos ins Gedächtnis zurück, die astrologische Form der Konstellation, eine Sternenkarte strahlender Namen, die sich ständig ändern, aber verlorene utopische Träume benennen: Wörter und Ideen, die ihre Form in einer Reihe von Karten eines begrifflichen Kosmos finden.

2005 schuf Chan ein Werk, dem er den Titel *Constellation Series* gab. Hier wandte er sich, zu einem Zeitpunkt der Verzweiflung, ausdrücklich den Sternen zu, blickte nach oben zu den mythischen Bedeutungen, die dem Nachthimmel zugeschrieben werden, als Reaktion auf das Frage-und-Antwort-Spiel, das auf politischen Demonstrationen so häufig stattfindet: «So sieht Demokratie aus.» In *The Future Must Be Sweet* sollte nun die verlorene Utopie, kartografiert und endlos in kosmologische Bilder verwandelt, buchstäblich himmelwärts ausgetrieben werden. In Anbetracht der Vorstellung, dass «Amerika als demokratisches Experiment» schon allein wegen der durch den Klimawandel angerichteten Verheerungen «nicht überleben wird», fragte sich der Künstler: «Aber bedeutet dies, dass Amerika auf der Erde sterben muss?» Chan schuf eine Serie von Tintenstrahlzeichnungen vertrauter astronomischer Konstellationen, die mit neuen Formen und intensiven, finsteren Farben gesättigt sind, und schlägt vor: «Lasst uns die Sterne und die Konstellationen umbenennen, um uns an jene Dinge zu erinnern, die wir verloren haben, und an jene, die wir erst noch erlangen müssen. [...] Amerika sollte als ein Mythos und eine Verheissung weiterleben, die vielleicht zu einem späteren Zeitpunkt und auf einem anderen Planeten eingelöst wird.»[8] Die Werke erhielten Titel wie *A free press (formerly Ursa Minor)* oder *A jury of peers (formerly Aquarius)* oder, scherzhaft, *Separation of Church and State (formerly Gemini)* (alle 2005). Und dann zeichnete der Künstler mit leuchtenden Punkten und gestrichelten Linien fantastische Bilder über die ehemals ikonischen Sternkonstellationen, verunstaltete Orion (der jetzt keinen Gürtel mehr hat, dafür aber unzählige Linien, die Bogen und potenziellen Buchstaben nachspürten) und kritzelte und kreiste schleifenförmig wild zwischen den Punkten herum, die einst den Grossen Wagen bildeten (Ursa Major). Die Konstellationen, die Sterne, sind besetzt, umbenannt und dann neu gezeichnet worden.[9]

Der andere Schauplatz, auf dem die Konstellation in Paul Chans Werk als Form explizit in Erscheinung tritt, sind die Zeichnungen in einem Buch, und zwar in seiner Kindergeschichte *The Shadow and Her Wanda*. Mit Bildern, die jenen Gestalten ähneln, die in der *Constellation Series* erkundet werden und die auf die Formen verweisen, die in *The 7 ~~Lights~~* (2005-2007), dem anderen grossen Projekt des Künstlers, zum Einsatz kommen, erzählt der Text von einem Mädchen namens Wanda, das sich vor der Nacht fürchtet. Mit einem Anklang an Goethe und Adorno (und vielleicht auch an Blanchot) sieht sich Wanda einem nächtlichen Sternenhimmel voller gestrichelter Linien gegenüber, einer Explosion neuer Formen und Gestalten: «Euch bedaur' ich, unglücksel'ge Sterne», sagt sie etwas altklug. «Ihr weint in der Dunkelheit, ohne Tränen zu vergiessen.» Als sie der Nacht den Rücken zukehrt, begegnet Wanda erneut der Leere, nun in Gestalt ihres Schattens, mit dem sie das ganze Buch hindurch spricht. Doch während Chan zeichnet, wie dieser Schatten immer neue Formen annimmt, füllt sich seine Dunkelheit allmählich mit Lichtpunkten, und die Nacht erhält eine neue Gestalt, mit dem Gefunkel der Sterne und deren Spinnennetz aus gestrichelten Verbindungen, den Konstellationen, die in der Tiefe des Abgrunds pulsieren. Im Buch werden sie zu Vorboten des

Wandels: «Der Schatten zog an einem Mann vorüber. In der Nacht ihres Schattens» – im Buch findet sich an dieser Stelle die Zeichnung eines Schattens voller Sterne – «sah Wanda, wie sich der Mann veränderte.» Während das Feld der Sterne in der Schwärze des Schattens immer grösser wird und sich schliesslich über ganze Doppelseiten in Chans Erzählung hinzieht, hören wir dieses Lied der Verwandlung: «Der Schatten zog an einem Fenster vorüber. In der Dunkelheit veränderte sich das Fenster.» Und dann: «Auch Wanda veränderte sich», berichtet der Text und präsentiert uns ein Bild ihres bis zum Rand mit Sternen und Konstellationen gefüllten Schattenrisses, wie Worte ohne Sprache, ein Text endloser neuer Formen und Gestalten, ein Gewebe von Beziehungen und Verbindungen.[10]

Indem er die Idee der Konstellation aufgreift, setzt Chan sich mit einem der geheimnisvollsten, aber auch der transformativsten Konzepte auseinander, die den Philosophen der Frankfurter Schule, insbesondere Benjamin und Adorno, zugeschrieben werden. Was die Entwicklung von Chans Überzeugungen in den hier versammelten Schriften betrifft, ist Letzterer vielleicht der wichtigste Denker für ihn. Die Taktik der Konstellation beruht auf einer Idee Benjamins aus seinem frühen Werk *Der Ursprung des deutschen Trauerspiels*; sie wurde von Adorno aufgegriffen und prägte seine eigene Philosophie von einem frühen Vortrag wie «Die Aktualität der Philosophie» bis zur späteren *Ästhetischen Theorie*. In Benjamins Opus magnum, seinem ebenso tragischen wie unvollendeten *Passagenwerk*, diente sie als entscheidende Strategie. Dort lesen wir die häufig zitierten, doch fast nie verstandenen Zeilen:

Nicht so ist es, daß das Vergangene sein Licht auf das Gegenwärtige oder das Gegenwärtige sein Licht auf das Vergangene wirft, sondern Bild ist dasjenige, worin das Gewesene mit dem Jetzt blitzhaft zu einer Konstellation zusammentritt. Mit anderen Worten:

Bild ist die Dialektik im Stillstand. Denn während
die Beziehung der Gegenwart zur Vergangenheit
eine rein zeitliche ist, ist die des Gewesnen [sic]
zum Jetzt eine dialektische: nicht zeitlicher sondern
bildlicher Natur. Nur dialektische Bilder sind echt
geschichtliche [...].[11]

In früheren Formulierungen hatte Benjamin konstellationsartige Gruppierungen unvereinbarer Figuren als Schlüssel zum
Wissen bezeichnet: «Breton und Le Corbusier umfassen – das
hieße den Geist des gegenwärtigen Frankreich wie einen Bogen
spannen, aus dem die Erkenntnis den Augenblick mitten ins
Herz trifft.»[12] Doch die Idee einer Gedankenkonstellation wurde für Benjamin eine allgemeinere historische Methode, eine
Umfunktionierung der Ästhetik der Montage in ein Instrument
des Wissens, eine «Zäsur» im Fluss der Geschichte und der
Ereignisse, deren Diskontinuität und Umgruppierung als ein
potenziell revolutionäres Bild des «Erwachens» dienen konnte.[13]
   Sowohl auf manifeste als auch auf latente Weise wurde
die Idee der Konstellation für Paul Chan so entscheidend, wie
Gilles Deleuze und sein Begriff des «Kleinen» es seinerzeit für
einen Künstler wie Mike Kelley war.[14] Da die Konstellation die
Vorläuferin von Benjamins Idee des «dialektischen Bildes» war,
überrascht es nicht, dass sich Chan in seinen eigenen Erklärungen
der Formel des dialektischen Bildes – «Bild ist die Dialektik
im Stillstand» – bedient. So lesen wir in «39 Sentenzen»: «Ein
Ding ist ein Netz von Beziehungen im Stillstand.» In «Inneres
Gesetz» heisst es schon früher: «Kommen ist der Moment im
Stillstand». In «Duchamp oder Die Freiheit» wird Duchamp als
jemand beschrieben, der Kunst «als einen zum Stillstand gebrach-
ten Augenblick» mache. Und eine Zeichnung Sharits wird von
Chan auf ähnliche Weise als Gefühl von «Ruhelosigkeit im
Stillstand» begriffen. Diese Formulierung, die sich mehrfach in
Chans Aphorismen einen Weg bahnt, so wie sein Schreiben selbst

immer wieder in so vielen seltsam fesselnden und eulenhaften
Äusserungen implizit aphoristisch Gestalt findet, besagt etwas
Entscheidendes über die aphoristische Form dieses Schreibens.
Denn ein Aphorismus, so könnte man sagen, führt die Stärke
und die Simultaneität des Bildes in die Schrift über. Er ist eine
Form, in der Schrift und Bild einander kreuzen. Darüber hinaus scheint ein Aphorismus eine Konstellation von Kräften zu
sein, ein komprimierter Text, so wie es das dialektische Bild
für Benjamin war. Man kann diese Kräfte als Anziehungskräfte
betrachten, bedenkt man die potenziell fragmentarische Natur
des Aphorismus, seine Offenheit, seinen Aufruf an den Leser, sich
auf ein Weiterdenken, einen Prozess der Entzifferung und damit
eine vertiefte Lektüre einzulassen. Doch zugleich scheint der
Aphorismus mit seiner wirkungslosen Selbstabkapselung vollendet zu sein, eine Kraft also, die zugleich anzieht und abstösst.
Diese Unvereinbarkeit hängt für Chan ganz entscheidend mit
der Strategie der Konstellation zusammen.

Der Begriff der *Konstellation* wird in den folgenden
Essays zwar explizit, doch selten benutzt, und er bezieht sich
auf viele scheinbar unterschiedliche Dinge. In «Was Kunst ist
und wo sie hingehört» beschreibt Chan die Anordnung von
Gegenständen, «Kunstwerke eingeschlossen», in einer Wohnung
als eine «Konstellation», die ein «Netz von Verwendungen und
Bedeutungen, das uns mit einem Ort verbindet und uns in
einer sinnlichen Realität verwurzelt», spinnt. In einem zusammen mit anderen Autoren verfassten Essay, der nicht in diese
Sammlung aufgenommen wurde, jedoch einen Widerhall in
vielen der darin enthaltenen Texte findet, begreift der Künstler
politische Organisation mit Hilfe desselben Begriffs: «Es vorzu-
ziehen, ‹sich nicht an das Programm zu halten›, kann ebenfalls
die Form einer Versammlung, eines Verbandes, des Schaffens
von Konstellationen annehmen, die etwas Raum und Zeit zum
Atmen, zum Sein und zum Denken erzeugen.»[15] Aber vielleicht
wichtiger noch als diese Belege ist, dass die Idee der Konstellation

im Laufe des Schreibens sich in viele verwandte Vorstellungen entfaltet oder an anderen Orten und in anderen Ideen wahrzunehmen ist, die für die Texte von entscheidender Bedeutung sind, auch wenn der Ausdruck nicht explizit vorkommt.

Die Metapher der Konstellation, die Chans viele, in vielfältiger Gestalt neu konzipierte Beschreibungen von Subjektivität und Erinnerung mitunter bestimmt, geistert durch nahezu alle Texte des Künstlers, in denen es um Kunst, künstlerische Komposition und ästhetische Form geht. In dem Essay «Wunder, Kräfte, Attraktionen – neu betrachtet» etwa zieht Chan eine Analogie zwischen Kunst und Physik in Erwägung. Beschreibungen des Magnetismus kommen in den Texten immer wieder vor und rufen stets die Gruppierung und die Kräfteverhältnisse der Konstellationsaktivität in Erinnerung. Kunst, erklärt Chan in «Wunder, Kräfte, Attraktionen», hat das Potenzial, «wie ein Magnet zu wirken und Elemente aus der empirischen Welt so an sich zu ziehen, dass seine Komposition deren typische Zusammenstellung aufhebt und es erlaubt, sie umzuordnen, um neue Anziehungskräfte zu erzeugen». Man fühlt sich an eine frühe Erwähnung der Idee der Gedankenkonstellation in den Schriften Benjamins erinnert: «Jede Idee ist eine Sonne und verhält sich zu ihresgleichen wie eben Sonnen zueinander sich verhalten.»[16] Und tatsächlich fährt Chan fort: «Ein Werk ist jedoch mehr als eine Attraktion. Die Macht der Kunst hat ebenso viel damit zu tun, wie sie die Welt auf Distanz hält, wie damit, sie zu sich heranzuziehen.» Indem er von impliziten Metaphern der Schwerkraft und des Magnetismus zu ästhetischer Theorie und Philosophie, zu Ideen von Autonomie und Freiheit übergeht, kommt der Künstler zu dem Schluss: «Wenn die Kunst ihre inneren Elemente in eine Ordnung von Unversöhnlichkeiten aufbricht, dann ändert sich ihre wesentliche Polarität von etwas, das anzuziehen versucht, in etwas, das gar nicht anders kann als abzustossen.»

In demselben Essay begegnet uns eine der grossen Analogien, die Chans Texte (und sein Werk) durchziehen, und augenscheinlich ein weiterer Versuch, die Idee der Konstellation sowohl für die Kunst als auch für das soziale Leben fruchtbar zu machen. Der Essay beginnt mit den Versen der Rap-Gruppe Insane Clown Posse, die Musik und ihre Formen auf reflexive Weise beschreiben:

And music is magic, pure and clean
You can feel it and hear it, but it can't be seen[17]

Für Paul Chan wird Musik eine Struktur, die es in einen Dialog mit der Idee des Magnetismus zu bringen gilt, ein Feld der Anziehung und der Abstossung, ein Beziehungsgeflecht. «Musik ist deshalb so wunderbar, weil sie uns antreibt und anzieht, ohne körperhaft zu sein. Sie wirkt wie eine unsichtbare Macht: magisch, von einer anderen Welt und anscheinend jenseits jeder menschlichen Berechnung. Magnete haben diese Eigenschaft auch.»

Doch Musik bildet den Ursprung von Chans schriftstellerischer Tätigkeit. Wie bei den ersten abstrakten Malern des frühen 20. Jahrhunderts ist sie ihm als treibende Kraft für weitere ästhetische Gedanken nie von der Seite gewichen. Bereits im Titel eines seiner ersten Essays als Künstler (Chan hatte zuvor als Journalist gearbeitet), dem Katalogtext «A Bitter Meat Symphony», wurde sie heraufbeschworen. Sie zeigt sich immer wieder in dem in allen Texten offenkundigen Drang, sich an Adorno anzulehnen, den grossen und erschütternden Philosophen der modernen Musik, dessen Schriften Chan in seinem Essay über den Philosophen als «Sonate einer Sirene» bezeichnet, eine andere Anziehungskraft wie in dem mythischen Verweis auf die *Odyssee*, in der verführerische Signale ausgesandt werden, die den Zuhörer ködern und fesseln. Auf ähnliche Weise werden auch die Filme von Paul Sharits als «Schattensonaten» beschrieben, und tatsächlich wer-

den in Chans Essay über den Filmemacher sowohl Subjektivität
als auch Erinnerung mit der potenziell polyphonen und explizit
multiplen formalen Struktur von Musik in Einklang gebracht.
«Auf der gesellschaftlichen Bühne, die wir manchmal Leben nennen», klagt Chan, «sind diese radikal anderen inneren Stimmen
darin geschult, stets im Einklang zu bleiben und in gnadenloser
Harmonie zu singen.» Doch dann verändert sich die Metapher
des Künstlers, und die relationale Form des Musikalischen selbst
wird mit dem Wechsel vom «Leben» zur «Kunst» eine andere:
«Die Kraft der Vermittlung als ästhetische Konstruktion erlaubt
diesen Stimmen, jenseits ihrer Oktave und Reichweite herumzuschweifen. Sie finden innerhalb der neuen Dissonanz neue
Resonanzen und singen in der Harmonie des neuen Rauschens,
ohne dem Chaos oder der Ordnung zu erliegen – ein Zustand,
der sicher realer ist als die Wirklichkeit.»

Neuordnen und Umgruppieren stehen einmal mehr auf
der Tagesordnung. Und wenn Paul Chan diesen Prozess in den
Werken anderer Künstler mit einer musikalischen Metapher
beschrieben hat, so war dies auch die Aufgabe des Einzugs der
musikalischen Form ins eigene Werk des Künstlers. Offenkundig
wurde dies etwa zur Zeit von Chans bedeutendem Zyklus mit
projizierten Bildern *The 7 Lights*, bei dem das letzte Werk in der
Serie die Gestalt einer Partitur für eine Art Musik der Zukunft
annahm. Doch Chans *Score for 7th Light* (2007) betrachten,
heisst explizit das Aufeinandertreffen von Musik und der Idee
der Konstellation betrachten. Denn hier werden Töne und musikalische Notation nun in Formen, in Bilder, in eine Reihe von
Lücken in zerfetztem schwarzem Papier verwandelt, das mit
klaffenden weissen Löchern gesprenkelt ist, die an funkelnde
Sterne in der Nacht erinnern. Da Collage und bildende Kunst
die musikalische Partitur infizieren, scheinen wir mit einer zerstörten Komposition konfrontiert zu sein, einer Ordnung und
einer Art künstlerischen Sprache, die von dem visuellen Bild
ausgelöscht werden. Doch die Musik selbst scheint nun in dieser

Auslöschung wiederhergestellt worden zu sein. Denn die Partitur fliesst nicht nur in das Bild des Kosmos oder des Himmels ein, sondern in das einer Landschaft, eines irdischen Raumes, mit Hügeln und Bergen und Tälern. Sie evoziert das archetypische Bild dahintreibender Wolken, die über einen gerasterten Himmel ziehen. Und sie ruft ein Reich der Schatten hervor wie bei dem grösseren Projekt The 7 ~~Lights~~. Doch dies sind nun Schatten, die zur multiplen Form des Liedes aneinandergereiht sind – eine musikalische Sprache, die eine Bildwelt wird, eine neue, konstellationsartige Form des Imaginierens und Sammelns von Bildern, Formen und Gestalten.[18]

Wenn solche Bild-Text-Transformationen für Chan ein musikalisches Pendant haben und in seinem Werk immer wieder vorkommen (man denke an die ähnlichen, an Arp erinnernden Collagearbeiten mit Papierfetzen, die als ihre Gestalt verändernde «Fussnoten» Chans Essay «Der Geist der Rezession» begleiten), dann liegt dies möglicherweise daran, dass das bildnerische Schreiben der Konstellation eben jener Idee der Transformation gewidmet ist. Das mag uns zunächst seltsam erscheinen – angesichts des rückwärts gewandten Impulses, der die Taktik der Konstellation, die Art und Weise kennzeichnet, in der sich ebenjene Idee den Mythos, eine alte Methode, Wissen und Glauben zu organisieren, zunutze macht. Und wenn die Konstellation etwas mit Verwandlungspotenzialen zu tun hat, scheinen diese mit nahezu mystischen Vorstellungen vom Schicksal verknüpft zu sein (mit der astrologischen Konstellation, dem Prophezeien der eigenen «Zukunft»). In Chans Essay «Der Geist der Rezession» findet sich freilich ein ähnlich mythischer «Kern der Unvernunft», indem der Künstler die gegenwärtige ökonomische Rezession mit dem alten, als «Rezess» bekannten kirchlichen Ritual in Verbindung bringt, dem Akt des «Sich-Zurückziehens und Singens», mit dem bestimmte Formen des Gottesdienstes enden, wenn die Priester den Kirchenraum verlassen. Nicht zufällig sehen wir uns hier einer weiteren von Musik und Liedern geprägten Dynamik gegenüber. «Eine Kirche ohne Autorität ist in der Tat gesegnet», so Chan. Der feierliche Auszug «markiert den Augenblick [einer] Wende», die eintritt, «wenn die Macht zurückweicht». Und dann zieht er die Schlussfolgerung: «Er ist das eindringliche Bild der Zeit, die geformt wird von den unsichtbaren Strömungen des Entstehens und Vergehens. Er wirkt wie ein lyrisches Lebewohl und erfüllt den ganzen Raum mit der Erwartung neuer Botschaften, die nur ein echtes Ende mit sich bringen kann.»

Auf analoge Weise fungiert Chans Taktik der Konstellation auch als ein «Wendepunkt», als ein mythischer Kern, der einem zeitgenössischen Zustand entgegengesetzt wird, jenen Formen von Beziehungen, die der Künstler schon seit langem als die «schreckliche Verbundenheit», als die «Bürde der Verbundenheit» bezeichnet – das Netzwerk, «soziale» Medien, digitale «Kommunikation».[19] Mit den bildhaften und imaginären Umgruppierungen, die die Menschheit früher am Himmel und in den Sternen fand, akzeptiert Chan die Schattenseite eines Zeitalters, das man im kommerziellen Jargon als das Zeitalter der Kommunikation, als die Zeit der unendlichen Verbindung bezeichnen könnte. In dem Essay «Die undenkbare Gemeinschaft» geht der Künstler solche kapitalistischen Verbindungen auf ganz direkte Weise an. Kommunikation ist nicht das Gleiche wie Verbindung, behauptet dieser Essay. «Verbindungen zu knüpfen ist ein seriöses Geschäft», eines, bei dem «die Kommunikation [...] industrialisiert [wird]». «Völlig in der Gegenwart zu leben», bedauert Chan, «heisst ständig zu kommunizieren: das Selbst als Netzwerk. *Communicatio ergo sum*». Der Leser kann die konstellationsartige Weise entdecken, in der Chan im Folgenden – gegen diese Idee des Selbst als eines «Netzwerks» – die «Figur» einer wahren Gemeinschaft beschreibt, ein Bild oder eine Erscheinungsform, die der Künstler explizit mit der Möglichkeit der Verwandlung und der Veränderung verknüpft. Doch die Umgruppierung der Konstellation, die multiple, für Musik und

Lieder charakteristische Form, die Anziehungskraft des physischen Magnetismus finden alle in einem weiteren Essay dieses Bandes zusammen, einem, der der Idee der Veränderung selbst gewidmet ist und dem der Künstler den Titel «Wanderlustig» gegeben hat. «Oft ist es angenehm», erklärt uns der Künstler darin, «Teil von etwas zu sein, das mächtiger als man selbst ist, und das, was man selbst will, in den Stimmen der anderen widerhallen zu hören.» Die musikalische Metapher wird noch vertieft: «Jeder Ruf nach Wandel ist wie Sirenengesang: Jene, die ihn vernehmen, werden in die Gesellschaft der Singenden gelockt. Eine Gemeinschaft besteht gewissermassen – wie ein Chor – in diesen gemeinsam gesungenen Liedern.»

Als Chan aufgefordert wurde, eine Einleitung zu den Schriften eines anderen Exponenten des Kulturbetriebs zu schreiben – zu jenen von Hans Ulrich Obrist, Kurator und Naturgewalt –, entschied er sich für eine Geschichte über den Ursprung der Sprache, mit der ich hier schliessen möchte. Chans Ursprungsgeschichte, die charakteristisch für eine Gedankenwelt ist, die eine Wende vollzieht und sich wieder mit der Unvernunft und dem Mythos verbindet, findet überall in seinen Schriften einen Nach- und Widerhall. In ihren allgemeinen Zügen ist sie uns mittlerweile vertraut:

Im Anfang war die Sprache Gesang. Musik und Rede waren eins. Die Menschen sprachen, indem sie Worte sangen, und mit jeder Note gewann die Welt an Bedeutung. Doch dann kam der Punkt, an dem sich die Sprache vom Gesang abspaltete. Beide gingen danach verschiedene Wege, berührten sich ab und zu, kamen aber nie mehr wirklich zusammen. Und genau da – in dem Moment, als sich Musik und Rede voneinander trennten – trat ein neues Konzept in die Welt: die Tragödie.

Es dürfte überzogen sein, in Chans Schriften einen beherzten Versuch zu sehen, eine neue Form zu finden, in der sich Sprache und Gesang in unserer Zeit wiedervereinen könnten. «In dieser grossen Zeit», um Chan zu zitieren, der hier Karl Kraus zitiert, ist keine solche Rettung wahrscheinlich oder möglich, so schön diese Vorstellung auch wäre. Doch Chans Ursprungsgeschichte weist uns auf die neuen Formen des hierin präsentierten Schreibens hin, bei denen, wie wir sahen, die Musik eine besondere Rolle zu spielen hat. In meinem Essay bin ich der Idee der Konstellation in den Schriften des Künstlers und in seinem Œuvre insgesamt nachgegangen; nun sollten wir uns der Art und Weise zuwenden, wie die Schriften und die Werke selbst – durch ihre Wirkungsweise, ihre Aktivität, dadurch, wie sie sich mit Neuarrangement und Umgruppierungen befassen – genau jene Formen erzeugen, die ich hier als diejenigen der Konstellation bezeichnet habe. Nicht als Inhalt, sondern als eine neue Form: Wir erleben die *Alternumerics* und Font Works, die Agnes Martin mit «Hypothekenrefinanzierungsspam» und Marquis de Sade mit Goldman Sachs zusammenprallen lassen. Das dialektische Bild, das entsteht durch die Aufführung eines Beckett-Stücks in den Strassen einer zerstörten amerikanischen Stadt in *Waiting for Godot in New Orleans*. Die extreme Dissonanz eines erneuten Anknüpfens an Adorno und sein Projekt einer ästhetischen Theorie in unseren anti-ästhetischen Zeiten. Dies alles sind Konstellationen, Formen, die unsere Gegenwart und unsere Vergangenheit in neue Konfigurationen ziehen.

«Eine neue Welt verlangt eine neue Sprache», behauptet Chan, «und wir sind alle gleich weit von dem Potenzial entfernt, uns eine neue Sprache für diese neue Welt vorzustellen.»[20] Gedanken, die einige Essays dieses Bandes, die von Freiheit und Gleichheit handeln, anschneiden (vor allem Chans Text über Jacques Rancière), stehen mit dieser Aussage des Künstlers in Einklang; einmal mehr wird darin offenbar die räumliche Konfiguration des Denkens und der Sprache beschrieben, die in der Idee der Konstellation verkörpert ist. Doch jetzt, so scheint es, erstreckt sich die Konstellation vom Künstler als Autor bis zum Leser und zum Publikum; de facto beschreibt sie eine Gemeinschaft des Denkens, eine potenzielle Gemeinschaft des Gedankens. Dies kennzeichnet sowohl Paul Chan als Autor wie auch die hier versammelten Schriften. Natürlich sind Konstellationen Figuren, die gelesen werden müssen. Sie rufen dazu auf, erkannt zu werden. Sie müssen entziffert werden. Sie können konstruiert werden, wie ein Spiel, bei dem man die Punkte miteinander verbindet; ein Kinderspiel, könnte man denken, doch darin verkörpert sich auch eine Art utopischer Zustand, denn die Punkte einer Konstellation können endlos verschoben, endlos umgestaltet, endlos neu gesehen werden. Sie stellen Karten, Sammlungen, Partikel, Bildsplitter bereit, bei denen es sich tatsächlich um Einladungen handelt, sich Dinge anders vorzustellen und sie anders zu sehen. Eine Sammlung von Essays wie die hier vorliegende repräsentiert meiner Meinung nach das, was der Künstler als Sirenengesang bezeichnen würde. Ein Werk der Verführung, das darauf beruht, dass Wörter andere an sich heranziehen, aber auch eine Kraft der Anziehung und der Abstossung, die als Einladung und Erwiderung auftritt (man versuche einmal, Zeit mit Chans de-Sade-Fonts zu verbringen und die mit ihnen erzeugten Texte wie ein Mantra oder ein Koan zu lesen). Die Essays sind eine Aufforderung, etwas aus den Bildern und Konstellationen, die hier vor uns versammelt sind, zu machen. Denn das Erzeugen einer Konstellation ist immer schon ein Lektüreprozess. Jede potenzielle Lektüre verlangt nach einem weiteren Schöpfungsakt, nach neuen Arrangements, einer anderen Vorstellung dessen, was ist und was sein könnte.

Erinnert euch daran, wie ihr als Kinder auf dem Boden zu liegen pflegtet in der Dunkelheit. Bevor die Zeit kam, als der grosse Nachthimmel verblasste, überdröhnt von dem sich ausbreitenden elektrischen Leuchten einer Zivilisation, die nicht schlafen wird und keine Zeit für Träume hat. Das Gras roch jung. Und du pflegtest zu den Sternen emporzuschauen. Du jaultest auf vor Freude, wenn ein Bild auftauchte, wenn du den Orion erkanntest oder den Grossen Wagen oder den Stier. Du zeigtest darauf und schriest auf. Doch dieses Erkennen war von kurzer Dauer. Der Himmel schien so viel grösser als die Bilder, die du kanntest, die irgendjemand jemals kannte. Dann wurdest du still. Das Lächeln verschwand von deinem Antlitz. Die Finsternis in ihrer ganzen Riesenhaftigkeit rückte näher. Denn die Sterne hatten keine Formen. Die Formen kamen von anderswo.

[1] Walter Benjamin, *Der Ursprung des deutschen Trauerspiels*, in: ders., *Gesammelte Schriften*, Bd. I,1 (Abhandlungen), hrsg. von Rolf Tiedemann und Hermann Schweppenhäuser, Frankfurt am Main: Suhrkamp, 1974, S. 214. Auch wenn bei Benjamin von Sternbildern (engl. *constellations*) die Rede ist, wird im Folgenden der für diesen Essay zentrale Begriff der «constellations» um der Einheitlichkeit willen als «Konstellationen» wiedergegeben (A.d.Ü.).

[2] Paul Chan, *The Shadow and Her Wanda*, London: Serpentine Gallery und Koenig Books, 2007.

[3] Zwei nicht in diesen Band aufgenommene Beispiele sind Paul Chan und Jay Sanders, «A Dialogue About the Moving Image», *Lyon Biennial 2007*, Ausst.-Kat., Zürich: JRP/Ringier, 2007, sowie Paul Chan und Melanie Gilligan, «A Dialogue Between Strangers», Performance in der Serpentine Gallery, London, 2007.

[4] Paul Chan, «A Bitter Meat Symphony», in: *The Meat Show*, Ausst.-Kat., Chicago: Dogmatic Gallery, 2008, nicht Teil der vorliegenden Publikation.

[5] Es handelt sich um den Katalog *Paul Chan*, Frankfurt am Main: Portikus/Stockholm: Magasin 3 Stockholm Konsthall, 2006.

[6] Ich habe mich in meinem Essay «Paul Chan: The Image from Outside», in: *Paul Chan: The 7 Lights*, London: Serpentine Gallery und Koenig Books, 2007, detailliert mit diesen frühen projizierten Werken befasst.

[7] Wie ich im Zusammenhang mit iTunes und der Erfahrung von Shuffle und Playlists für *My Own Private Alexandria* ausführte, machen die *Alternumerics* die Erfahrungen, mit denen wir auf der Plattform unserer Computer immer vertrauter werden, wilder oder lebhafter. Während ich diesen Essay verfasste, versuchte die «AutoFormat»-Funktion von Microsoft Word immer wieder, «Paul Chan» in «Chancellor Gene D. Block», den Präsidenten der University of California UCLA, umzuwandeln, dem ich normalerweise nur schreibe, um gegen irgendetwas zu protestieren; und für den Schriftzug «Agnes Martin» wollte mein Computer immer wieder eine nicht mehr existierende E-Mail an den Künstler Martin Creed einfügen (mit dem ich nie korrespondiert habe).

[8] Paul Chan, «Untitled (for an America to come)», in: *Monuments for the USA*, Ausst.-Kat., San Francisco: CCA Wattis Institute for Contemporary Arts, 2005, S. 38.

[9] Paul Chan schuf zehn neue Konstellationen für das Projekt; neben den drei bereits genannten umfasste die Serie die folgenden: *Freedom of speech (formerly Centaurus), No cruel and unusual punishment (formerly Perseus), Right to peaceably assemble (formerly Cassiopeia), Distributive justice (formerly Orion), Democracy to come (formerly Ursa Major), Right to keep and bear arms (formerly Cancer)* und *No taxation without direct representation (formerly Andromeda).*

[10] Paul Chan beschreibt den Text, auf dem die Kindergeschichte beruht, nämlich Nietzsches *Der Wanderer und sein Schatten*, in dem Begleitessay zu *The 7 Lights*, «Über das Licht als Mitternacht und Mittag».

30

11 Walter Benjamin, *Das Passagen-Werk*, in: ders., *Gesammelte Schriften*, Bd. V,1, hrsg. von Rolf Tiedemann, Frankfurt am Main: Suhrkamp, 1982, S. 578, N3,1.

12 Ebd., S. 573, N1a, 5.

13 Im Weiteren verwendete Benjamin eine Metapher, auf die Chan häufig zurückgreift: «Zum Denken gehört ebenso die Bewegung wie das Stillstehen der Gedanken. Wo das Denken in einer von Spannungen gesättigten Konstellation zum Stillstand kommt, da erscheint das dialektische Bild. Es ist die Zäsur in der Denkbewegung.» Benjamin, *Das Passagen-Werk*, a.a.O., S. 595, N 10a, 3.

14 Siehe Mike Kelley, *Minor Histories: Statements, Conversations, Proposals*, hrsg. von John C. Welchman, Cambridge, Mass.: MIT Press, 2004.

15 Paul Chan und Sven Lütticken, «Idiot Wind: An Introduction», in: *e-flux journal*, 22, Januar-Februar 2011. Dieser Text war die Einleitung zu einer von Chan und Lütticken herausgegebenen Sonder-Doppelausgabe des *e-flux journal*, über «den Aufstieg des rechten Populismus in den USA und Europa und darüber, was das für die zeitgenössische Kunst bedeutet». Chan trug dazu den in diesem Band enthaltenen Essay «Fortschritt als Rückschritt» bei.

16 Benjamin, *Der Ursprung des deutschen Trauerspiels*, a.a.O., S. 218.

17 «Und die Musik ist magisch, klar und rein. Man kann sie spüren und hören, aber nicht sehen.»

18 Als explizite Taktik kehrt die Partitur für Chan sowohl in seinem Paul Sharits-Essay als auch in dem Projekt *Waiting for Godot in New Orleans* wieder, wo der Künstler mit einer bestimmten Art von Zeichnung arbeitete, die er in dem Essay «X jxm vlr rpb pelria ilpb vlr» beschrieb: «Dies ist keine Landkarte. Aber es ist etwas, das ich gezeichnet habe und das für mich schliesslich eine Art Sinnbild für *Godot* wurde. Es ist fast keine Zeichnung und kaum eine Partitur. Aber es ist alles da. Gogo und Didi. Pozzo und Lucky. Der Junge. Hatte ich während der Produktion einen Moment für mich oder war allein, nahm ich das Blatt jeweils aus einer abgenutzten Kartonmappe hervor, schaute es an und machte mir meine Gedanken. Allegro? Moderato? Tutta Forza? Largo? Perdendosi?»

19 Ich verweise den Leser auf das frühe und wichtige Interview mit Nell McClister, «Paul Chan», in: *Bomb Magazine*, 92, Sommer 2005, auf das ich online zugegriffen habe: http://bombsite.com/issues/92/articles/2734. Chan spricht ausdrücklich von der «Verantwortung», ein «guter Stern in der Konstellation der Vergangenheit» zu sein, in direktem Zusammenhang mit der Diskussion von Netzwerken und Massenkommunikation, die darin zur Sprache kommen.

20 Diese Aussage und damit der Titel dieses Essays stammt aus meinem Interview mit Chan. Siehe George Baker, «An Interview with Paul Chan», in: *October*, 123, Winter 2008, S. 207. Die Formulierung taucht in ähnlicher Form in den hier versammelten Schriften auf, tatsächlich bereits in einigen der frühesten Texte wie etwa dem Essay «Die neue *Schrift des Desasters*».

Ästhetik

und

Politik

Die neue *Schrift des Desasters*
Über unabhängige Medien, Neue Medien und Trauerarbeit

Lassen Sie mich mit einem Geständnis beginnen: Nach dem, was in New York, wo ich lebe, geschehen ist, fühle ich mich der Aufgabe, heute zu Ihnen zu sprechen, nicht gewachsen. Es ist, als sei alles anders geworden. Selbst die Zeit ist anders: Sie fühlt sich schrecklich vertraut an und gleichzeitig unendlich fern. Es ist schwer zu beschreiben. Genau dies ist auch eine spezifische Eigenschaft des Desasters, aber darauf komme ich später zurück.

Maurice Blanchot (dessen Geist diesen Text von Anfang bis Ende durchdringt) schrieb: «Die Schwäche, das ist Weinen ohne Tränen [...].»[1] Und es herrscht immer noch grosse Trauer. Zahlen und Analysen helfen mir nicht bei der Diskussion oder Bestätigung der Fakten. Die Verflechtungen zwischen dem Grauen, der Politik und der Propaganda sind kompliziert – nahezu überwältigend. Ich nehme nur widerstrebend an diesem orchestrierten Niedergang teil und trage mit jeder Handlung und jeder Wendung bei zu einem noch tieferen Fall aus der illusionären Gnade der Demokratie. Als ob die Polizei in Seattle oder die Nationalgarde in Washington, D.C., noch nicht brutal genug wären, droht dieser zivile Gewaltdiskurs zu einer ungestümen Herrschaft des Mobs zu verkommen.

Ich wurde hierher eingeladen, um über die Arbeit des Independent Media Center zu sprechen. Doch angesichts der Ereignisse in New York scheint dies kaum der Moment zu sein, um über politische Organisationsformen oder Kunst zu sprechen oder über was auch immer wir als geeignet erachten, um soziale Fortschritte zu erreichen oder zu fördern. Im Übrigen würde ich nie für das IMC im Allgemeinen sprechen oder stehen wollen. Das ist weder Bescheidenheit noch eine Strategie. Es ist nur so, dass dessen diffuser und vielfältiger Charakter es erschwert, das Independent Media Center zu repräsentieren. Da ich nun einmal hier bin, will ich jedoch mein Bestes versuchen.

Das Independent Media Center begann als Zusammenschluss mehrerer Gruppen von Medienschaffenden, die 1999 über die Proteste gegen die Welthandelsorganisation in Seattle berichteten. Das IMC-Modell wurde vom ersten IMC in Seattle übernommen, welches sich seinerseits auf die Geschichte und Erfahrung anderer unabhängiger Mediengruppen stützte. Heute ist das IMC ein globales Basisnetzwerk von Medienkünstlern, Produzenten und Aktivisten, denen es darum geht, die mediale Produktion und Distribution als Werkzeug zur Förderung der sozialen, kulturellen und wirtschaftlichen Gerechtigkeit einzusetzen. Mittlerweile gibt es über fünfzig solcher Zentren weltweit, mit Ablegern in Afrika, auf beiden amerikanischen Kontinenten, in Europa und Australien. Jeder Ableger unterhält eine Website, manche verfügen sogar über Büroräume. Jede Website unterstützt ein freies Publikationssystem, das es jedermann ermöglicht, Texte, Fotos, Audio- und Videodateien einzusenden und diese binnen Sekunden auf der Titelseite anzeigen zu lassen, so dass jeder und jede sie sehen, darauf reagieren und sie ergänzen kann.

Indymedia – ein Kürzel für Independent-Media-Bewegung – wurde als neues Ökosystem demokratisierter Medien bezeichnet. Ich nenne es lieber – etwas weniger grossspurig, aber genauso zutreffend – Associated Press des Volkes. Deren Netz von Websites ist die weltweit grösste Kette öffentlicher Zeitungen, die von keinem Konzern kontrolliert werden.

Ich bin Künstler. Und Künstler sind – auf die eine oder andere Art – formbesessen. Wie besessen stellen wir die Frage, wie wir einer Bedeutung Gestalt verleihen können. Wenn etwas so Unfassbares wie eine Idee in den Dienst unseres Bedürfnisses gestellt wird, ein Plakat, eine Fotografie oder eine digitale Videodokumentation zu schaffen, findet eine Transformation statt. Eine gute Form hebt nicht nur die Idee auf eine höhere Bedeutungsebene, sie verleiht auch dem Material, das der Idee die Form gibt, einen neuen Existenzgrund. Nichts kommt für mich der Magie so nahe wie dies.

Für das IMC im Speziellen und die freien Medien im Allgemeinen ist die Technologie der Schlüssel zu dieser Magie. Insbesondere die Entwicklung des PCs, die globale Ausbreitung des Internets und die fortwährende Entwicklung von Open-Source-Software machen Indymedia nicht nur möglich, sondern unerlässlich. Die Website des New Yorker IMC wird mit einer eigenwilligen Variante einer Open-Source-Programmsprache betrieben, die ursprünglich von einem australischen Anarchistenkollektiv geschrieben wurde – einer bunt gemischten Truppe aus Anarchisten, Marxisten, Freidenkern, Grünen, Hackern, Apologeten des Liberalismus und einem progressiven Freimaurer, der sich bereit erklärte, die zahllosen gespendeten Computer und Geräte, wie Scanner, Laserdrucker, Zip-Laufwerke und Router, instand zu halten. Wir arbeiten mit drei verschiedenen Betriebssystemen, und alles hängt an einer fest zugewiesenen Tl-Verbindung, gespendet von 2600, dem möglicherweise ältesten Hackerkollektiv der Welt.

Aus all diesen technischen Vektoren ergibt sich für die Aktivisten eine Vielzahl von Formen, sich zu äussern, zu bilden und zu agitieren. Vom Internetradio bis zum Videostream, von interaktiven Protestbericht-Archiven bis zu herunterladbaren digitalen Zeitungen: Es sind die sogenannten «neuen Medien», bei denen die gegenseitige Befruchtung zwischen Medium und Inhalt eine Vielzahl von Formen erzeugt, die alle relativ leicht von der einen in eine andere überführt werden können – wobei alle Formen unentwirrbar mit dem globalen Verbreitungsmodus des Internet verknüpft sind.

Diese neuen Medien sind ebenso schrecklich wie aufregend. Einerseits kündigen sie eine neue, demokratischere Mediensituation an, indem sie die Produktion und Verteilung von Werken erleichtern. Andererseits werden wir den Gedanken nicht los, dass die Technologie, die wir nutzen, untrennbar in ein Netzwerk von Kräften und Transaktionen eingebunden ist, die exakt jene Kräfte speisen, welche die Globalisierung überhaupt erst ermöglichen.

Das ist natürlich nicht neu. Technologie hat für die Expansion der Weltwirtschaft schon immer eine bedeutende Rolle gespielt. Aber diese Expansion war nicht nur nach aussen gerichtet, hat nicht nur Konzerne mit Nationalstaaten verbunden, um das Monopol über die Informationskanäle zu erlangen, die eine Quelle neuen Kapitals darstellen. Sie hat sich auch nach innen ausgeweitet, indem sie neue Technologieebenen schuf, um jede persönliche Form von Kommunikation und Produktion zu durchdringen, so dass es unmöglich ist, die gewaltige Macht der Technologie – die Macht, zu verbinden, zu produzieren und zu agitieren – von ihrer Verbindung mit einer politischen Ökonomie zu trennen, die Informationen privatisiert, bürgerliche Freiheiten aushöhlt und kulturelle und soziale Unterschiede auf das Niveau austauschbarer Waren reduziert. Diese Dialektik der Technologie hat sich für Aktivisten und Produzenten, die der Antiglobalisierungsbewegung nahestehen, als äusserst nützlich erwiesen. Unsere Globalisierung der demokratischen Medien entbehrt nicht der Ironie. Die Arbeit geht weiter, aber der Brennpunkt hat sich verlagert, zumindest für uns in New York: Eine Macht in Gestalt eines Desasters zerstörte vor einiger Zeit das soziale Gefüge, an dessen Störung wir selbst so hart gearbeitet hatten.

Wir Überlebenden des Desasters überlebten nicht unversehrt. Das in seinem Schrecken und seiner Intensität absolut einmalige Ereignis hat uns für immer gezeichnet, indem es uns genau das nahm, was Bedeutung mit Erfahrung verbinden könnte: unsere Sprache. Es liess uns sprachlos zurück, unfähig, aus dem Nachbeben des Desasters herauszufinden. Keine sprachliche Artikulation, keine Form von Sprache scheint in der Lage, die Realität – und noch ungreifbarer: die Bedeutung des Desasters – zu erfassen, geschweige denn darzustellen. Aus diesem Grund glaubte Blanchot, dass die Idee des Desasters die Sprache übersteigt, dass sie sich der Vernunft und Form entzieht, welche die Sprache der Erfahrung aufbürdet. Blanchot schreibt: «Wenn jedoch die Antwort die Abwesenheit von Antwort ist, wird die Frage ihrerseits die Abwesenheit von Frage [...], das Sprechen vergeht, kehrt zu einer Vergangenheit zurück, die nie gesprochen hat, Vergangenheit alles Sprechens. Daher bildet das Desaster, obgleich benannt, keine Gestalt in der Sprache.»[2] Die Sprache lässt uns im Stich. Keine Wortmenge vermag die Kluft zu überbrücken, die zwischen uns, den Überlebenden, und dieser Sinnlosigkeit klafft, die nicht etwa das Gegenteil von Sinn ist, sondern dessen zerbrochene Hülse. Ja, die Sprache lässt uns im Stich, aber alles hat seine Grenzen, selbst das Versagen. Und so finden wir einen Ersatz für unsere verlorene Sprache: die Medien, die abwechselnd für uns und zu uns sprechen. Welche Art von Sprache geben sie uns? Keine Informationen, denn deren Anhäufung führt zu nichts, was wir auch nur im Entferntesten Wissen nennen würden. Statt der angeblichen Neuigkeiten erhalten wir lediglich das Echo einer Information, die immer «bahnbrechend» ist, aber auch immer schon nicht mehr neu, wie die schmerzhafte Wiederholung einer Rückblende, die auf das Desaster zurückschaut, ohne es je gekannt zu haben. Der Name dieses Phänomens, das uns mit seinem endlosen Nachhall eines Echos ohne Bedeutung oder Geschichte lähmt, ist wohlbekannt: Er lautet Trauma.

Medien sind traumatisch. Als Netzwerk von Netzwerken, die Nachrichten produzieren, indem sie reproduzieren, was sie uns als neu verkaufen wollen, verbreiten die Medien unaufhörlich, was wir bereits wissen, nämlich dass das Desaster unaussprechlich ist. Dies wird in endlosen Variationen wiederholt: Nachrichtenfragmente, Erläuterungen in Farbe, Expertenanalysen. Deshalb machen sie uns auch so süchtig, die Wiederholung lullt uns ein wie das Rauschen der Meeresbrandung an der Küste. Es gibt uns das Gefühl, Bescheid zu wissen. Ja sogar, über Macht zu verfügen.

Alle sagen es, von den New Black Panthers bis zum Werbespot von Morgan Stanley: Wissen ist Macht. Und wie bei jedem Klischee schwingt ein Echo von Wahrheit mit. Vielleicht ist es mehr als nur ein Echo. Verleiht es uns Macht zu wissen, dass die Afghanen unsere Freiheit nun schon seit geraumer Zeit ertragen? Hilft es uns, diese Leere der Sprache zu verstehen, die auch eine Leere der Zeit ist, wenn wir wissen, dass die Al Kaida von der US-amerikanischen Regierung ins Leben gerufen wurde mit dem Ziel, die damals noch sowjetischen Truppen aus Afghanistan zu vertreiben? Oder dass die Kontakte unserer Regierung zu radikal-fundamentalistischen Gruppierungen wie der Al Kaida politisch sehr viel enger sind, als wir uns während dieser Schlacht zwischen Zivilisation und Barbarentum vorzustellen wagten? Vielleicht. Die Stimme der freien Medien ruft uns schon seit geraumer Zeit andere historische Zusammenhänge und andere Völker in Erinnerung. Solange sich die klassischen Medien, das heisst die Medienkonzerne, in der hohen Kunst übten, Traumata zu verkaufen, haben die freien oder von ihrer eigenen schmutzigen Geschichte unabhängigen Medien alles daran gesetzt, Partizipation statt Traumata zu erzeugen, indem sie aufklärten, ermunterten, Bildung vermittelten und vor allem zum autonomen Handeln befähigten.

Zu wissen, dass unsere Regierung unter dem Deckmantel des Schutzes unserer Freiheit Gesetze verabschiedet hat, die in erster Linie jede politisch abweichende Meinung kriminalisieren, ermächtigt uns, gegen diesen innenpolitischen Krieg zur Beseitigung der Redefreiheit anzugehen, der ausgerechnet unter dem Banner dieser Freiheit geführt wird. Zu wissen, dass die Operation *Enduring Freedom* sowohl illegal ist – gemäss der Internationalen Rechts-Charta der Vereinten Nationen – als auch irrational – in ihrem Bestreben, ein kleines Terroristennetzwerk auszulöschen, indem ein ganzes Land mit Bombenteppichen überzogen wird –, gibt uns den Mut, zu dieser blutigen Absurdität Nein zu sagen. In der Tat, Wissen ist Macht. Das hörbare Echo der Wahrheit lässt sich nicht leugnen.

Doch wie bei jedem Echo, das etwas auf sich hält, birgt sein Klang eine gewisse Leere. Ich glaube, das hat einen einfachen Grund: Wir sind nicht die Herren des Universums. Selbst jene unter euch, die alles gelesen haben, was Noam Chomsky je geschrieben hat, einschliesslich seiner Arbeiten zur Sprachtheorie, können nicht behaupten, etwas über die Grenzen der Geschichte Hinausreichendes zu wissen. Egal ob man Marxist oder Freimaurer ist: Jedes Wissen hat seine Grenzen. Schlimmer noch, nur Wissen, das dem Ausbau der Macht dienlich ist, gilt als echtes Wissen. Was unbekannt oder nicht quantifizierbar ist, hat keinen Nutzen, weil es nicht in einen Zweck überführt werden kann und daher aus dem Spektrum unserer Aufmerksamkeit fällt. Wissen ist nur Macht, wenn die Macht den Horizont des Wissens bestimmt. Das ist gefährlich, und Blanchot wusste dies. In seinem Buch *Die Schrift des Desasters* schreibt Blanchot über die Grenzen unseres Wissens, sobald es mit Ereignissen ringt, die so unsäglich sind, dass es uns die Sprache verschlägt. Er schreibt über die Gefahren dieser geheimen Verständigung zwischen Wissen und Macht, eine Gleichung, die uns eine trügerische Antwort und ein falsches Gefühl von Sicherheit gibt: «Das Wissen, das soweit geht, das Grauen zu akzeptieren, um von ihm zu wissen, enthüllt das Grauen des Wissens, die Niederung der Erkenntnis, die diskrete Komplizenschaft, die seinen Bezug noch zum Unerträglichsten an der Macht aufrechterhält.»[3] Die Frage, die sich Blanchot – und damit auch uns – stellt, lautet: Wie kann es uns gelingen, das Desaster zu verstehen, diesen Riss in der Vernunft, ohne einer Macht in die Hände zu arbeiten, die dieses Verstehen früher oder später für ihre eigenen Zwecke einsetzen wird?

Erst wenn das Trauma schwindet, kann das Trauern beginnen. Die Trauerarbeit ist der Weg, auf dem der Kummer einem Realität gewordenen Angriff auf die Vernunft Ausdruck verleihen kann. Und näher kommen wir einem möglichen Verstehen als Überlebende wohl nie. Doch dieses Verstehen kommt nicht als Wissen daher. Vielmehr schafft es die Trauer, dem Trauma mittels Erinnerung eine Gestalt zu geben. Die ergreifendste Erinnerung

an die Ereignisse vom 11. September 2001 in New York ist nicht
Ground Zero, auch nicht der beissende Geruch oder das zum
Verrücktwerden beharrliche Heulen der Polizeisirenen. Für mich
sind es die Flugblätter. Tausende von Vermisstmeldungen im
Briefformat, ein buntes Mosaik aller möglichen Stile und Farben,
waren in Manhattan allgegenwärtig und sind es noch immer,
auf Laternenpfählen, an Gebäudefassaden, Briefkästen, sogar in
U-Bahn-Waggons. Gewöhnlich zeigen sie ein Bild des Vermissten
aus einem Familienalbum. Oder einen Schnappschuss, den
Freunde gemacht haben. Die Texte zu den Bildern sind immer
gleich einfach und direkt: Name, Grösse, Alter, zuletzt getragene Kleidung, in welchem Stockwerk der Twin Towers der oder
die Betreffende gearbeitet hat. Am aufschlussreichsten erscheint
mir jedoch die zuverlässig mitgelieferte Zusatzinformation, von
wem die vermisste Person überlebt wurde. Hilft es bei der Suche
nach Vermissten, wenn man weiss, wen sie hinterlassen haben?
Ich weiss es nicht. Aber es hebt die Flugblätter über das rein
Zweckmässige hinaus («bitte helft mir, meinen Vater, meine
Mutter, meinen Geliebten, meinen Freund zu finden»). Sie sind
auch ein Akt des Gedenkens («bitte helft mir, meinen Vater, meine Mutter, meinen Geliebten, meinen Freund in Erinnerung zu
behalten»). Der Aufruf, zu handeln und das Bedürfnis sich zu
erinnern, sprechen mit unterschiedlichen Stimmen, die zusammen eine Erfahrung jenseits der Sprache aufscheinen lassen.
Das Wissen schafft es nicht alleine. Es ist Aufgabe des
Gedächtnisses, in Erinnerung zu behalten, was das Wissen nicht
erfassen kann, damit wir die Fragen nicht vergessen, die wir nicht
beantworten können.

Die Verheissung wirklich neuer, unabhängiger und progres-
siver Medien steht und fällt mit diesem Raum zwischen Handeln
und Gedenken. Die Arbeit, eine Vorstellung von diesem Raum zu
entwerfen, wurde traditionell von der Kunst, der Literatur und
dem alten Gaul Philosophie geleistet. Können wir die Medien
vielleicht ebenfalls für diese Aufgabe gewinnen? Eine neue

Welt verlangt eine neue Sprache. Die Technologie verleiht uns die Mittel und Wege, die Politik den Willen. Fehlt nur noch die nötige List und Fantasie, um das Desaster in ein Geschenk zu verwandeln.

Erstmals vorgetragen anlässlich der *New Social Geographies and the Politics of Space*-Konferenz, 15. November 2001, Scripps College, Claremont, Kalifornien.

[1] Maurice Blanchot, *Die Schrift des Desasters*, München: Eugen Fink Verlag, 2005, S. 32.

[2] Blanchot, S. 44.

[3] Blanchot, S. 103.

Porträt eines Tages in Bagdad

28. Dezember, 2 Uhr
Mein erster Arak, ein irakischer Anis-Schnaps, der wie Lakritze schmeckt und brennt wie Kandiszucker. Der Dichter Farouk Salloum hat mir erzählt, er habe zu Hause Arak getrunken, als im ersten Golfkrieg die Raketen in Bagdad einschlugen. Nach dem ersten Glas betete er, dass der Angriff schnell vorüber wäre. Nach dem zweiten wünschte er sich, er hätte mehr Arak im Haus, weil er sich während eines Angriffs unmöglich mehr besorgen konnte. Nach dem dritten Glas schrie er die Raketen an, es endlich zu Ende zu bringen.

9 Uhr
Ich denke gerade an die Party in Farouks Haus gestern Abend. Eingeladen waren Mitglieder des *Iraq Peace Team* sowie Musiker, Journalisten und Dichter. Farouk war lässig schwarz gekleidet. Er hatte müde Augen. Er war freundlich und fordernd und sorgte dafür, dass die Gläser laufend nachgefüllt wurden, besonders jene der Frauen. Die sozialistische Baath-Partei hatte das Trinken in der Öffentlichkeit 1995 verboten. Seither trinken die Iraki im Versteckten oder auf Einladungen in ihren Wohnungen. Farouks zweitälteste Tochter heisst Reem, was so viel bedeutet wie eine, so anmutig, wie ein laufendes Reh. Sie hat nicht die Augen ihres Vaters.

Ein skurriler Pianist und Veteran des Iran-Irak-Krieges der frühen 1980er Jahre spielte Bach und einen jazzigen Trauermarsch. Früher am Abend hatte er mir erzählt, er habe im Krieg sechs Männer getötet, und dass die Männer und Frauen im Irak alle eine Kampfausbildung hätten und die Amerikaner wenn nötig mit Waffen und Steinen daran hindern würden, in Bagdad einzumarschieren. Ich frage ihn, ob die Erfahrung des Tötens sein Klavierspiel irgendwie beeinflusst habe. Keine Antwort.

Mittag

Ein Wort zu *Kubbe* in Suppe. Im Al-Shadbandar-Café, in das die Literaten Bagdads gehen, um Tee zu trinken, über den Krieg zu spekulieren und den Dichter der Woche zu küren, will mich Almad, ein junger Bildhauer, zu *Kubbe* in Suppe einladen. Es ist ganz nah, und es ist gut, sagt er. Na schön. Ich bin bereit. Bevor ich aus den USA abgereist war, hatte mich Aviv, ein guter Freund und Mitglied von *New Kids On The Black Bloc*, einem politischen Künstlerkollektiv in Barcelona, aufgefordert, nach *Kubbe* in Suppe Ausschau zu halten. «Ich weiss, dass du nicht als Gourmet-Tourist nach Bagdad reist, aber versprich mir, es zu probieren.»

Kubbe ist ein Fleischkloss, so gross wie mein Kopf, und schwimmt in einer fettigen Suppe. Die Hülle des Klosses ist dick, aus Weizenmehl. Darin steckt eine Mischung aus Hackfleisch unbekannter Herkunft und Zimt. Auch noch andere schwierig zu bestimmende Gewürze. Die Suppe ist heisses Wasser mit Zwiebeln, manchmal auch Tomaten.

Almad will, dass ich mitkomme. Aber Haider, ein anderer Bildhauer, meint, das sei vielleicht keine so gute Idee. «Es wird voll sein», sagt er, «und das Wasser ist nicht so gut für Ausländer.» «Okay», sage ich zu Almad, «das nächste Mal». Ich trinke meinen Zitronentee und träume von Fleischklössen so gross wie mein Kopf. Ein Filmkritiker betritt das Café. «Er ist der wichtigste Filmkritiker Bagdads», sagt Haider, «weil er der einzige Filmkritiker der Stadt ist.» Zu Ellen, meiner heutigen Reisegefährtin und Vollzeit-Friedensaktivistin aus Maryland, meint er scherzhaft, er würde gerne einen kulturellen Austausch mit ihr arrangieren; sie könne seinen Posten als wichtigster Filmkritiker Bagdads haben, wenn er ein Visum bekommen und in die USA reisen könne.

15 Uhr
Im Souk in der Nähe des Al-Shadbandar-Cafés spazieren wir der
Buchhändlerzeile entlang. Ehemalige Ingenieure verkaufen ihre
Statistikbücher und was immer sie sonst noch im Haus haben.
Die Bücher stapeln sich unsortiert auf dem Gehsteig, damit man
in ihnen schmökern kann. Vor den Sanktionen hatte der Irak eine
der höchsten Alphabetisierungsraten des Mittleren Ostens und
die meisten Universitätsabsolventen mit Doktortitel. Deshalb
kann man nicht nur Bücher über Mathematik und Baumechanik,
sondern auch über Hegel'sche Philosophie, Pop Art und das
absurde Theater auf Arabisch, Englisch, Französisch, Deutsch
und sogar Chinesisch finden. Ich entdecke eine schöne Ausgabe
von Tom Stoppards Stück *Rosencrantz and Guildenstern are Dead*.
Und ein wunderschönes Buch über islamische Kalligrafie.

Wir haben ein sozusagen magisches Blatt: Auf der einen Seite
wird erklärt, was das *Iraq Peace Team* ist und weshalb wir im
Irak sind. Auf der anderen Seite steht dasselbe auf Arabisch. Wir
verteilen dieses Flugblatt und hoffen, unsere Familie zu erweitern. Es wirkt wie Zauberei, und aus einem Buchhändler wird
im Handumdrehen ein Freund (denn, wen überrascht es: Alle
sind gegen den Krieg). Es ist nur Papier, aber es ist Gold wert.

Ich treffe einen Dichter namens Suha Noman Rasheed.
Um zu überleben, verkauft er nach und nach seine Sammlung
an Gedichtbänden auf dem Markt. Er hat drei Bücher mit arabischen Gedichten veröffentlicht und verspricht mir, nächste
Woche ein Exemplar mitzubringen. Ein Schriftstellerfreund in
den USA hat mich gebeten, einige arabische Bücher mitzubringen, damit sie ins Englische übersetzt werden können. «Das ist
unsere Rettungsaktion», meint er.

16.50 Uhr
Auf dem Weg zu Fuss zurück ins Hotel fällt Ellen und mir der
makellose Zustand der irakischen Polizeiautos auf. Bei manchen
sind noch nicht einmal die Plastikschutzhüllen von den Sitzen

entfernt worden. Ellen, die vier Jahre lang in der US-Armee gedient hat, und ich sind uns einig, dass man die Gesundheit eines Regimes an der Sauberkeit seiner Polizeiautos ablesen kann.

18 Uhr

Aktionsplanungssitzung des *Peace Team*. Sehr produktiv. Am 31. Dezember wird eine Aktion stattfinden mit dem Titel «Vorsätze und Feiern». Das Ziel ist ein Fest, das irakische Mütter, Väter, Kinder, Dichter, Schriftsteller und Friedensaktivisten zusammenführen soll, um Neujahrsvorsätze zu fassen, die an die Stelle der UN-Resolutionen treten sollen, die heute als Lackmustest für Krieg dienen. Ich bin für den visuellen Auftritt zuständig. Mir schweben zehntausend irakische Kinder in weisser Kleidung vor, die singend ihre erhobenen Hände schwenken, als würden sie sich ergeben. Musikalische Begleitung: Aretha Franklin. Stargast: Subcomandante Marcos. Ich verrate den anderen nichts von meinem Plan. Mal schauen, was ich in vier Tagen zustande bringe.

19.30 Uhr

Habe erfahren, dass George das Team verlässt, weil der Zustand seines Vaters in Massachusetts nach seinem Hüftbruch sehr ernst ist. Ich mag George sehr. Ein Libanese, der ebenfalls im Hotel Al Fanar wohnt und vielleicht, vielleicht aber auch nicht, ein Kriegsprofiteur ist, sagte, George habe ein Herz aus Gold. Ich glaube ihm. George war schon neun Mal im Irak und unterstützt hier acht Familien. Diesmal hat er zwei Koffer voll Medikamente und Spielsachen mitgebracht. Bagdad ist die Stadt der unendlichen Not.

20 Uhr

Saddam kommt im Fernsehen. Er sitzt auf einem weissen Ledersofa. Der Empfang ist schlecht. Jetzt ein Schnitt auf die Menge, die seine Rede verfolgt. Sie ist riesig. Aber es gibt keine Aufnahme, die Saddam und die Menge gleichzeitig zeigt. Haben

Sie gewusst, dass der russische KGB der Urgrossvater von Adobe Photoshop war? Sie liessen nicht nur Leute verschwinden, sie tilgten auch ihr Bild aus bestehenden Fotografien. Mit Rasierklinge, Feder und Tinte retuschierten sie die Fotografien mit solcher Präzision, dass es schien, als hätte es die Person auf dem Originalfoto nie gegeben. Heute ist Bildbearbeitung Standard, egal ob es darum geht, Leute wegzuschneiden oder hinzuzufügen. Noch nie war die Wirklichkeit so elastisch. Danach folgt ein Musikvideo mit singenden Kindern und Bildern von Saddam bei der Erfüllung diverser staatlicher Pflichten.

23 Uhr
Saf, ein junger Student, mit dem ich manchmal Domino spiele, fragt mich nach einem Aspirin. «Morgen», sage ich zu Saf.

23.50 Uhr
Jeden Abend um 23.30 Uhr sendet das irakische Fernsehen einen Film. Heute ist es *Red Planet* mit Val Kilmer in der Hauptrolle. Zufällig war Kilmer 1998 im Irak im Rahmen einer Kampagne unter dem Titel *America Cares*. Ein Mitglied des Beratungsausschusses war Barbara Bush. Die Kampagne sollte das Medieninteresse von der *Sanctions Challenge* genannten Delegation des früheren Generalstaatsanwalts Ramsey Clark ablenken, die zur selben Zeit in Bagdad war. Es funktionierte. Kein Mensch beachtete Clark und seine Leute, die dafür plädierten, die Sanktionen zu stoppen. Aller Augen waren auf Val und seine vagen Versprechen gerichtet, dem Mittleren Osten Demokratie und schlechte Filme zu bringen.

1 Uhr
Kann nicht schlafen. Die wilden Hunde von Bagdad sind los. Höhnisch kläffen sie die wenigen Autos an, die noch auf der Strasse sind. Folgendes Zitat finde ich in einem Buch über Laotse, den mystischen chinesischen Philosophen. Es scheint mir sehr

zeitgemäss: «Die Weltmenschen sind hell, ach so hell; nur ich bin wie trübe. Die Weltmenschen sind klug, ach so klug; nur ich bin wie verschlossen in mir».[1]

Erstmals veröffentlicht in: *Sarai Reader 04: Crisis/Media*, hrsg. von Shuddhab Sengupta, Monica Narula, Ravi Vasudevan, Ravi Sundaram, Jeebesh Bagchi, Awadhendra Sharan und Geert Lovink, Delhi: Sarai, 2004, S. 306–309. Wiederabdruck mit Genehmigung des Autors. Im Dezember 2002 verbrachte Paul Chan als Mitglied des *Iraq Peace Team* einen Monat in Bagdad. Diese Gruppe war von *Voices in the Wilderness* ins Leben gerufen worden, einer für den Nobelpreis nominierten unabhängigen, internationalen Kampagne mit Sitz in Chicago, die sich dafür einsetzte, die ökonomischen Sanktionen und den Krieg gegen das Volk im Irak zu einem Ende zu bringen. Das *Iraq Peace Team* startete im September 2002 den Versuch, durch den Einsatz gewaltfreier Aktionen einen amerikanischen Angriff auf den Irak zu verhindern. Während seines Aufenthalts in Bagdad schrieb Chan über seine Erfahrungen. Der hier vorliegende Text ist ein Auszug aus seinen Aufzeichnungen.

[1] Laotse, *Tao te king*, Kap. 20 (deutsche Übersetzung von Richard Wilhelm).

Erhabene Demut
Über Aussenseiterkunst und Aussenseiterpolitik

Wir wollen die Blindheit des Isolationismus genauso zurückweisen wie die Krone der imperialen
Herrschaft. Wir wollen unsere Macht niemandem aufzwingen – aber auch niemanden durch
Gleichgültigkeit verraten. Wir wollen eine amerikanische Aussenpolitik betreiben, die den amerikanischen Charakter widerspiegelt. Die Bescheidenheit
wahrer Stärke. Die Demut echter Grösse.

– George W. Bush

Never let'em know where you live
Never let'em get familiar wit your dough or your kids
Put the toast to 'em
Always stay quiet, humble
But don't be scared to take it to the knife or the
gun in the rumble[1]

– Jadakiss, «We Be Like This»

William L. Hawkins. Geboren 1895 im ländlichen Kentucky.
Zieht 1910 nach Ohio, um den Folgen der nie ausgeführten
Reconstruction zu entkommen. Scheuert Böden, fährt einen
Laster, betreibt ein kleines Bordell und malt. Um 1930 beginnt er
seine Kunst zu verkaufen. Malt. Erleidet 1989 einen Schlaganfall
und ist danach teilweise gelähmt. Malt immer noch. Stirbt ein
paar Monate später im Alter von 95 Jahren.

Die Trauer über den Tod von William Hawkins überkommt
mich erst im Jahr 2000, als der Volkskunstspezialist Lee Kogan
mir ein Dia von einem seiner Werke zeigt. Das Gemälde trägt den

Titel *The Last Supper #9* (1987) und zeigt ebendies. Leuchtende Rot- und Gelbtöne, die in einem verworrenen Muster herumwirbeln, umrahmen die traditionelle Anordnung der Apostel mit der für das Genre typischen, auf Jesus als Fluchtpunkt ausgerichteten Zentralperspektive. Das Bild erfüllt alle ikonografischen Erwartungen an diese berühmte Szene, auch wenn es mit den lebhaften Farben und der aggressiven Linienführung gemalt ist, die zu einem Künstler passen, der auch als Portier, Lastwagenfahrer und Zuhälter tätig war. Aber da ist noch etwas. Vor Jesus steht ein Teller mit gebratenem Hühnchen. Mehr noch. Kohlblätter. Kartoffelstock. Rippchen. Judas schaut gebannt auf einen Pfirsichauflauf.

Ich kann mich nicht erinnern, was Leonardo da Vinci und andere in ihren Darstellungen des letzten Abendmahls Christus aufgetischt haben. Es spielt auch keine Rolle. Ich bin wie versteinert. Und nun ändert sich etwas. Es geschieht, was Jacques Lacan als anamorphotische Verzerrung bezeichnet: Ein nebensächliches Detail, eine blosse Ergänzung am Rande, wird zum Angelpunkt, um den herum das Ganze zwanghaft zu rotieren beginnt. Das letzte Abendmahl verwandelt sich. Und es wird schön für mich, vielleicht zum ersten Mal. Nicht weil ich, wie Judas, Pfirsichauflauf mag, sondern weil ich das Gewicht des Abgebildeten spüre und sehe und zugleich auch die Leichtigkeit des Eingriffs, der das Grundmuster der formalen und historischen Tradition des Gemäldes durcheinanderbringt, wobei dieses Gewicht weiterhin spürbar bleibt. Tatsächlich ist es grösser. Hawkins wollte das letzte Abendmahl nicht auf die leichte Schulter nehmen oder irgendwie zeitgemässer darstellen. Er wollte das Gesetz des letzten Abendmahls ehren und befolgen. Vor allem aber wollte er ihm seine Liebe bezeugen, auf eine exzessive, das heisst sehr persönliche Art. Und sicher wissen Sie, dass man dem andern seine Liebe bezeugt, indem man ihm etwas Gutes auftischt. Selbst wenn man weiss, dass er einen verraten und betrügen wird. Vielleicht muss man sich, gerade weil der andere einen verraten wird, besondere Mühe geben, eine tolle Sauce zu kochen und eine Extraportion Grünzeug zu servieren – vor dem Verrat, aber ganz sicher vor der Erlösung.

* * *

Es gibt keine Demut ohne eine Prise Demütigung. Im Alten und Neuen Testament ist Demut ein wesentliches Merkmal wahrer Frömmigkeit, von Männern und Frauen, die mit Gott im Reinen sind. Gott demütigt die Menschen, um sie zu sich zu führen (5. Mose 8,2). Der Zustand der Gnade, der von Stolz und Hochmut befreit, der Geisteszustand, der um eines höheren Gutes willen die eigene Unwürdigkeit und Unvollkommenheit betont, entspringt weder der Glaubenspraxis noch dem erworbenen Wissen. Er entspringt dem Akt der Unterwerfung. Demut lernt man durch die Peitsche.

Hier gilt es festzuhalten, dass das Entstehen von Demut durch die Gnade der Demütigung kein Prozess ist, den man geflissentlich vermeidet. Tatsächlich ist dieser Prozess mit Lust verbunden. Er hat auch eine lange Tradition. Natürlich gibt es jenes legendäre Institut zur theoretischen und praktischen Erforschung von Erniedrigung und Eros, das auch als Katholische Kirche bekannt ist. Nicht minder grossartig ist Georges Batailles Werk, eine Kreuzung zwischen Theologie, Marxismus und Latrinengraffiti. Bataille schreibt: «Da es stimmt, dass es zum Wesen des Menschen gehört, das Leiden der anderen zu geniessen, dass die erotische Wollust nicht nur die Negation einer Agonie ist, die im selben Augenblick stattfindet, sondern auch eine geile Partizipation an dieser Agonie, ist es Zeit, zwischen dem Verhalten von Feiglingen zu wählen, die ihre eigenen Freudenexzesse fürchten, und dem Verhalten jener, die der Ansicht sind, dass der erstbeste Mensch sich nicht wie ein gehetztes Wild zu verkriechen, sondern im Gegenteil alle Histrionen der Moral wie Hunde zu betrachten hat.»[2] Zu erwähnen ist hier natürlich auch Jean Paulhans Einleitung zu jener klassischen Erzählung über die Erotik von Demut und Demütigung, Pauline Réages *Geschichte der O*. Paulhan beginnt mit der Schilderung eines Sklavenaufstandes auf Barbados im Jahr 1838, bei dem die Sklaven, Wochen nachdem sie sich die Freiheit erkämpft hatten, zu ihren früheren Herren zurückkehrten und um Wiederaufnahme baten. Sein Essay trägt den Titel «Das Glück in der Sklaverei».[3] Lustvoll, ja. Und deshalb populär. Von George W. Bushs Beschwörungen oder jenen von Jadakiss einmal abgesehen: Die Förderung einer kleinmütigen Geisteshaltung und das ständige Erinnern an unsere grundlegenden Unvollkommenheiten im Dienste der Macht und deren Erhaltung haben in Amerika eine ehrwürdige Tradition. Haben wir nicht allen Grund zu argumentieren, dass die USA die niedrigste Stimmbeteiligung aller demokratischen Nationen dieser Welt aufweisen, weil die Menschen in den USA zutiefst gedemütigt wurden? Ist es nicht der Inbegriff echter Demut, wenn Popstar Britney Spears kürzlich in einem bizarren Interview mit CNN auf die Frage nach ihrer Meinung über Bush und den Irak antwortete: «Ehrlich gesagt, ich denke, wir sollten unserem Präsidenten einfach bei all seinen Entscheidungen vertrauen und sie mittragen.»[4] Demut ist im allgemeinen Diskurs nicht nur stets präsent, sie erstickt praktisch unser gesamtes gesellschaftliches Umfeld in ihrem tödlichen Dunst aus Glauben und gutem Willen. Als das Behagen, das aus der von der Pflicht verlangten Passivität entspringt, schallt uns Demut aus jedem Regierungsdepartement und jedem beliebigen Kabel-TV-Nachrichtenkanal so eindringlich entgegen, wie der Gebetsruf des Muezzin in den Städten Jordaniens, Syriens und des einstigen Iraks widerhallt. Ein gewitzterer und zweifellos weniger aufsässiger Typ würde sagen, «aber Paul, weshalb beachtest du den Ruf überhaupt? Du bist kein Christ! Du weisst nicht einmal, wie man Deuteronomium buchstabiert! Weshalb machst du es nicht wie Odysseus' Gefährten, stopfst dir Wachs in die Ohren und segelst unberührt vom Gesang der Sirenen dahin?»

Wie wahr. Aber das Problem ist, dass ich nicht der Einzige bin, der diesen Ruf hört. Jenseits unserer nationalen und religiösen Grenzen gibt es andere, die ihn auch hören. Und dieser Ruf bindet uns auf unerwartete Art und Weise. Wenn ich in Bagdad mit Familien und Freunden plauderte, kamen wir früher oder später immer auf das Thema Religion.

Historische Anmerkung: Es ist schwer vorstellbar, dass dieses Thema so allgegenwärtig wäre, wenn es die beiden Golfkriege und die UNO-Sanktionen nicht gegeben hätte. Saddam Husseins Irak war ein Musterbeispiel eines modernen säkularen arabischen Staates. Der Islam und das Christentum wurden beide praktiziert und hatten mit der Politik nichts zu schaffen. Erst nach dem ersten Golfkrieg und nach dem Inkrafttreten der lähmenden UNO-Sanktionen begann Hussein den Islam aktiv zu fördern. Das gesellschaftliche Gefüge des Irak war im Zerfall begriffen. Der Islam verband die Menschen wieder mit dem Staat und lieferte den Rahmen für die Wiederherstellung einer staatlichen Ordnung. Ende der Anmerkung.

Als mich die Iraker also fragten, welches meine Religion sei, antwortete ich, keine. Diese Antwort war für sie unverständlich und inakzeptabel. Ich begriff rasch, dass das Christentum die einzig mögliche Option war, denn den Islam zu nennen, wäre gleichbedeutend mit Verrat gewesen, und der Buddhismus ist keine anerkannte Religion. Angesichts der kleinen, aber bedeutenden christlichen Bevölkerungsgruppe im Irak und der historischen Verbindungen zwischen den Heiligen rund um Christus und um Mohammed war das Christentum akzeptabel. Für Marx war die Religion das Opium des Volkes. Für mich war die Religion ein temporäres Visum zum Volk. Ich spielte den Christen, und diese Rolle verlieh mir in Bagdad etwas noch Kostbareres als Aspirin: Vertrauen. Weil ich für sie ein Christ war, fassten die Iraker Vertrauen und sprachen mit mir über Themen wie Wahrheit, Leiden, Nahrung, das richtige Alter zum Heiraten, Frieden und vor allem: Gerechtigkeit.

* * *

Auf der einen Seite der Zyklus von Demut und Demütigung, eine Bewegung, die dazu dient, die Macht zu festigen und uns an einen Vertrag zu binden, fast wie Sklaven an einen Herrn. Auf der anderen Seite ein komplettes Verwerfen dieses widerlichen Zyklus und die Gefahr der politischen und kulturellen Entfremdung. Gibt es einen dritten Weg?

Ich glaube, ich habe in Hawkins' Gemälde einen flüchtigen Blick darauf erhascht. Keine Kirche, egal ob katholisch oder protestantisch, würde wohl Hawkins' letztes Abendmahl in ihrem Gotteshaus aufhängen und Fragen riskieren, wie: «Was bedeutet der Riesenteller Rippchen vor Jesus?» Aber Hawkins hat *The Last Supper* nicht als Scherz gemalt. Die Ehrfurcht vor dem Gemälde verrät eine Absicht jenseits von Parodie oder Kritik. In Hawkins' Bild schwingt vielmehr eine Art masslose Liebe mit, die der tief empfundenen Verpflichtung entspringt, die mit der Darstellung Christi und den Ideen dahinter verbunden ist. Es kommt mir vor, als glaube Hawkins, er wäre der einzige Maler mit genügend Erfahrung, Wissen und Liebe, um diese für das Christentum entscheidende Szene darzustellen. Er schaltet sozusagen den Vermittler aus und malt den Kern des letzten Abendmahls mit dem, was er hat und weiss, in liebevollem Übermass und jenseits des Gesetzes, das heisst der Kirche, als Antwort auf den Ruf eines anderen Herrn, eines anderen Gesetzes. Sein Bild ist die Antwort auf diesen Ruf. Und es ist pflichtgetreu, masslos, erhaben und demütig.

Die schmuddelige Geschichte der Aussenseiterkunst ist eine lange Apologie der Eigenbrötler und Verrückten und unterscheidet sich gar nicht so sehr von der schmuddeligen Geschichte der Insiderkunst. Doch eine wesentliche Differenz zwischen den beiden Kunstwelten gibt es. Die Aussenseiterkunst ist dem Gesetz verpflichtet, nicht dem Neuen (oder eher der Sehnsucht nach dem Neuen), das die zeitgenössische Kunst antreibt. Anders gesagt: Nicht die Suche nach neuen Ausdrucksformen, die neue Lust und neue Möglichkeiten hervorbringen und artikulieren, macht die Aussenseiterkunst grenzüberschreitend, sondern dass sie die etablierten Formen und Traditionen bereitwilligst aufgreift und so ebendiese Formen von blossen Dingen zu «Objekten» oder Kunst erhebt. Dieses Aufgreifen und Umarmen ist jedoch so stürmisch, dass es die Formen durch seine erstickende Masslosigkeit zu zerquetschen droht und dabei just jene Traditionen verändert, die diese Formen zuvor zur Kunst erhoben haben.

Das Gewicht der Umarmung. Die Ehrung der Form. Die Masslosigkeit, mit der sie dem Ruf eines Gesetzes ausserhalb ihrer selbst folgen. Sind dies nicht die Kennzeichen grosser Aussenseiterkünstler wie Henry Darger, Lee Godie und Howard Finster? Und weisen sie uns nicht den Weg zu einer Art von Demut, die den christlichen Teufelskreis von Demut und Demütigung durchbricht? Eine Art erhabener Gehorsam gegenüber dem Gesetz oberhalb und jenseits seiner irdischen Verkörperungen, ein Gehorsam, der sich letztlich gegen die Mächte wendet, die für das Gesetz sprechen und eintreten. Denn die wahren Diener des Gesetzes wissen, dass das Gesetz nicht spricht. Es schweigt. Und dies muss es weiterhin tun, demütig, wenn es sein Versprechen einer gerechteren Zukunft einlösen will.

Vielleicht ist dies die entscheidende Differenz zwischen wahrer und erhabener Demut: Die eine dient der Gegenwart, die andere der Zukunft. Gibt es noch andere Diener der Zukunft ausser Malern aus Kentucky und den obdachlosen Porträtisten in den Strassen von Chicago? Ich denke schon. Sie sind mitten unter uns, Verrätern gleich, die nur auf den richtigen Moment warten, um das Gesetz zu verraten, das nur von der Macht spricht und von der entsetzlichen Freiheit der Blinden. In ebendiesem Augenblick, da 130 000 Soldaten dem Willen jener sage und schreibe fünf einsamen Männer dienen, die an der Macht sind, dienen in Bagdad sieben Amerikaner dem guten Willen des amerikanischen Volkes und den Idealen, die einst das Fundament unserer Republik bildeten. Mitglieder der in Chicago ansässigen

Voices in the Wilderness dienen Irakis wie Amerikanern seit 1996, indem sie offen gegen die ungerechten, von den USA unterstützten UNO-Sanktionen gegen den Irak verstossen und Arzneimittel und Spielzeug ins Land bringen. Sie erinnern uns still und leise daran, dass das Leben, die Freiheit und das Streben nach Glück Ideale sind, für die es sich auch ausserhalb der Grenzen unserer fünfzig Bundesstaaten zu kämpfen lohnt. Mitglieder von *Voices* arbeiten jetzt mitten im Kriegsgebiet, das einst als Bagdad bekannt war, um die Besetzung zu beenden. Unvernünftig? Ja. Verrückt? Natürlich. Barer Mut. Kein Ruhm. Nicht einmal eine anständige Bezahlung. Dennoch betreiben sie ihre Aussenseiterpolitik und dienen uns, mit uns und vielleicht sogar gegen uns.

Sie sind nicht die einzigen. Vor *Voices in the Wilderness* gab es die Quäker und Mennoniten, die Befreiungstheologen, Dorothy Day und ihre Zeitung *The Catholic Worker*. Und lange vor ihnen gab es die Antinomisten, die Levellers, die Ranters, die Diggers, die Ismaeliten, und vielleicht können wir auch unsere Gründerväter zu dieser durch und durch amerikanischen Liste demütiger Radikaler zählen, die Unruhe stiften, die Gerechtigkeit respektieren und wider die Macht dem Gesetz dienen.

Deshalb war ich wohl so bewegt, als ich 2003 bei den Antikriegsdemonstrationen in Washington, D.C., den *Schwarzen Block* erblickte. Der *Schwarze Block* ist eine lose anarchistische Gruppierung, die allgemein als Randerscheinung der aktuellen politischen Aktivistenszene abgetan wird. Sie sind jung. Sie sind komplett schwarz gekleidet. Ihre verschlissenen Rucksäcke und Kapuzen sind mit anarchistischen Symbolen übersät. Man gibt ihnen die Schuld an allem, von eingeschlagenen Fensterscheiben bis zu verletzten Polizisten. Es sind Wilde, und sie gefährden die Rechtmässigkeit der Bewegung, heisst es.

Sie sind aber auch diejenigen, welche die von den Bullen auf die Demonstranten geworfenen Tränengaskanister mit in Essig getränkten Stoffstreifen umwickeln, damit niemand die beissenden Dämpfe einatmet. Ich habe gesehen, wie sie eine Phalanx bildeten, um Barrikaden zu durchbrechen, damit die Demonstranten den Knüppeln und Gummigeschossen der Polizei entkommen konnten. Sie dienen der Bewegung, obwohl sie sie mit ihrer Masslosigkeit sprengen und damit ihren Charakter verändern. Und wissen Sie, was sie im Februar 2003 taten? Sie trugen diese verrückten Hüte. Zunächst habe ich diese Hüte nicht wiedererkannt, aber dann hat mich jemand darauf hingewiesen: Es waren die schwarzen Dreispitze, die George Washington und seine Rebellen während der Amerikanischen Revolution trugen. Und wie Hawkins' Bild wirkte die Geste überhaupt nicht wie eine Parodie oder eine Kritik. Es war eher eine Art Reverenz. Eine radikale Umarmung. 220 Jahre später setzt sich der *Schwarze Block* dasselbe Symbol des Widerstands auf, mit dem unser Land gegründet wurde: Einige von ihnen, fünfzehn oder zwanzig, allesamt Patrioten, treten einem nervösen Anti-Krawall-Bataillon entgegen und versuchen die Strassenproteste auszuweiten – für uns, mit uns, gegen uns, über uns hinaus.

Manche von uns weinten bei diesem Anblick. Ich sage nicht wer.

Erstmals vorgetragen anlässlich der Vortragsserie «Approaching Humility: An Illustrated Lecture Series», 10. September 2003, New York, und anschliessend publiziert in: *The Uncertain States of America Reader*, hrsg. von Noah Horowitz und Brian Sholis, Berlin: Sternberg, 2006, S. 123–126. Wiederabdruck mit freundlicher Genehmigung.

1 Nie dürfen sie wissen, wo du wohnst
Halt sie fern von deiner Knete, deinen Kids
Zeig ihnen die Knarre
Bleib immer ruhig, demütig
Aber zögere nicht, zum Messer oder zur Kanone zu greifen, wenn's kracht.

2 Georges Bataille, «Der Gebrauchswert D.A.F. de Sades», in: Marquis de Sade, *Justine und Juliette*, hrsg. und übers. von Stefan Zweifel und Michael Pfister, Bd. IV, München: Matthes & Seitz, 1993, S. 19–37.

3 Jean Paulhan, «Vorwort: Das Glück in der Sklaverei», in: Pauline Réage, *Geschichte der O*, übers. von Simon Saint Honoré, 1. Aufl. Darmstadt: Melzer, 1967, Reinbek b. Hamburg: Rowohlt, 1977, S. 5–16.

4 Britney Spears in der Sendung CNN Crossfire, 3. September 2003, http://edition.cnn.com/2003/SHOWBIZ/Music/09/03/cnna.spears (24.9.2013).

Offene Schulden

Ansprache an die Abschlussklasse an der
School of the Art Institute of Chicago, 2006

Ich wurde eingeladen, Ihnen Ratschläge für das kommende Jahr und vielleicht sogar für später zu geben. Zuerst vertraue ich Ihnen aber ein Geheimnis an. Als man mich bat, diese Rede zu halten, vermutete ich eine Falle. Ich habe nämlich mein Studiendarlehen nie zurückbezahlt. Und so dachte ich, diese Einladung sei allein deshalb erfolgt, um mich ausfindig zu machen und mir wieder Rechnungen zu schicken. Mir hat einmal jemand gesagt, Bildung sei unbezahlbar, und ich bin ganz dieser Meinung. Und da das Unbezahlbare keinen Preis hat, fand ich, sie müsse kostenlos sein. Ich habe falsche Namen angegeben, falsche Adressen und falsche Telefonnummern, um mir die Schule mit ihren Quästoren vom Halse zu halten – jahrelang.

Also hier vielleicht mein erster Ratschlag: Denken Sie nach dem Abschluss nicht an Ihr Studiendarlehen. Ignorieren Sie es. Das wird die Abteilung für Studiendarlehen natürlich nicht schätzen. Also sagen wir, mein Rat sei metaphorisch gemeint. Neben Jugend und Schönheit ist Freiheit Ihr kostbarstes Gut. Und im Dienste der Freiheit Werke zu schaffen, ist das grösste Geschenk, das Sie anderen machen können. Anders gesagt, unbelastet von Schulden – jeglicher Art – können Sie bessere Werke schaffen.

Das beste Beispiel dafür wiederholt sich Jahr für Jahr: die Ausstellung der Abschlussarbeiten. Ich finde, die Arbeiten der Masterklasse verblassen im Vergleich zu denen der Bachelorschau genau deshalb, weil die Masterstudenten von noch grösseren Darlehenssorgen geplagt sind. Angst lässt die Kunst verarmen und uns ebenso.

Es gibt noch eine andere Schuld, vor der Sie auf der Hut sein müssen. Das ist die, die uns verführt. Wenn uns ein Film, eine Installation oder auch eine Person in Bann schlägt, fühlen wir uns irgendwie zu Dank verpflichtet. Das Hochgefühl, wenn wir etwas oder jemanden gern haben, die Freude, die wir spüren, wenn wir uns mit etwas konfrontiert sehen, das die Bezeichnung Kunst wahrhaft verdient, lässt sich in einem Wort ausdrücken: Dankbarkeit. Wir sind dankbar, etwas ausserhalb unserer selbst erfahren zu haben, das etwas in uns, das uns kostbar ist und nach dem wir uns vielleicht sehnen, zum Ausdruck bringt, wie wir es selbst nicht vermocht hätten. Und gewöhnlich anerkennen wir diese Schuld und vergelten diese Erfahrung, indem wir sie uns zu eigen machen.

Als Kind liebte ich Spiderman. Also bestrich ich meine Hände und Füsse mit Elmers Klebstoff, kletterte eine Leiter hoch und sprang gegen eine Backsteinmauer. Und zwar mehrmals. Ich bin überzeugt, wenn Kunst uns langweilt, dann nicht, weil wir sie nicht verstehen, sondern weil wir sie zu gut verstehen. Mit anderen Worten, wir sehen allzu deutlich, wie die Schuld zurückbezahlt wird. Die Kunst wird so lediglich zu einem Echo der Kompositionen, Ideen und Bewegungen, die der Künstler zu wiederholen sich verpflichtet fühlte, und sei es nur, um der anfänglichen Ergriffenheit treu zu bleiben: aus Liebe, vielleicht sogar aus Angst.

Auch diese Art Schuld müssen Sie ignorieren. Wie gesagt, Ihre Freiheit ist ein Geschenk. Es besteht in der Freiheit, Dinge, die nicht sind, in solche zu verwandeln, die sind, oder umgekehrt. Manchmal heisst das, uns von den uns prägenden Schulden, die wir meinen tragen zu müssen, zu befreien und sie zu verwandeln: sie dumm, absurd oder verwirrend zu machen, sogar für uns selbst. Das ist schwieriger, als es sich anhört, und aufschlussreicher, als Sie ahnen.

In dieser grossen Zeit, in der von allen Seiten Befehle auf uns einprasseln – von den Eintreibern der Studiendarlehen bis zu den Sekretären des Verteidigungsministeriums –, ist die Vorstellung, dass wir die Ordnung der Dinge ändern könnten, in der Tat lächerlich. Glücklicherweise ist das Lächerliche unser Geschäft. Wir sind Künstler.

Viel Glück.

Der Geist der Rezession

1991 war ich zu arm und doch nicht arm genug, um von der letzten grossen amerikanischen Rezession des 20. Jahrhunderts eingeholt zu werden. Ich wohnte weit weg von den kulturellen und finanziellen Epizentren an der Küste und war zu jung und zu naiv, um auch nur einen Gedanken an das Leben ausserhalb meines engen Horizonts zu verschwenden. Die Vorstellung eines Phänomens, das ganze Gesellschaften auf so schreckliche Wendungen wie *negatives Wachstum* und *wirtschaftliche Depression* zusammenschrumpfen lässt, war für mich genauso abstrakt und fremd wie die realen Ursachen, die hinter einer Rezession stehen. In diesem Sommer bedeutete ein Sinken des Bruttoinlandsprodukts für mich ein Nein zu einem weiteren McDonald's-Viertelpfünder mit Käse. Überleben hatte nichts damit zu tun, das Auf und Ab der Wirtschaftsindikatoren zu messen, sondern mit der List, inmitten dieser unmenschlichen Quantifizierungen zu leben und neue Wege zu finden, um davon unberührt und unbelastet zu bleiben. Fortschritt bedeutete nicht, dem Profit nachzujagen, sondern seine Position dort, wo man sich zufällig befand, unerschütterlich gegen die gewaltigen Kräfte von Hausse und Baisse zu behaupten.

Man lernt jedoch ziemlich schnell, dass das Behaupten des eigenen Standpunktes nicht garantiert, dass der Boden, auf dem man steht, ebenfalls hält. Der McDonald's, den ich ab und zu aufsuchte, wurde gegen Ende der Rezession von 1991 geschlossen, ebenso andere Geschäfte in der Gegend. Ich machte mir damals keine Gedanken darüber, und wenn doch, kam es mir seltsam vor. Das Lokal war gut besucht, denn es gab in der Nähe weder einen ordentlichen Lebensmittelladen noch Kinderbetreuung, geschweige denn ein Gemeinde- oder Berufsbildungszentrum. Kein Wunder also, sprang McDonald's in diese Lücke und war all dies in einem. Die Leute fanden zusammen, hockten in diesen ekelerregend unbequemen Plastikstühlen und vergifteten

sich langsam mit Nitraten und geschmacksverstärktem Fleisch, während sie auf ihre Mutter, eine Freundin, einen Gehaltsscheck oder ihre einzige warme Mahlzeit am Tag warteten.

Niemand trauerte dem McDonald's nach, dennoch vermisste man das Lokal. Sein Verschwinden war ein Vorbote weiterer Schliessungen und Kürzungen. Freunde und Verwandte von Freunden verloren ihre Arbeit. Und sogar jene, die nichts verloren, nahmen die Wende wahr, ohne sie zu begreifen. Es war

einer jener seltenen Momente, in denen sich der Lauf der Welt auf unseren Strassen zu offenbaren schien. Durch die unheimliche Übereinstimmung von Lokalem und Nationalem, in der sich dieser neue Lauf der Dinge in einem negativen Licht zeigte, wurde Geschichte greifbar als eine Erfahrung im Hier und Jetzt, das heisst als die Erfahrung, ohnmächtig in ihrem Sog mitgerissen zu werden, ohne Rücksicht auf unseren Willen und unsere Widerstandskraft.[1]

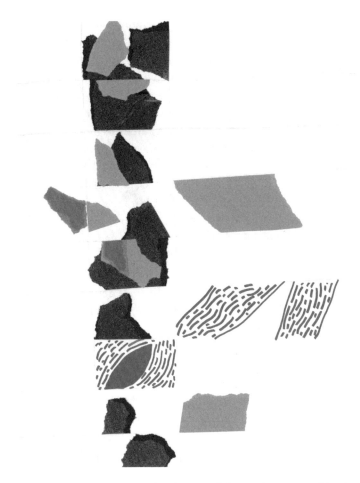

Dass bestimmte Kräfte den Lauf der Welt wie ein blindes und unvermeidliches Verhängnis vorantreiben, käme uns weniger blind und unvermeidlich vor, wenn diese Kräfte nicht auch in uns selbst wirksam wären.[2] Sie zeigen sich in Haltungen und Denkweisen, die von innen heraus eine Wahlverwandtschaft mit diesen Kräften erzwingen und sie nicht nur als richtig, sondern sogar als naturgemässen Lauf der Dinge hinnehmen. Ich war von der Rezession 1991 nicht direkt betroffen, dennoch regten sich in mir ähnliche Neigungen und Gefühle, die zu den grossen Spannungen jener Zeit beitrugen. Und dies, weil ich im eigenen Interesse die gesellschaftlichen Veränderungen verstehen musste, um mich entweder dagegen zu wehren oder ihnen aus dem Wege zu gehen. Doch je besser ich die Lage verstand, desto deutlicher sah ich, wie sie mich beherrschte: Um des Überlebens willen folgte ich den Impulsen, die von diesen Kräften ausgingen und eine ganze Epoche in einen Zustand versteinerter Unruhe versetzten, statt ihnen Widerstand zu leisten. Was soll man denn machen?[3] Selbsterhaltung ist die einzige Chance (egal wo), denn spielt man nicht mit, heisst das nicht, dass nicht mit einem gespielt wird. Der Drang, am Spiel teilzunehmen, ist gross, und zwar nicht, weil alle gewinnen wollen, sondern weil sich niemand den Luxus leisten kann zu verlieren.

Der Raubtiercharakter der gesellschaftlichen Kräfte, die von oben herab auf uns wirken, und der Instinkt des Einzelnen, der auf das Eigeninteresse als einzige Überlebenschance vertraut, sind zwei Aspekte derselben Sache, die ich auf konkrete und abstrakte Weise zu beschreiben versuche. Diese Sache, die kaum eine Sache ist, sondern eher ein spekulatives Prinzip, verlangt in der Tat eine Verflechtung der konkreten und abstrakten Ebene, um wirklich zu werden. 1991 breitete sich das Konkrete erheblich aus. Wo ich wohnte, bildete die Schliessung von McDonald's den Höhepunkt eines sich im privaten Sektor schon seit August 1990 abzeichnenden Rückgangs an Investitionen und Anstellungen, in Verkauf und Produktion, der einherging mit dem Abbau und Einfrieren sozialer Dienste im öffentlichen Sektor, zum Beispiel im Gesundheitswesen und in der Bildung. Eben eine Rezession.[4] Eine Rezession taucht jedoch nicht einfach als völlig Fremde auf. Sie hat Freunde und Liebhaber, die ihr den Weg bereiten. 1991 waren es in erster Linie zwei. Zunächst gab es den sich ewig hinziehenden Sparkassenskandal, bei dem Kongressmitglieder, darunter Senator John McCain aus Arizona, Gelder von Lobbyisten erhielten; als Gegenleistung

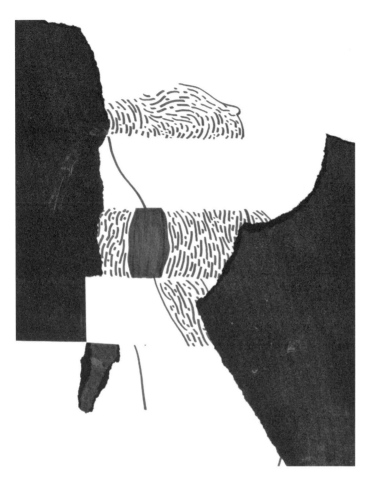

halfen sie Investoren die staatliche Aufsicht zu umgehen, um einen schlafenden Sektor des Bankenmarktes auszubeuten und sich gegenseitig ungestraft Geld auszuleihen, so dass sie von extrem riskanten hochverzinslichen Anleihen und Immobilienkrediten profitieren konnten.[5] Der zweite Freund war der von Präsident George Bush begonnene Krieg gegen den Irak, der dessen Angriff auf seine Nachbarn bestrafen und dem Mittleren Osten demokratische Stabilität verleihen sollte.[6] 1991 offenbarte also eine

Dreifaltigkeit von Ereignissen – ein Bankenskandal, ein Krieg und eine Rezession – den Lauf der Welt in abstrakter wie in konkreter Hinsicht, das heisst als zugleich von oben und durch uns bestimmt. Die Ereignisse zeigten, dass uns eine gnadenlose Logik in ihren Klauen hielt, entgegen unserem Willen, anders zu handeln. Und sollte es doch noch einen Ausweg geben, musste man da durch. Also galt es, den eingeschlagenen Kurs zu verfolgen und durchzustehen. Diese spekulative Art von Offenbarung, die den scheinbar unvermeidlichen Lauf und die Konsequenzen einer Gesellschaft zeigt, die durch einen endlosen Konflikt angetrieben wird, der ihren eigenen höchsten – das heisst menschlichen – Interessen zuwiderläuft, hat in der Ideengeschichte einen erhabenen Namen. Er lautet Geist.[7]

* * *

Mark Twain, für mich der grösste amerikanische Philosoph, soll gesagt haben: «Die Geschichte wiederholt sich nicht, sie reimt sich.» Man braucht es gar nicht zu sagen, weil es so erschreckend offenkundig ist: Trotz der Jahrhundertwende hat keine Wende stattgefunden. Schlag auf Schlag auf Schlag tanzen wir immer noch in einem ähnlichen, regressiven Rhythmus: ein weiterer Krieg im Irak, ein weiterer Bankenskandal, eine weitere Rezession. Und falls es zutrifft, dass wir Unterschiede zwischen heute und damals ausmachen können in der Art und Weise, wie wir leben, wie wir kommunizieren oder wie wir wählen, so trifft es erst recht zu, dass diese Unterschiede den Mangel an Freiheit, den wir im Laufe unseres Lebens unabhängig vom Lauf der Welt zu spüren bekommen, nur umso deutlicher hervortreten lassen. Mit anderen Worten, der Geist unterwirft uns – und uns einander – weiterhin nach dem Gesetz der Selbsterhaltung. Überleben ist eine andere Bezeichnung für den Mitgliedsbeitrag, den wir dieser vorsintflutlichen Gewerkschaft der Lebenden entrichten.[8]

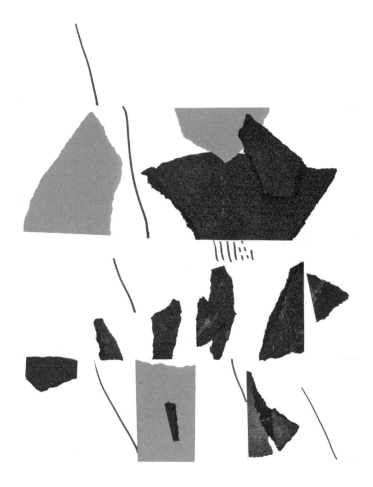

Die Beiträge sind jetzt höher. Die Arbeitsplatzverluste, die Zwangsversteigerung von Eigenheimen und die Bankenzusammenbrüche, Zeichen der wachsenden Rezession von 2008, machen nur auf spektakuläre Weise sichtbar, was sich in der Nacht der Welt unter unseren Füssen und vor den Augen aller abgespielt hat. Trotz einer wachsenden nationalen und globalen Wirtschaft nach der Rezession von 1991 gab es – entgegen den Voraussagen – für die grosse Mehrheit keinen

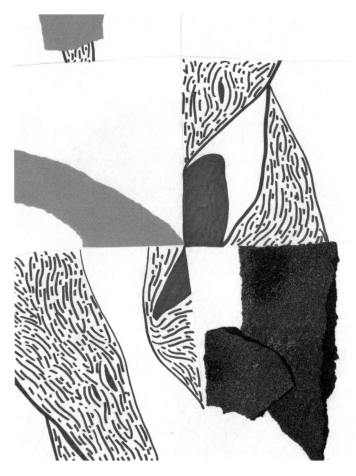

entsprechenden Zuwachs bei den Löhnen oder Sozialleistungen. Wie das Institut für Wirtschaftspolitik verlauten lässt, sanken letztes Jahr die Nettoreallöhne in Amerika – und dies während der Hochkonjunktur.[9] Wirtschaftlich gesehen wurde das Wirtschaftswachstum vom allgemeinen gesellschaftlichen Wohlstand «abgekoppelt». Die seit 1991 steigende Produktivität hatte eine zunehmende Verarmung der Produzierenden zur Folge, und zwar so sehr, dass sich das Leben von den Lebenden abzukoppeln beginnt. Die *Washington Post* berichtete vor zwei Wochen, die Lebenserwartung amerikanischer Frauen sinke erstmals seit der Epidemie der Spanischen Grippe von 1918 und sei heute niedriger als in den frühen 1980er Jahren.[10]

Das ist Fortschritt als Rückschritt.[11] Da gibt es kein Geheimnis und keinen Zauber. Es ist einfach ein Abbild der heutigen Realität, wo Verbesserungen der Lebensbedingungen mit der Schmälerung des Lebens, wie wir es haben wollen, einhergehen. Dies ist nicht die einzige vorstellbare Entwicklung, scheint aber offenbar der einzig gangbare Weg zu sein. Das Kommen und Gehen grösserer und kleinerer Ereignisse bestätigt in seiner Flüchtigkeit nur die grundlegende Marschrichtung, die den unerbittlichen Gang des Überlebens von oben und von innen lenkt. Immer wieder bekräftigt diese Ordnung: Um über den Tag zu kommen, muss eine unbarmherzige Rationalität vorherrschen, und je mehr sich diese durchsetzt, desto richtiger und natürlicher wird sie. So wird es selbstverständlich, Leben und Lebensgrundlage anderer im Namen des Wohlstands zu opfern, was so viel wie Fortschritt heisst, was wiederum nur eine moderne Bezeichnung ist für die ursprüngliche Idee der List im Dienste der Selbsterhaltung. Auf diese Weise geht das Opfer so natürlich mit dem Prozess der Wertschöpfung einher wie das Licht mit der Sonne.

Es ist aber nicht natürlich. Es ist nicht einmal menschlich. Es ist, anders gesagt, religiös. Was einmal Kapitalismus hiess, hatte schon immer eine religiöse Dimension. Marx begann seine Kritik am Warenfetischismus mit einer Beschreibung jener «theologischen Mucken», die der Ware einen mystischen oder transzendenten Charakter verleihen.[12] Max Webers Klassiker *Die Protestantische Ethik und der Geist des Kapitalismus* bringt die marxistische Erkenntnis nach Amerika und zeigt, wie der moderne Kapitalismus hier wuchs und florierte, unter anderem dank bestimmter protestantischer Glaubenslehren, die von einer calvinistischen Lektüre des Neuen Testaments beeinflusst waren:

Danach soll man dem Ruf Gottes nicht durch «gute Werke» antworten, die die ethische Praxis eines religiösen Lebens darstellen, sondern mit der Heiligung durch Werke, das heisst durch gewinnbringende Arbeit und wirtschaftliche Tätigkeit, die neu definiert werden als Mittel, um den Ruhm Gottes zu befördern.[13] Stetige und planmässige Arbeit in einem säkularen Rahmen erhielt nun religiösen Wert; sie wurde zu einem vorzüglichen asketischen Weg und gleichzeitig zum verlässlichen Beweis für die Echtheit des Glaubens. Denn nur durch eine vollständige Umwandlung des Sinns seines ganzen Lebens zu jeder Stunde und bei jeder Tätigkeit, bei unermüdlicher und zielgerichteter Arbeit, konnte diese Heiligung durch Arbeit wirksam sein und Männer wie Frauen aus ihrem natürlichen Zustand in einen Zustand der Gnade erheben.

Webers Erkenntnisse wurden von Walter Benjamin in seinem Fragment «Kapitalismus als Religion»[14] auf den Punkt gebracht. Nach ihm ist der moderne Kapitalismus nicht bloss der säkulare Auswuchs des amerikanischen Protestantismus, sondern selbst ein religiöses Phänomen. Gott ist nicht tot, wie Nietzsche verkündete, sondern lebt im Sakrament der Tauschverhältnisse fort, wo jeder Kauf und jeder Verkauf eine Feier ist und wo jede Feier die Form von Arbeit annimmt. Mit anderen Worten, der Kapitalismus ist wie eine Urlaubsarbeiterpartei, in der der Boss sich weigert, Urlaub zu gewähren. Die Säkularisierung hat uns nicht von der göttlichen Autorität getrennt oder befreit, sondern hat diese nur mit neuem Werkzeug ausgerüstet. Sie hat die Autorität nicht angetastet, sondern sie einfach von einem Ort zu einem anderen verschoben, eine himmlische Hierarchie durch eine irdische ersetzt. Gnade wird neu als Fortschritt definiert und das Opfer zu einem göttlichen Recht erhoben. In unserer modernen Wandlung ist jeder Tausch ein ahnungsloses Gebet für den Fortbestand des Wirtschaftswunders.[15]

Das Wunder ist vorbei, aber die Feier geht weiter. Nach dem 11. September ist die Idee, dass Fortschritt zur Erholung und Erhaltung einer blühenden amerikanischen Wirtschaft beiträgt, der Realität eines zu Armut führenden Niedergangs in den verschiedensten Bereichen des wirtschaftlichen und sozialen Lebens gewichen. Von dieser Abwärtsbewegung werden viele mitgerissen, wenn auch nur ganz wenige am brutalen und berechnenden Aufschwung, der die Kehrtwende verursacht hatte, beteiligt waren, geschweige denn davon profitiert haben. Seit Januar, als der Public Art Fund mich zu diesem Vortrag einlud und ich mich

entschied, über etwas zu reden, von dem ich praktisch nichts verstehe, ist die Zahl der Schlagzeilen zur aktuellen Rezession rasant
gestiegen: Lebensmittelrationierung aufgrund der Inflation;
Stellenabbau; eingefrorene Löhne; Bankenkonkurse; staatliche
Rettungsmassnahmen. Und obwohl diese Schlagzeilen nicht
direkt mit Ihrem Leben zu tun haben, sehen Sie bestimmt, dass
sie doch eine neue, von Verknappung, Angst und Furcht geprägte
Voraussetzung für das gesellschaftliche Imaginäre schufen. Es ist

weder Tragödie noch Farce. Es ist eine Reprise. Oder eher noch ein schmerzlicher Popsong, den man nicht mehr aus dem Kopf bringt. Man braucht den ganzen Wortlaut nicht zu kennen, die Melodie lässt sich dennoch nicht abschütteln. Das ist die Natur des Geistes.

* * *

Eine Rezession ist mehr als ein wirtschaftliches und soziales Phänomen, das es durchzustehen gilt. Sie enthält einen Kern der Unvernunft, der sie von den Zwängen der Vernunft zu befreien verspricht, so dass sich hinsichtlich ihres Sinns und ihrer Bedeutung neue Möglichkeiten eröffnen.[16] Diese Unvernunft ist ihre Religiosität. Denn die andere Definition von Rezession hat mit der Kirche zu tun, nämlich mit der Zeit nach dem Gottesdienst, wenn die Geistlichen aus der Kirche ausziehen und die Menschen, die die Gemeinde bildeten, allein zurückbleiben. Dieser Auszug, zu dem eine Hymne gesungen wird, wird auch Rezess genannt. Und genau hier, im Akt des Sich-Zurückziehens und Singens, entwickelt der Begriff der Rezession sein transformatorisches Potenzial. Eine Kirche ohne Autorität ist in der Tat gesegnet. Der Schluss des Gottesdienstes verkündet den Anfang einer anderen Zeit: einer Zeit ohne Aufforderungen zu Opfern und Glaubensbekenntnissen, ohne Predigten aus dem Buch des Fortschritts, ohne Wechselgebete. Diese Zeit kennt keine Pflichten mehr und gibt den Menschen das Gefühl zurück, weder gesichert noch vorbestimmt zu sein, eine innere Verfassung frei von Einflussangst und einen Sinn, der sich erst herausbildet, wenn die Macht zurückweicht. Es ist die Zeit, in der sich die Gedanken von der Autorität, die ihre Aufmerksamkeit von oben und von innen beansprucht, abwenden und sich den drastischen Ansprüchen des Lebens nach dem Kirchgang zuwenden.

Der Rezess markiert den Augenblick dieser Wende. Er ist das eindringliche Bild der Zeit, die geformt wird von den unsichtbaren Strömungen des Entstehens und Vergehens. Er wirkt wie ein lyrisches Lebewohl und erfüllt den ganzen Raum mit der Erwartung neuer Botschaften, die nur ein echtes Ende mit sich bringen kann.[17]

Seltsamerweise muss ich bei diesen Überlegungen an ein Essen denken. Vor einem Jahr traf ich in einem Restaurant unweit von hier eine Freundin, die ich einige Zeit nicht gesehen hatte. Während wir assen, berichtete sie mir in allen Einzelheiten von ihrem neuesten Schreibprojekt, der depressiven Krise ihres Mitbewohners und Exfreundes, und dass dies der Grund sei, weshalb sie nicht zuhause arbeiten könne, und so fort.

Ich esse weiter und nicke und höre zu. Sie fängt an, von der Klasse zu erzählen, die sie unterrichtet, und dass es sich emp-fehle, den Schülern Angst einzuflössen, als sie plötzlich mitten im Satz abbricht. Sie wird ganz still. Ihre Augen weiten sich. Ich frage, ob alles in Ordnung sei, doch sie gibt keine Antwort. Ich blicke auf ihren Teller, auf dem sich ein Fisch befunden hat. Ich gerate in Panik. Eine Gräte muss ihr im Hals stecken geblie-ben sein. Ich weiss nicht, was tun, also tue ich, was ich kann: Ich schreie, zuerst heiser gurgelnd, dann gelingt es mir end-lich, das Wort «Kellner» auszuspucken. Ich wende mich wieder meiner Freundin zu. Sie rührt sich noch immer nicht, ist aber entspannt. Sie ist vollkommen ruhig. Sie beugt sich über den Tisch mir zu, mit einem einzigartigen Lächeln auf dem Gesicht sagt sie ganz einfach, «ich liebe dich». Und fügt sogleich hinzu, «ich möchte mein Buch über die Sklavenberichte aus dem 19. Jahrhundert zurück».

Sie verabschiedete sich, doch schliesslich ging sie nicht, einem geschickten Kellner sei Dank. Aber für einen Augenblick, der sich unendlich hinzog, die längste Ewigkeit, die ich wohl je erleben werde, dachte meine Freundin, sie schaffe es nicht, und bevor sie ging, wollte sie die entscheidenden Worte sagen. Ich liebe dich. Ich will mein Buch zurück. Ich erinnere mich heute an diese Worte nicht so sehr wegen ihrer Bedeutung, sondern weil sie die ästhetischen Konturen von allem, was sich zu tun lohnt, aufzeigen – mit anderen Worten, das eindringliche Spiel der Formen und Farben, der Linien, Räume und Laute, auf die es am meisten ankommt, wenn einem etwas in der Kehle steckt. Der Geist sei ein Knochen, erklärte Hegel. Jetzt verstehe ich, was er sagen wollte. Den Mut zu finden, die allerletzten Worte zu sagen und sie zum Singen zu bringen wie beim Rezess des allerletzten Gottesdiensts, das nenne ich Kunst. Und dann die

Kraft aufzubringen, weder nachzugeben noch zu weichen, sondern auszuharren mit Hilfe des Geistes, das ist für mich heute der schöpferische Akt.

Vorgetragen am 30. April 2008 im Rahmen der *Public Art Fund Talks* in New York, erstmals veröffentlicht unter dem Titel «The Spirit of Recession», in: *October*, 129, 2009, S. 3–12. Wiederabdruck mit freundlicher Genehmigung. Der Autor bedankt sich bei Marlo Poras, Jennifer Hayashida und Robert Hullot-Kentor für ihre Anregungen.

1 2 3

4 Es gibt auch andere Definitionen von «Rezession». Auf Wikipedia erfahren wir: «Rezession bezeichnet die kontraktive Konjunkturphase, in der ein Abschwung der Wirtschaft verzeichnet wird. Nach der am meisten verbreiteten Definition liegt eine Rezession vor, wenn die Wirtschaft in zwei aufeinanderfolgenden Quartalen im Vergleich zu den Vorquartalen nicht wächst oder ein Rückgang zu verzeichnen ist (sinkendes Bruttoinlandsprodukt). In den Vereinigten Staaten beobachtet das Business Cycle Dating Committee des National Bureau of Economic Research (NBER) die statistischen Daten über die Konjunkturentwicklung, deren Einschätzung gemeinhin als verbindlich erachtet wird. Die NBER hat einen breiteren Definitionsrahmen, um Rezessionen zu beurteilen: Eine Rezession ist eine signifikant sinkende Konjunktur, die sich über mehrere Monate hinweg erstreckt und die sich üblicherweise im realen BIP abzeichnet, im Realeinkommen, in den Beschäftigungszahlen, in der industriellen Produktion, im Gross- und Einzelhandel. Eine Rezession setzt unmittelbar nach einer Hochkonjunktur ein und dauert bis zum Konjunkturtief. Eine Rezession kann gleichzeitig mehrere Bereiche sinkender Wirtschaftsaktivität verzeichnen, steigende Arbeitslosenquote, fehlende Investitionen und sinkender Unternehmensprofit. Die Rezession kann mit fallenden Preisen (Deflation) oder aber mit sprunghaft steigenden Preisen (Inflation) bei stagnierender Wirtschaft einhergehen, ein Prozess, der als Stagflation bezeichnet wird. Eine schwere oder lange Rezession wird als wirtschaftliche Depression (Konjunkturtief) bezeichnet. Ein verheerender Zusammenbruch der Wirtschaft (eine schwere Depression oder Hyperinflation, je nach Umständen) wird als Wirtschaftskollaps bezeichnet.»

5 Für einen vollständigen Überblick über die gesamte Savings-and-Loans-Krise siehe Kathleen Day, *S&L Hell. The People and the Politics Behind the $1 Trillion Savings and Loan Scandal*, New York: Norton, 1993.

6 Es gibt viele Bücher über den zweiten Golfkrieg von 1991. Ich empfehle Kathy Kelly, *Other Lands Have Dreams. From Baghdad to Pekin Prison*, New York / London: AK Press, 2005.

7 8

9   Siehe Jared Bernstein, «Real Wages Decline in 2007», in: *Economic Policy Institute*, Issue Brief
    #240, 16. Januar 2008, http://www.epi.org/publication/ib240.

10 David Brown, «Life Expectancy Drops for Some U.S. Women», in: *Washington Post*, 22. April
    2008, www.washingtonpost.com/wp-yn/content/article/2008/04/21/AR2008042102406.html.

11

12 Karl Marx, *Das Kapital. Kritik der politischen Ökonomie. Erster Band* (1867), in: Karl Marx /
    Friedrich Engels, *Werke*, Bd. 23, Berlin: Dietz Verlag, 1986 (16), S. 85.

13 Siehe Max Weber, *Die prothestantische Ethik*, Tübingen: J.C.B. Mohr, 1920 und 1972.

14 Walter Benjamin, «Kapitalismus als Religion», in: ders., *Gesammelte Schriften*, hrsg. von Rolf
    Tiedemann und Hermann Schweppenhäuser, Frankfurt am Main: Suhrkamp, 1. Auflage 1991,
    Bd. VI, S. 100–103.

15   16   17

Was Kunst ist und wo sie hingehört

Das allererste Kunstwerk, das ich mir kaufte, war ein kleines Bild, das einen toten DJ zeigte. Als ich eines Tages in New York die Strasse hinunterging, stiess ich auf einen Mann, der kleine und mittelgrosse Porträts ermordeter Hip-Hop-Künstler verkaufte und sie kurzerhand auf dem Gehsteig präsentierte. Sie waren in hellen, einfachen Farben gemalt. Eines stach mir besonders ins Auge, es trug den Titel *Tribute to Jam-Master Jay*. Jedenfalls nahm ich das an, weil diese Worte in satter Goldfarbe in der unteren linken Ecke geschrieben standen. Monate zuvor war Jay, der DJ der avantgardistischen Rap-Band Run-D.M.C., in einem Aufnahmestudio in Queens erschossen worden. Auf dem Bild war er wieder voll da, in seinem legendären schwarzen T-Shirt mit Filzhut und Standardgoldkette, so dick wie eine Boa constrictor. Ich kaufte das Bild für dreissig Dollar.

Ich brauchte Monate, um in meiner kahlen Wohnung den richtigen Ort dafür zu finden. Es gab mehr als genug Platz an den Wänden: Ich hatte nichts aufgehängt. Aber kein Ort überzeugte. Eine Wand war zu uneben, eine andere hatte zu starke Wasserschäden. Der Küchenbereich wirkte zu vollgestopft, und der Platz neben dem Arbeitstisch war zu dunkel. Jam-Master Jay konnte nirgends hin. Ich hatte keine Ahnung, wo das Bild hinpassen könnte. Erst viel später wurde mir klar warum. Es war mir nie in den Sinn gekommen, dass Kunst in ein Zuhause gehört.

* * *

Dinge gehören in ein Zuhause. Tische und Radios und der ganze Krempel, den man so findet. Aber Kunst? Inzwischen habe ich mehr Kunst aufgehängt. Und es ist ja auch so, dass es in zahllosen Privathäusern Kunst gibt, in grossen wie in kleinen. Kunst ist nicht weniger wert, wenn sie in einer Wohnung hängt. Im Gegenteil, gewisse Werke gewinnen neuen Glanz in Gegenwart anderer Dinge – wie eine seltsame Glühbirne, die der trägen Materie um sich herum Energie entzieht, um aus ihrem Kern heraus aufzuleuchten. Nicht jede Kunst tut dies. Aber Werke, die das nicht schaffen, sind deshalb nicht schlechter. Sie stehen oder lehnen oder hängen ohne grosses Tamtam neben der Garderobe oder dem Büchergestell oder über dem Sofa und warten darauf, gesehen zu werden. Die Konstellation der Dinge in einer Wohnung – Kunstwerke eingeschlossen – spinnt ein Netz von Verwendungen und Bedeutungen, das uns mit einem Ort verbindet und uns in einer sinnlichen Realität verwurzelt. Dinge sind Dinge, weil sie uns helfen, zur Welt zu gehören, auch wenn ihr Platz in unserem Leben uns manchmal das Gefühl raubt, bei uns selbst zuhause zu sein.

Kunst ist aus Dingen gemacht: Farben, Papier, Videoprojektoren, Stahl und so weiter. Die Dinge, die zur Herstellung von Kunst verwendet werden, verwurzeln sie in einer materiellen Realität – ohne sie bliebe Kunst nichts als ein unerfüllter Wunsch. Selbst Werke, die behaupten, immateriell zu sein, benötigen materielle Mittel zu ihrer Realisierung. Performancekunst zum Beispiel mag sich nicht als etwas verstehen, das aus Dingen zusammengesetzt ist. Aber das Herzstück des Werks braucht einen materiellen Rahmen, um all die Elemente zu einem Ereignis zu verdichten. Der Raum, die Akteure und die Requisiten (sofern es welche gibt): Alles wirkt zusammen, damit die Performance zum Erlebnis wird. Die Kunst nutzt Dinge, damit sie erfahren werden kann. Aber die Kunst ist selbst kein Ding.

Wenn Kunst wirklich Kunst ist, fühlt sie sich zu konkret an, um reine Erscheinung zu sein, aber nicht konkret genug, um nichts anderes zu sein als blosse Realität. Mit anderen Worten, Kunst ist zugleich mehr und weniger als ein Ding. Und genau dieser simultane Ausdruck eines Mehr und Weniger macht das Geschaffene zur Kunst.

Wie ist Kunst weniger als ein Ding? Ein Ding wie ein Tisch hilft uns, zur Welt zu gehören, indem es die wesentlichen

Eigenschaften, die wir von einem Tisch erwarten, annimmt. Dabei spielt es keine Rolle, ob er aus Holz oder Stahl ist, ob er ein Bein hat oder vier – solange er zweckmässig ist, das heisst, seinem Tisch-Sein voll und ganz entspricht, nicht nur, um uns eine Fläche zu bieten, auf der wir essen, schreiben oder Sex haben, sondern auch, um diesen Zweck als äusserliche Verkörperung unseres Willens zu konkretisieren. In gewissem Sinne ist ein Ding nicht es selbst, bis es umfasst, was wir wollen. Sobald es jedoch ganz ist, hilft uns das Ding, es von all dem zu unterscheiden, was es nicht ist. Ein Stuhl kann die Rolle eines Tisches übernehmen und uns zur Not alles ermöglichen, was ein Tisch kann. Aber er tut nur so. Die Verwendung eines Dinges ist nicht Teil seiner Natur. Was wesentlich zur Natur eines Tischs gehört, ist, dass alle Teile, aus denen er besteht, ganz und gar zu einem Tisch werden, und nicht zu einem Stuhl oder einer Rose oder einem Buch oder sonst etwas.

In der Kunst ergeben die Teile kein Ganzes, deshalb ist ein Kunstwerk weniger als ein Ding. Wie bei einem perfekten Verbrechen oder einem Alptraum ist es überhaupt nicht klar, wie sich die Elemente zusammenfügen. Und dennoch tun sie es, durch Komposition, manchmal auch durch Zufall, so dass es scheint, als wäre das Kunstwerk ein Ding. Aber wir wissen es besser, denn nie fühlt es sich solide oder zweckmässig genug an, um das Gewicht eines wirklichen Dings zu tragen. Das heisst nicht, dass Kunst nicht wirklich existierte oder nur eine Illusion wäre. Ein Kunstwerk kann man berühren und anfassen (obwohl das für gewöhnlich nicht gern gesehen wird). Es lässt sich ein- oder ausschalten. Zerbrechen. Kaufen und verkaufen. Es kann sich anfühlen wie irgendein anderes Ding. Doch beim Erleben eines Kunstwerks fühlt es sich immer so an, als gebe es im Kern dessen, was es ist, ein schwerwiegendes Missverständnis, als sei es im Hinblick auf eine falsche Verwendung geschaffen worden oder mit den falschen Werkzeugen oder unter falschen Annahmen darüber, was es heisst, voll und ganz in der Welt zu sein.

So wird ein Kunstwerk zu Kunst. Denn was es vor allem ausdrückt – über die Absicht seines Urhebers, den Gehalt einer Idee, einer Erfahrung oder einer Existenz hinaus –, ist die Unversöhnlichkeit zwischen dem, was es ist, und dem, was es sein möchte. Kunst ist Ausdruck einer Verkörperung, die nie vollständig zum Ausdruck kommt. Und zwar nicht, weil es nicht ernsthaft genug versucht würde. Kunstwerke müssen wie Dinge in einer materiellen Realität existieren, um restlos wirklich zu werden. Aber anders als ein Ding formt ein Kunstwerk die Materie, die der materiellen Realität Substanz verleiht, ohne sie je zu beherrschen. Alle Materie absorbiert die vielfältigen Kräfte, die ihre Entstehung beeinflusst haben, sowie die Verwendungen und Werte, die ihr zugewachsen sind – und strahlt die Gegenwart dieser Geschichte und ihre zahlreichen Bedeutungen aus. In gewissem Sinn ist Form nur ein anderes Wort für den abgelagerten Inhalt, der in jeder Materie schwelt. Kunst entsteht, wenn eine Empfänglichkeit und ein Bewusstsein für diesen Inhalt vorhanden sind. Und je mehr sich das Schaffen zurücknimmt, desto stärker verbindet sich die Kunst damit, wie dieser Inhalt das In-der-Welt-Sein der Materie bereits bestimmt. Diese Realität oder Natur ist der Grund, auf dem die Kunst steht, um ihre eigene Realität zu verwirklichen: eine zweite Natur. Doch sie ist nie real genug, weil die erste Natur nie vollständig mit der zweiten übereinstimmen wird.

Was die Kunst am Ende ausdrückt, ist die unversöhnliche Spannung, die entsteht, wenn man etwas macht und dabei bewusst zulässt, dass die Materialien und Dinge, aus denen dieses Etwas besteht, das Machen, das man im Sinne hatte, verändern. Dieser dialektische Prozess zwingt das Kunstwerk dazu, immer spezifischer zu werden, bis es schliesslich zu etwas radikal Singulärem wird, etwas, das weder ganz dem Geist, der es geschaffen hat, entspricht noch der Materie, aus der es geschaffen wurde. An diesem Punkt verunvollständigt sich die Kunst und tritt in Erscheinung.

Die Ironie dabei ist, dass die Kunst zu etwas Grösserem und Tieferem wird, weil sie nicht ausdrücken kann, was sie wirklich sein will. Ihre volle Grösse reicht über ihre eigene Komposition hinaus und kommt mit der Gattung der Dinge, zu der die Kunst eigentlich gehören sollte, aber nicht gehört, in Berührung, ohne je eins mit ihr zu werden, weil sie sich weigert (oder nicht imstande dazu ist), ein Ding an sich zu werden. Stattdessen nimmt die Kunst eine geisterhafte, zwischen Erscheinung und Realität oszillierende Existenzform an. Deshalb ist die Kunst mehr als ein Ding. Indem ein Kunstwerk die Art und Weise formalisiert, in der objektive Bedingungen und subjektive Ansprüche sich im Lauf seiner eigenen Entstehung wechselseitig beeinflussen, drückt es Prozess und Moment zugleich aus und macht ihre wechselseitige Abhängigkeit genau in ihrer Unversöhnlichkeit deutlich. Und als Folge dieser inneren Entwicklung wird die Kunst zu dem, was sie eigentlich ist: eine dichte und dynamische Darstellung dessen, was es braucht, um den Lauf seiner eigenen Verwirklichung zu bestimmen und die materielle Realität zu formen, aus der diese Selbstwerdung hervorgeht. Mit anderen Worten, gleich welcher Inhalt in welcher Form auch immer, Kunst will stets nur als eines in Erscheinung treten: als Freiheit.

* * *

Der Tod der Kunst ist wiederholt verkündet worden, spätestens 1826, als Hegel schrieb, die Kunst werde verschwinden, weil ihre Aufgabe, den absoluten Geist auszudrücken, zuerst von der Religion und danach von der Philosophie übernommen würde. In den späten 1960er Jahren eröffnete Theodor W. Adorno seine Ästhetische Theorie mit den Worten: «Zur Selbstverständlichkeit wurde, dass nichts, was die Kunst betrifft, mehr selbstverständlich ist, weder in ihr noch in ihrem Verhältnis zum Ganzen, nicht einmal ihr Existenzrecht.»[1] Philosophen (und Philister) sind nicht die Einzigen, die das Existenzrecht der Kunst in Frage stellen. Künstler selbst tun dies seit mindestens hundert Jahren. Im 20. Jahrhundert war die wahre Avantgarde der Kunst weder ein Werk noch eine Bewegung, sondern der Wunsch nach dem Tod der Kunst selbst.

Heute ist klar, dass die Kunst nicht tot ist. Tatsächlich hat das Kunstschaffen jeden Winkel des Lebens erfasst. Doch obwohl sich die Prophezeiungen vom Ende der Kunst nicht erfüllt haben, liegt ein Körnchen Wahrheit in dem Gefühl, dass etwas in der Kunst gestorben ist. Zumindest in dem Sinn, dass die wachsende Ausbreitung der Kunst nichts über ihre wahre Macht oder ihr wahres Potenzial aussagt.

Künstler haben von jeher ihre Verantwortung wahrgenommen, über das Leben nachzudenken und seine vielen Facetten aufzuzeigen. Das ist heute nicht anders. Was neu ist, sind Geschwindigkeit und Ausweitung des heutigen Lebens. Das Leben wird gegenwärtig zunehmend vom Fortschreiten einer sozioökonomischen Globalisierung bestimmt, die ein noch nie da gewesenes und stetig wachsendes Produktions- und Handelsnetz gewoben hat zwischen Menschen, Ländern und Kulturen. Daraus ist eine gesellschaftliche und sinnliche Realität entstanden, in der mehr als alles andere die Macht der wechselseitigen Abhängigkeit zählt – als ethischer Inhalt wie auch als konkretes Ziel. Zeitgenössische Kunst bringt zum Ausdruck, wie wir auf die Kräfte, die diese Realität in und über unser Leben bringen, reagieren: indem wir sie willkommen heissen, ignorieren, ihnen widerstehen oder sie zu verändern suchen. Die besten Werke tun das alles zugleich. Genau dies versucht zeitgemässe Kunst von jeher: einen sich an den Spannungen der Zeit entzündenden Funken einzufangen und ihn so hell brennen zu lassen, wie die Nacht lang ist.

Doch je mehr ein Kunstwerk den Anforderungen des Augenblicks entspricht, desto stärker wird es in einen Entwicklungsprozess verstrickt, der es von seinem singulären Weg seiner Entstehung wegführt. Dem Anspruch, jenen

Widersprüchen Sinn zu verleihen, die zu Konflikten führen und den gesellschaftlichen Fortschritt überall in den Schmutz ziehen, sollte nachgekommen werden: Das Leben sollte für die Lebenden lebenswerter sein. Man muss der zeitgenössischen Kunst zugutehalten, dass sie versucht hat, verschiedene Wissensgebiete mit ästhetischen Konzepten zu verknüpfen, um eine sinnliche Form kritischen Denkens zu entwickeln. Diese Art von Kunst versteht sich selbst in erster Linie als Instrument zur Schärfung des Denkens und der Ermutigung zum Widerstand. Gleichzeitig hat die zeitgenössische Kunst ein anderes Engagement vorangetrieben, eines, das die erweiterten Mittel gesellschaftlicher, kultureller und wirtschaftlicher Produktion widerspiegelt, die aus dem Leben das unüberschaubare Chaos gemacht haben, das es heute ist. Indem die Kunst dieselben Technologien und Organisationsprinzipien verwendet, die die Industrie zur Steigerung von Produktion, Vermarktung und Handel einsetzt, versucht sie dieser fleissigen Betriebsamkeit ein neues Gesicht zu verleihen. Kunst fungiert hier als Verkörperung einer unmenschlichen gesellschaftlichen Entwicklung, die sich ihrer eigenen Legitimität als Ausdruck des menschlichen Fortschritts bewusst wird.

Ob als Kritik oder Reflexion (oder beides zugleich), die Kunst hat in unserer Zeit ein neues Verhältnis zum Leben gefunden, das sie einst aus den Grenzen ihrer eigenen Entstehungsweise heraus verändern wollte. In der Vergangenheit hat das Gebot, das gesamte Leben durch die Kunst neu zu denken, diese in eine reiche und produktive Unvernünftigkeit gezwungen. Welche Form sie auch annahm, ob sie zu einem immer reineren Ausdruck einer formalen Vergeistigung durch exzessive Beschränkung wurde oder zu einer immer umfassenderen irdischen Immanenz durch abwegige Nebeneinanderstellungen: Die Kunst situierte sich als gesellschaftliche Antithese zur Gesellschaft, nicht direkt aus ihr ableitbar und ohne offensichtlichen Nutzen für sie. Die Freiheit, die die Kunst in der Entwicklung ihrer eigenen Verwirklichung als Möglichkeit aufzeigte, verlieh einer Idee Nahrung, die in dunklen Zeiten besonders schwer zu erkennen ist, nämlich, dass wir ebenfalls die inneren Ressourcen schaffen könnten, um uns selbst gegen den gewohnten Lauf der Welt zu organisieren und ihm eine andere Richtung zu geben.

Tatsächlich war diese Idee lächerlich. Doch in der Kunst sind die wahrhaft unhaltbaren Ideen die einzigen, die sich zu realisieren lohnen. Das ist, was an der zeitgenössischen Kunst am meisten entmutigt: Sie präsentiert sich nicht mehr in der Gestalt der Unhaltbarkeit. Durch die Unterdrückung der gesellschaftlichen und wirtschaftlichen Unterschiede und die Auflösung des Raums, der die Dinge einst voneinander trennte, hat die Globalisierung alles gleich nah und gleich vernünftig gemacht. Indem sich die Kunst mit dem heutigen Leben verbündet, hat sie ihren Sinn als listiges Vermittlungssystem gefunden und ist in der Lage, alles, was es in unserer gesellschaftlichen und materiellen Welt gibt, in ihren Wirkungsbereich zu ziehen. Die Kunst übt ihre Macht aus, indem sie die Elemente in eine anschauliche Beziehung setzt und durch den Anschein eines synthetischen Ganzen Schönheit und Stärke ausstrahlt: Kunst wird zum Ding. Doch dieses Ganze, das sich als Triumph des künstlerischen Geistes über die Unordnung der Dinge ausgibt, ist in Wirklichkeit die Bestätigung einer tödlichen Totalität, die an die Stelle der Realität tritt. Objektive Kräfte manifestieren sich heute in der Kunst als subjektive Handlungen ohne echte Subjektivität – ein Ausdruck der Macht der Unmenschlichkeit, über das Menschlichste zu bestimmen. Mit anderen Worten, die Macht der Kunst ist nicht ihre eigene: Sie entspringt vielmehr dem Willen einer höheren sozioökonomischen Autorität, welche die Kunst dazu benutzt, die Macht zu adeln, die sie über die globale Ordnung ausübt, auf die das Leben für sein Fortbestehen zunehmend angewiesen ist.

Wenn die Kunst eine Erkenntnis über das heutige Leben gewonnen hat, dann die, dass es kein anderes Inneres gibt als die Welt. Und wenn sich die Dinge, die unsere Realität ausmachen, in der Kunst relativ leicht verbinden lassen und zusammenhängen, ohne einen Hauch innerer Spannungen oder Widersprüche, so widerspiegelt das nur den gegenwärtigen Druck, den das heutige Leben ausübt, um alles dazu zu bringen, sich zusammenzufügen und zusammen zu funktionieren, wie die besten und schlechtesten Werke der zeitgenössischen Kunst selbst. Momentan herrscht vernebelnder Frieden. Kunst und Leben möchten lieber zur Welt dazugehören, als frei zu sein in ihr.

* * *

Es scheint, dass man heute mehr als nur Geld hergeben muss, um etwas zu kaufen. Als ich kürzlich in einem Laden einen Ventilator kaufte, wollte der Verkäufer nicht nur mein Geld, sondern wollte auch noch Vor-, Mittel- und Nachnamen wissen, Postanschrift, private Telefonnummer, Mobiltelefonnummer, E-Mail-Adresse, mein Geburtsdatum und meinen liebsten Feiertag. Als Mitglied, so der Verkäufer, profitiere man von lohnenden Rabatten und könne bei Veranstaltungen im Laden andere Mitglieder kennenlernen. «Nein danke», sagte ich. «Es lohnt sich, dazuzugehören», wiederholte er, als ich den Laden verliess. Das Dazugehören ist immer häufiger wesentlicher Bestandteil von Transaktionen. Ich bin kein Mitmacher und versuche die Vorschläge und Spezialangebote, mit denen die Geschäfte uns ködern wollen, zu ignorieren.[2] Denn die Karotte ist ein Knüppel.

Geschäfte profitieren davon, dass sie Gemeinschaften um den Verkauf ihrer Produkte herum bilden, und die Gemeinschaften florieren, indem sie die Bedürfnisse ihrer Mitglieder erfüllen, die sie ihrerseits mit geschäftstüchtiger Berechnung aufrechterhalten. So fühlt sich der heutige Lauf der Dinge an. Und das Gefühl der Zugehörigkeit ist untrennbar mit dieser Entwicklung verbunden, jedoch so, dass der Unterschied zwischen Teilhabe an einer Gesellschaft und dem Besitzen einer Sache verschwimmt. Dass dies austauschbar ist und doch nicht dasselbe, bestimmt zu einem guten Teil das Heutige des heutigen Lebens. Das

Gleichgewicht wird in Richtung «was ist mein und was ist dein» verschoben; anders gesagt, es wird verschoben in Richtung Besitzerfahrung als Basis zur Vermehrung unserer persönlichen Kontakte und zur Entwicklung unserer gesellschaftlichen Situation im Allgemeinen. Dazuzugehören heisst heute, besessen zu werden. Wenn wir dazugehören, verwirklichen wir uns selbst, indem wir besitzen, wovon wir besessen werden wollen, und ein Gefühl der Gemeinschaft empfinden, wenn wir mit anderen zusammen sind, die dieselben Güter besitzen. Und mit Gütern meine ich nicht nur handfeste Dinge, wie Schaufeln oder Mandarinen, sondern, was viel wichtiger ist, die immateriellen Dinge, die dem inneren Leben einen Sinn geben, wie Ideen, Wünsche oder Geschichten.

Das ist nicht die einzige Form von Zugehörigkeit, aber es ist die vorherrschende. Und es ist klar, dass sie die dominante Rolle der Handelsbeziehungen in Aufbau und Erhaltung der sozialen Welt widerspiegelt. Unklar bleibt jedoch die Ähnlichkeit dieser Dominanz mit einem im Grunde religiösen Gedanken eines Philosophen, dessen Denken am Anfang der abendländischen Neuzeit stand. Wenn Descartes mit seinem *cogito ergo sum* die Geburt der neuzeitlichen Existenz und das Schwinden der Vorstellung eines durch Gott gesetzten Rahmens ankündigte und Kant den modernen, von allen theologischen Fesseln befreiten Begriff der Vernunft begründete, so verband Hegel das moderne Seinsgefühl mit der Autonomie der Vernunft, um eine praktische und spekulative Philosophie zu entwickeln, die beschreibt, wie die Menschen in der sozialen Welt beides finden können, Freiheit und Zugehörigkeit (genauer Freiheit in der Zugehörigkeit). Sein Werk vergegenwärtigt das Kommen einer umfassenden Einheit, die mit jener konkurriert, die uns die Heilige Schrift verheisst, sofern wir gottesfürchtig leben.

Versöhnung ist der Begriff, den Hegel verwendet, um darzulegen, wie Gemeinschaft funktioniert, und sie ist der lebendige Kern seines Denkens. Aus sozialer Perspektive betrachtet, ist sie ein Prozess, der das Gefühl der Entfremdung besiegt, das uns von uns selbst trennt und von allen Dingen, die jenseits der Grenze unserer eigenen Haut liegen. In Hegels Ansatz ist die Versöhnung eng verwandt mit der Dialektik, dem zentralen Motor von Hegels gesamtem philosophischen System. Die Dialektik zeigt auf, wie die Gegensätze oder Widersprüche, von denen die Welt nur so strotzt, aufgehoben und in einen höheren Zustand überführt werden können, ohne die Differenzen zu verlieren, die ihren Gegensatz zunächst bestimmten. Dieser höhere Zustand findet seine ausgeprägteste Form in der Versöhnung, die Hegel als Gefühl des In-der-Welt-zu-Hause-Seins beschreibt. Das ist, was Hegel unter Freiheit versteht.

Wie viele Schlüsselbegriffe bei Hegel ist auch die Versöhnung ein säkularisierter theologischer Begriff. Im Christentum bedeutet sie das Anbrechen eines neuen und grundlegenden Friedens zwischen Gott und den Menschen, das durch Leben und Tod Jesu Christi ermöglicht wird. Gott wurde Fleisch in Christus, und sein Opfer stellte das ursprüngliche Verhältnis wieder her, das Gott mit den Menschen verband, bevor Adam und Eva die Ursünde begingen und die Menschheit in den Sündenstand fiel.

Das ist weit entfernt von jener Versöhnung, die Hegel für moderne Menschen vorschwebte, die seiner Meinung nach nicht länger darauf zählen konnten, dass Gott den Himmel auf Erden bringt. Doch der Grundstein, den Hegel in der anbrechenden Moderne legte, um seine Philosophie einer vollkommeneren Einheit aufzubauen, war bereits in der christlichen Lehre enthalten. Man rufe sich nur einen der Kommentare zu den Psalmen von Augustinus in Erinnerung:

> Die Menschen waren nämlich Gefangene des Teufels und dienten den Dämonen; doch sie wurden aus der Gefangenschaft erlöst. Sie konnten sich verkaufen, aber sie konnten sich nicht freikaufen. Der Erlöser kam und zahlte den Preis; er vergoss

sein Blut und kaufte die ganze Welt. Fragt ihr, was er kaufte? Seht, was er gab, und findet heraus, was er kaufte. Das Blut Christi ist der Preis. Wie viel ist es wert? Was, wenn nicht die ganze Welt? Was, wenn nicht alle Völker?[3]

Die Sprache der Erlösung war bereits von den Bildern des Warentauschs durchdrungen. Von Paulus bis Luther bedeutet Versöhnung das Bezahlen eines Preises oder eines Lösegeldes oder das Opfer, das zur Vergebung einer Schuld erbracht werden muss.

Hegel liess das Blut Christi weg, behielt jedoch den Handelsjargon bei, als er darüber nachdachte, wie eine neue Versöhnung ohne Heiligen Geist oder Engel erreicht werden könnte. Sein philosophisches System lief auf ein komplettes Neudenken der Entstehung der Welt und ihrer Entwicklung hinaus. Er stellte sich die Antriebskraft der Welt als innere Notwendigkeit vor, die von allen Dingen ausging und ihren vollständigen Ausdruck in einer Menschheit fand, die stetig und vernünftig nach immer grösserer Unabhängigkeit von den Zwängen der objektiven Wirklichkeit strebte und zugleich eine umfassendere Einbettung in diese Wirklichkeit suchte. Für Hegel war der Geist ein unendlicher Prozess und Gott die unerbittliche Vernunft.

Darin ist Hegel äusserst modern. Er vertraute auf die Entwicklung der Vernunft als bindende Kraft, welche die Einigung zwischen den zahllosen Einzelinteressen herbeiführen könnte, die das Leben des Einzelnen und die allgemeine Gestalt der Gesellschaft ausmachen. Doch fühlt sich diese Modernität nicht mehr ganz so modern an im Lichte dessen, dass die Besitzverhältnisse, welche die christliche Lehre zur Beschreibung des Verhältnisses zwischen den Menschen und Gott (oder Satan) benutzte, bei Hegel erneut den Dreh- und Angelpunkt dafür bilden, wie wir letztlich Versöhnung finden. Durch den Besitz von Eigentum, so Hegels These, tun wir unseren Willen durch das kund, was wir besitzen, und manifestieren eine äussere Existenz, die uns die Rechte und die Anerkennung eines Mitglieds der Gesellschaft garantiert. Der Besitz von Eigentum individualisiert und sozialisiert uns zugleich. Während es im Christentum Christus war, der die Menschheit aus den Fesseln der Sünde freikaufte und erlöste, war es Hegel zufolge die Macht der Vernunft, die die Menschen aus der Entfremdung freikaufen und mit der Welt versöhnen konnte.

Hegel starb 1831. Um 1844 hatte Marx genug von Hegels Philosophie in sich aufgesogen, um ihre Demontage in Angriff zu nehmen. Seine Kritik am Privateigentum als Macht, die das Ancien Régime über die Menschen ausübte, verstand Besitz als eine Form von Enteignung und stellte Hegel auf den Kopf. Die Anfänge des Marxismus bestanden unter anderem in der Ablehnung von Hegels Weltanschauung und der Errichtung einer Gegenphilosophie, die zum Grundstein einer anderen Art von weltlicher Einheit werden sollte. Und auch wenn die Vision von Marx heute in Misskredit geraten ist, so ist es derjenigen Hegels nicht viel besser ergangen. Die Geschichte kann für sich nicht in Anspruch nehmen, Tag für Tag vernünftiger und weniger irrational voranzuschreiten. Es gibt keinen absoluten Geist, der die Menschheit zum Verständnis ihrer selbst als ideale Verkörperung einer allgemeinen Vernunft triebe. Die einzigen noch verbliebenen Hegelianer scheinen Psychoanalytiker aus Ljubljana zu sein.

Obschon Hegel weit übers Ziel hinausschoss, lag er dennoch irgendwie richtig. Seine philosophische Interpretation der Funktionsweise der Gesellschaft ist heute relevanter als viele Philosophien und Theorien, die diese verändern wollten. Besitzverhältnisse bestimmen immer noch über die Sozialisierung der Menschen in dieser Welt. Es kommt zu einem Anschein von Versöhnung, obwohl sich nichts wirklich versöhnt anfühlt. Und Hegels Konzeption der Macht der Vernunft, die die Entwicklung einer stetig wachsenden wechselseitigen Abhängigkeit vorantreibt, ist geradezu unheimlich prophetisch.

Die Globalisierung als Erklärungsstruktur, die unserer gesellschaftlichen und materiellen Welt zugrunde liegt, hat zu etwas geführt, was ich als Zugehörigkeit bezeichnen möchte. Diese Zugehörigkeit hat die drei institutionellen Formen weitgehend ersetzt, von denen Hegel annahm, sie wären der Weg, auf dem sich die Menschen in der modernen Welt verwirklichen könnten: die Familie, die bürgerliche Gesellschaft und der Staat. Obwohl alle drei noch existieren, basieren sie nicht mehr auf den geschichtlichen Hintergründen und Erfahrungen, die ihnen einst Substanz verliehen. Die aufflammenden Auseinandersetzungen darüber, was eine Familie ausmacht, und die lautstarken und häufig heftigen Debatten über nationale Identität und Immigration sind symptomatisch für die Art und Weise, wie Menschen auf den Umstand der Zugehörigkeit reagieren, sobald familiäre, bürgerliche und nationale Formen des Dazugehörens entwurzelt und in Güter verwandelt werden, die ausgetauscht und besessen werden können wie jede beliebige andere Sache. Mehr noch, die Idee der Gemeinschaft selbst wurde jeder sozialen Bedeutung beraubt und neu als leeres und abstraktes Netzwerk entkörperlichter Interessen definiert; dieses Netz reflektiert nur noch die Vorherrschaft der Konsumentensouveränität über die wirkliche Freiheit, die innere und äussere Form des Lebens zu bestimmen.

Dass es unzählige Gemeinschaften, online wie offline, für die unterschiedlichsten Schattierungen in dieser Welt gibt, ist der greifbarste Ausdruck dieser Art von Zugehörigkeit. Die Innovationen, die stetig neue Formen der Zugehörigkeit schufen, haben jedoch zu keiner neuen Ära der Gemeinschaftlichkeit und des gegenseitigen Verständnisses geführt. Stattdessen haben sie einen immer vielschichtigeren Sinn für das In-der-Welt-Sein geschaffen. Denn was sich im Zeitalter der Globalisierung durch die Gemeinschaft bestätigt, ist der Umstand, dass der eigentliche Charakter der Zugehörigkeit nicht durch Beziehungen bestimmt wird, die mit tatsächlich lebenden Menschen geknüpft und gepflegt werden, sondern durch die Verbindungen, die sich durch innere und äussere Dinge ergeben, die die Menschen besitzen oder nicht besitzen oder besitzen wollen.

Es scheint vernünftig, dass Hegel sich Versöhnung als ein In-der-Welt-zu-Hause-Sein vorstellte. Was er vielleicht nicht kommen sah, war jedoch, dass das in der Vorstellung der Welt geschaffene Zuhause nur Raum für Dinge hatte, die da hineinpassten.

All dies ist Teil der seltsamen Assoziationskette, die ich hatte, als ich zum ersten Mal realisierte, dass Kunst nicht in ein Zuhause gehört, weil Kunst kein Ding ist. Das ist ein ziemlich weltabgewandter Glaube, der irgendwo zwischen der Existenz von Einhörnern und der kommenden sozialistischen Revolution angesiedelt ist. Er lässt sich nicht wirklich beweisen, und tatsächlich ist heute eher das Gegenteil der Fall. Kunst findet sich heute nicht nur in Wohnungen und an den üblichen Orten, wo wir sie erwarten, in Galerien, Offspaces, Museen, Firmenlobbys und so weiter. Kunst hat inzwischen Gebäudefassaden erobert, verlassene Grundstücke, den Himmel, improvisierte Küchen, Flusskähne, Demonstrationszüge, Zeitschriften, die menschliche Haut, sie tritt als Souvenir auf und wendet sich über Lautsprecher und Bildschirme jeder erdenklichen Form und Grösse an uns. Kunst gehört hierher.

Das sollte eigentlich eine gute Nachricht sein, gerade für Künstler.

Und dennoch.

Mir fällt dazu nur Groucho Marx ein, der einmal sagte: «Ich lege keinen Wert darauf, einem Club anzugehören, der mich als Mitglied aufnimmt.» Je stärker Kunst auf Zugehörigkeit getrimmt ist, desto ärmer erscheint sie mir. Das gilt insbesondere für den Fall, wenn Kunst um der Zugehörigkeit zur Kunst willen gemacht wird. Das Echo versöhnt. Indem die Kunst die Freiheit verrät, die sich in ihrer eigenen inneren Entwicklung verwirklicht, beteuert sie die illusorische Versöhnung, die durch Zugehörigkeit entsteht, obwohl sie doch das viel grössere Potenzial birgt, in einer Art nicht urteilendem Urteil zum Ausdruck zu bringen, wie unfrei diese Zugehörigkeit tatsächlich ist.

Die Kunst ist und war vielerlei. Damit Kunst heute zur Kunst wird, muss sie sich vollkommen zu Hause fühlen, nirgendwo.

Erstmals veröffentlicht als «What Art Is and Where It Belongs», in: *e-flux journal*, 10, November 2009, http://worker01.e-flux.com/pdf/article_144.pdf. Wiederabdruck mit freundlicher Genehmigung.

[1]   Theodor W. Adorno, *Ästhetische Theorie*, Frankfurt am Main: Suhrkamp, 1973 [1. Aufl. 1970], S. 9.

[2]   Manchmal halte ich den Mann an der Kasse bei Laune, indem ich den Namen Dick Cheney und seinen letzten bekannten Wohnsitz in Virginia angebe.

[3]   Kommentar zu Psalm 96,5, ins Deutsche übers. nach carm.org/augustine-on-psalms-93-98.

Wunder, Kräfte, Attraktionen – neu betrachtet

I.

«Miracles» lautet der Titel eines Songs aus dem Jahr 2010 von Insane Clown Posse (ICP), einer amerikanischen Horror-Metal-Hip-Hop-Band. Seit nunmehr über zehn Jahren produzieren Violent J und Shaggy 2 Dope, das Duo, aus dem ICP besteht, unermüdlich mittelmässige Rap-Songs, die Gewalt verherrlichen («I stab people», 1999, und dessen Fortsetzung «Still stabbin», 2000) und pubertäre Sexualität («I stuck her with my wang», 1994) oder auf Versatzstücken aus Horrorfilmen aufbauen («Carnival of carnage», 1992, sowie der Klassiker «Amy's in the attic», 1994). Auf der Bühne und auf Fotos sind ICP wie Clowns geschminkt. Stellen Sie sich Bruce Naumans Clown aus *Clown Torture* (1987) vor, der in George-Romero-Filmen zu einer Filmmusik im Viervierteltakt auftritt, das dürfte der Sache ziemlich nahekommen.

«Miracles» war ein Riesenhit für ICP, obwohl er rein gar nichts von der lyrischen Theatralik hat, für welche die Band bekannt ist. Es gibt keine Leichen. Keine Schlampen. Niemand wird niedergestochen. «Miracles» ist in Wahrheit ein durch und durch religiöses Lied. Ein Beispiel:

> Take a look at this fine creation
> And enjoy it better with appreciation
> Crows, ghosts, the midnight coast
> The wonders of the world, mysteries the most[1]

Der Song fährt fort, Dinge aufzuzählen, für die ICP dankbar sind: Kinder, Regenbogen, Pelikane und so weiter. Es ist ein Popgebet zum Lobpreis der Schöpfung und damit auch der Macht des Schöpfers, der die Wunder im Alltag möglich macht.

ICP scheint Gott entdeckt zu haben oder hat zumindest entdeckt, dass Gott zu preisen gut fürs Geschäft ist. Dies ist eine Kehrtwende, wie sie typisch ist für Unterhaltungskünstler der Popindustrie, besonders in den USA, wo die Verfilzung von Religion, Profit und Macht eine ehrenwerte Tradition darstellt.

Für ICP sind alltägliche Dinge allein schon dadurch, dass sie existieren, Wunder. Aber die wunderbarsten Dinge sind jene, die einen besonderen Einfluss auf den Verlauf unseres Lebens ausüben. Musik, zum Beispiel:

> And music is magic, pure and clean
> You can feel it and hear it, but it can't be seen[2]

Musik ist deshalb so wunderbar, weil sie uns antreibt und anzieht, ohne körperhaft zu sein. Sie wirkt wie eine unsichtbare Macht: magisch, von einer anderen Welt und anscheinend jenseits jeder menschlichen Berechnung. Magnete haben diese Eigenschaft auch.

> Water, fire, air, and dirt
> Fucking magnets, how do they work?
> And I don't wanna talk to a scientist
> Y'all motherfuckers lying, getting me pissed[3]

Thomas von Kempen vertritt in «Gegen das eitle und weltliche Wissen» (1418) einen ähnlichen Standpunkt. Die Stimme Christi nachahmend schreibt er: «Weh denen, die vieles von den Menschen erforschen, um ihre Neugierde zu befriedigen, und sich um den Weg, mir zu dienen, nur wenig kümmern.»[4] Für Thomas von Kempen besudelt das empirische Wissen das göttliche und vermindert den Ruhm Gottes, was dessen Einfluss auf die Menschheit schwächt. Violent J und Shaggy 2 Dope empfinden ähnlich, wenn es um das Rätselhafte von Wundern geht. Wie die Kraft von Magneten.

2.

Das Verhältnis zwischen Magneten, dem Wunderbaren oder Göttlichen, und dem Einfluss, den sie auf das Leben der Menschen ausüben, wird auch in einem frühen Dialog Platons behandelt. Sokrates spricht in *Ion* mit dem gleichnamigen Schauspieler, der ein grosser Bewunderer Homers ist. Tatsächlich rezitiert Ion bei seinen Auftritten ausschliesslich Homers Werke und behauptet, dieser sei der einzig wahrhaft bedeutende Dichter der alten Welt. Sokrates hört Ion zu und denkt über die Natur seiner poetischen Inspiration nach: Es ist «eine göttliche Kraft, die dich bewegt, so wie sie in dem Stein liegt, den Euripides den Magneten genannt hat, während man ihn allgemein den Herakleischen nennt. Denn auch dieser Stein zieht nicht nur die Eisenringe selbst an, sondern er verleiht den Ringen auch die Kraft, so dass sie ihrerseits dasselbe zu bewirken vermögen wie der Stein, nämlich andere Ringe anzuziehen.»[5]

Sokrates glaubt, Ion werde von Homer auf dieselbe Art angezogen, wie ein Herakleischer Stein (heute würde man sagen, ein Ferromagnet) eiserne Ringe anzieht. Und ist er erst einmal von Homer «magnetisiert», besitzt Ion eine ähnliche – wenn auch schwächere – Kraft, andere mit seiner Arbeit anzuziehen. Sokrates zufolge wirkt die Inspiration genau wie die unsichtbare Kraft der Magnete in der Natur. Aber die Kraft selbst ist nicht natürlich, sondern göttlich, weshalb kein Zweifel besteht, «dass nicht menschlich diese schönen Gedichte sind und nicht von Menschen, sondern göttlich und von Göttern, dass aber die Dichter nichts anderes sind als Mittler der Götter, Besessene dessen, von dem jeder einzelne gerade besessen ist».[6]

Sokrates behauptet weiterhin, dass Dichter überhaupt keine Fähigkeiten und keinen freien Willen besässen, sondern lediglich als Gefässe für die Botschaften der Götter dienten. Inspiration ist in Wirklichkeit eine höhere Form von Entmündigung. Aber das ist der Preis, den die Dichter laut Sokrates bezahlen müssen, um Werke hervorzubringen, die die nötige magnetische Kraft ausstrahlen, um Aufmerksamkeit und Bewunderung auf sich zu ziehen.

3.

Eine befreundete Malerin und ich stritten einmal darüber, ob Kunst lebendig sein kann. Sie malt Bilder in unterschiedlichen, totgeglaubten Traditionen abstrakter Malerei. Umrisse von Formen, die einen Schuh wiedergeben, wie ihn Guston gezeichnet haben könnte, treiben in üppigen olivgrünen und ockerbraunen Schlieren, die an die unfertige Ecke eines Gemäldes von Josh Smith erinnern. Und so weiter. Indem sie diese Elemente auf der Leinwand einander annähert und aufeinanderprallen lässt, glaubt sie eine – materielle und konzeptuelle – Reaktion hervorzurufen, die in beinahe alchemistischer Weise neue Lebensformen hervorbringt.

So sehr ich ihre Arbeit auch schätze, widersprach ich ihr. Ich hielt dagegen, ihre Bilder könnten nicht lebendig sein, weil Bilder nicht wirklich sterben können. Sie können zerstört oder aufgegeben, ja sogar gefressen werden, aber Bilder können ihre irdische Verstrickung nicht lösen, weil sie die Erfahrung der Sterblichkeit nicht machen können. Und ausserdem, fügte ich hinzu, die Vorstellung, ein Werk sei etwas Lebendiges, läuft letztlich darauf hinaus, dass ein Ding ein Lebewesen ist. Und wenn das zutrifft, was sollte einen daran hindern, diesen Zauberspruch des magischen Denkens umzukehren und eine Person wie ein Objekt zu behandeln? Gefährliches Fahrwasser.

Was ich sagte, war nicht falsch, aber ich weiss jetzt, dass es auch nicht richtig war. Oder besser, dieser Jahre zurückliegende Streit hatte in Wirklichkeit nichts mit der Frage zu tun, ob Kunst lebendig sein könne. Meine Freundin kennt den Unterschied zwischen einem Lebewesen und einem leblosen Ding. Sie vertritt keinen künstlerischen Animismus. Meines Erachtens machte sie sich vielmehr für das Potenzial des Kunstwerks stark, wie ein Magnet zu wirken und Elemente aus der empirischen Welt so an sich zu ziehen, dass seine Komposition deren typische Zusammenstellung aufhebt und es erlaubt, sie umzuordnen, um neue Anziehungskräfte zu erzeugen. Ihre Ansicht, dass Werke leben können, kommt mir jetzt wie eine andere Möglichkeit vor, die unerklärliche und unsichtbare Kraft gewisser Werke zu beschreiben, die uns anziehen und unsere Aufmerksamkeit fesseln, als wären sie lebendig und lockten uns, das Wunder ihrer eigenen Entstehung zu erleben. Es geht weniger darum, anorganisches Leben hervorzubringen, als um die Vorstellung eines materialistischen *élan vital*.

4.

Ein Werk ist jedoch mehr als eine Attraktion. Die Macht der Kunst hat ebenso viel damit zu tun, wie sie die Welt auf Distanz hält, wie damit, sie zu sich heranzuziehen. Indem sie die Avancen jener abwehrt, die Kunst lediglich salonfähig, verbindend und verständlich machen wollen, gewinnt die Kunst einen Anschein von Autonomie und erlangt die Macht, in der Person, die das Werk erlebt – wenn auch nur flüchtig –, die Erinnerung an jene Momente im Leben zu wecken, in denen sie echte Freiheit spürte und fühlte. Und indem die Kunst darauf besteht, die ungelösten Konflikte der Wirklichkeit wieder zum Gegenstand immanenter Formüberlegungen zu machen, durchtrennt sie die Gedankenkette, wonach ihre Bedeutung an eine ästhetische Tradition geknüpft ist, die das Bild des Ganzen und Zusammenhängenden als Ausdruck von Heiligkeit und Versöhnung versteht. Wenn die Kunst ihre inneren Elemente in eine Ordnung von Unversöhnlichkeiten aufbricht, dann ändert sich ihre wesentliche Polarität von etwas, das anzuziehen versucht, in etwas, das gar nicht anders kann als abzustossen. Diese Aura der Abstossung erlaubt es der Kunst, sich über die eigenen Grundlagen zu erheben.

5.

Diamagnetismus ist die Eigenschaft, die ein Objekt erwirbt, wenn ein nahe gelegenes externes magnetisches Feld es dazu bringt, eine magnetische Gegenkraft zu erzeugen, um der Kraft dieses Feldes zu widerstehen. Erst kürzlich ist es Wissenschaftlern in Experimenten gelungen, Wassertropfen, eine Haselnuss und lebende Frösche zum Schweben zu bringen, indem sie die natürlichen diamagnetischen Eigenschaften nutzten, die in jeder Materie enthalten sind.

Erstmals veröffentlicht als «Miracles, Forces, Attractions, Reconsidered», übers. von Robert Schlicht, in: *Texte Zur Kunst,* 79, September 2010, S. 164–166. Neu übers. von Suzanne Schmidt und Tarcisius Schelbert. Wiederabdruck mit freundlicher Genehmigung.

[1] Wirf einen Blick auf diese herrliche Schöpfung
Schätze und geniesse sie bewusster
Krähen, Geister, die Küste um Mitternacht
Die Wunder der Welt, Rätsel zumeist.

[2] Und die Musik ist magisch, klar und rein
Man kann sie spüren und hören, aber nicht sehen.

[3] Wasser, Feuer, Luft und Staub
Scheissmagnete, wie funktioniert das Zeug?
Und ich will mit keinem Physiker reden
Verpisst euch, ihr Wichser, mit eurem Schwindel.

[4] Thomas von Kempen, «Gegen das eitle und weltliche Wissen», in: ders., *Nachfolge Christi,* übers. von Albert Plag, Stuttgart 1949², S. 185 (III,43).

[5] Plato, *Ion,* 533d, übers. und hrsg. von Hellmut Flashar, bibliographisch ergänzte Ausgabe 2002 (Stuttgart 2009).

[6] Platon, *Ion,* 534e.

Die undenkbare Gemeinschaft

In Samuel Becketts *Waiting for Godot* warten zwei Männer an einer Landstrasse auf einen Mann, der nie kommt. Wenn man das Stück richtig aufführt, also mit Humor, Unerschrockenheit und einem Hauch Verzweiflung, wirkt es immer noch so zeitgenössisch, komisch, klar, mutig und unergründlich, wie es 1952 bei der Uraufführung in Paris gewirkt haben muss.

Als ich 2007 in New Orleans zusammen mit anderen an einer Inszenierung des Stückes arbeitete, nahmen wir uns viele Freiheiten, damit die Aufführung an diesem Ort und zu diesem Zeitpunkt gelingen konnte. Wir liessen einen Teil der Vorstellungen mitten auf einer Strassenkreuzung spielen, die übrigen vor einem leerstehenden Haus. Die Schauspieler liessen den typischen Tonfall von New Orleans in den Dialog einfliessen. Als Requisiten benutzten wir Müll, den man auf der Strasse zurückgelassen hatte. Doch ich wollte noch etwas anderes tun, entschied mich dann aber dagegen. Ich wollte Vladimir und Estragon, die beiden Hauptdarsteller, unter umherlungernden Leuten auf Godot warten lassen. Die ursprünglich leere Landstrasse sollte nur so wimmeln von unbeteiligten Passanten, die vorbeigehen oder im Gras sitzen oder ziellos flanieren und dabei telefonieren, ohne von der Not der beiden obdachlosen und unglücklichen Vagabunden Notiz zu nehmen. Ich glaube, es hätte funktioniert. Denn 1952 bedeutete allein zu sein buchstäblich, niemanden in seiner Nähe zu haben. Heute hingegen kann man von Menschen umgeben sein und mit allen möglichen Leuten Kontakt haben, sich aber dennoch unerklärlich verlassen fühlen.

Kommunikation ≠ Verbindung

Neben den Fragen, warum die USA nach sieben Jahren noch immer im Irak sind, wie es den Banken auf geradezu magische Weise gelingen konnte, weltweit schlechte Schulden als gute

Investitionen zu verkaufen, und warum Jeff Koons nach wie vor hoch gehandelt wird, gehört es zu den grossen Rätseln unserer Zeit, wie die überbordenden Mittel und Methoden unserer Kommunikation – vom Mobiltelefon bis zur SMS, von E-Mail bis Twitter, von Facebook bis Foursquare – es schaffen, uns anderen und uns selbst zu entfremden.

Fortschritte in der Technologie haben zweifellos Art und Ausmass der Kommunikation im gesellschaftlichen Leben von Grund auf verändert. Diese Entwicklung hat auch neue Formen des wirtschaftlichen Einflusses, des kulturellen Austauschs und schliesslich neue Lebensweisen hervorgebracht. Verbindungen zu knüpfen ist ein seriöses Geschäft. Und dieses Geschäft verändert zugleich auch unsere Selbstwahrnehmung.

Der Wunsch zu kommunizieren, durch Rede oder Klang, durch Bild oder Bewegung eine innere Erfahrung hervorzurufen, die ausdrückt, was wir wollen oder wer wir sind (oder wen wir wollen und was wir sind), dient heute Zwecken, die über das Bedürfnis hinausgehen, etwas mitzuteilen und zu verstehen. Die Telekommunikations- und IT-Firmen profitieren von der starken Nachfrage nach Kommunikation, indem sie immer stabilere und spezialisiertere Plattformen für die Vernetzung schaffen. Aber nicht, um Austausch und gegenseitiges Verständnis zu fördern, sondern um immer mehr Textmaterial zu sammeln, zu übermitteln, zu quantifizieren und zu vermarkten. Mit anderen Worten, die Kommunikation wird industrialisiert. Ökonomisch betrachtet sind Ausdrucksformen zum Rohstoff geworden, der sich wie Öl profitabel anzapfen und ausbeuten lässt. Und unser Leben heute ist nur dann produktiv, wenn wir für andere immer mehr Texte zum Hören, Sehen und Lesen generieren. Völlig in der Gegenwart zu leben, heisst ständig zu kommunizieren: das Selbst als Netzwerk. *Communicatio ergo sum.*

Doch die vermehrten sozialen Kontakte haben unsere sozialen Bindungen nicht verstärkt. Die vielen Texte und Mitteilungen, die wir per SMS verschicken, die vielen Facebook-

«Freundschaften», die wir schliessen, vergrössern wohl die Zahl der Menschen in unserem Leben, doch verbessern die vielen Verbindungen nicht die Qualität der Kommunikation. Gemeinsame Interessen bringen Menschen zusammen. Was sie jedoch zusammenhält, ist weder gewöhnlich noch leicht. Es braucht ein geschärftes Bewusstsein für die Differenzen, die natürlicherweise zwischen zwei Individuen entstehen, und die Bereitschaft, diesen Differenzen Raum zu geben, damit aus gewöhnlichen Kontakten einzigartige Bindungen werden. Das offene Geheimnis dieses Prozesses ist die Zeit als die einzige Dimension, in der sich die Momente und Brüche wahrnehmen lassen, die die Entwicklung eines Individuums bestimmen, das ein solches für andere wird, indem es eine unüberbrückbare Differenz aushält.

Die Zeit vertieft Verbindungen, die Technologie hingegen ökonomisiert die Kommunikation. Deshalb erschwert die Teletechnologie paradoxerweise das gegenseitige Verständnis – trotz der immer vielfältigeren Möglichkeiten, gesehen und gehört zu werden. Was in der Kommunikation zählt – Verständigung, Beziehung, Austausch –, geht in der Übermittlung irgendwie verloren. Mobiltelefone, drahtlose Geräte und die Ausbreitung der sozialen Medien im Internet haben unsere Kommunikationswege revolutioniert und gleichzeitig das Gesagte und Getippte so sehr komprimiert, dass die Verständlichkeit dem Diktat, immer und überall erreichbar zu sein, und dem Konsum geopfert wird.

Genauso wie die Sprache die Art und Weise bestimmt, wie wir die Welt beschreiben – ein Prozess, der naturgemäss die Weltanschauung widerspiegelt, der diese Sprache entspringt –, so werden die Kontakte, die wir über diese ständig neuen und noch weiter reichenden Kommunikationsmittel knüpfen, in dem Sinne instrumentalisiert, dass alle diese Kontaktmöglichkeiten nur bekräftigen wollen, dass das Einzige, worüber es sich zu sprechen lohnt, geschäftliche Dinge sind. Das gilt sogar für Spiele. Die übermittelten und weitergeleiteten Nachrichten scheinen ausschliesslich und optimal darauf getrimmt zu sein, etwas zu erledigen, Aufmerksamkeit zu erheischen oder sich ein Publikum zu verschaffen. Kommunikation wird zum Synonym für Werbung. Sie *ist* Werbung: Phrasen, die nichts anderes zum Ausdruck bringen als den Wunsch, uns zu beeinflussen und _____ anzupreisen.

Wenn wir Kommunikation so erleben, geschieht etwas Merkwürdiges mit der Zeit. Statt die Verbindungen zu stärken, schwächt sie diese in zunehmendem Mass. Die Zeit ist nicht mehr das wesentliche, unsere dauerhafteren sozialen Bindungen stärkende Element, sondern erweist sich als entropische Kraft. Je länger eine Kommunikationsleitung offen ist, desto unglaubwürdiger und schwächer scheint die Verbindung zu werden.

Eine Stimme, die eine Antwort erwartet, klingt anders als ein Echo, das um Aufmerksamkeit buhlt. Schafft die Verbindung zwischen zwei Personen bloss einen Resonanzraum für das gegenseitige Bedürfnis, gesehen und gehört zu werden, dürfte sich die Qualität der Verbindung mit der Zeit verschlechtern, denn es fehlt an beiden Enden eine unverwechselbare Präsenz, auf die man eingehen oder der man zuhören könnte. Vielleicht ist hier irgendein sozial-physikalisches Gesetz am Werk. Vielleicht ist die Stärke der Verbindung proportional zum Ausmass der Reibungen und Differenzen, die sie aushält. Oder es ist einfach so, dass das ununterbrochene Hin und Her der Mitteilungen nicht die Konzentration und Sorgfalt verdient, die echte Kommunikation verlangt, und deshalb so schnell abstirbt, wie es zustande kommt, was wiederum nach noch mehr Kommunikation ruft, um den Verlust zu kompensieren. Oder es ist einfach das, was hier und heute zu leben bedeutet: die innere Erfahrung, für alle permanent präsent, aber niemandem verpflichtet und an nichts gebunden zu sein – denn die totale Vernetzung ist nicht unser Werk, sondern das der Kommunikationsindustrie.

Eine kurze Geschichte von *The Front*

Im Rahmen des *Waiting for Godot in New Orleans*-Projekts ver-brachte ich den Herbst 2007 in dieser Stadt und lehrte an zwei Universitäten: an der University of New Orleans (UNO) und der Xavier University of Louisiana. Beide Hochschulen hatten wegen des Hurrikans Katrina Lehrkräfte verloren. Also machte ich ihnen ein Angebot. Ich würde unentgeltlich in ihren jewei-ligen Abteilungen Kunst unterrichten, sofern die Kurse allen Künstlern in New Orleans offenstünden. Sie sollten darüber hin-aus auch von Studierenden anderer Colleges und Universitäten besucht werden können. An der Xavier University führte ich am Donnerstagnachmittag einen Kurs mit dem Titel *Art Practicum* durch: Ich arbeitete mit Studierenden, die ihre Portfolios für die Anmeldung zur Graduate School vorbereiteten, half ihnen bei der Abfassung ihrer Resümees und hielt Vorlesungen über die Rolle und Funktion der Kunstkritik. An der UNO gab ich jeden Dienstagabend ein Seminar über zeitgenössische Kunst und stellte jede Woche einen Künstler oder eine Künstlerin vor.

In der letzten Seminarsitzung liess ich die geplante Vorlesung (über den Aussenseiter-Künstler Henry Darger) ausfallen und sprach stattdessen über Kunst und Organisation. Die *Godot*-Aufführungen (insgesamt fünf an zwei aufeinanderfolgenden Wochenenden Anfang November 2007) hatten vierzehn Tage vorher stattgefunden. Und da die Erfahrung in den Köpfen noch frisch war, wollte ich über die verschiedenen Prozesse und Ideen sprechen, die in die Organisation einflossen. Der Vortrag war frei und assoziativ. Ich sprach über Becketts Arbeit mit Gefangenen bei seinen Inszenierungen, über meine eigenen organisatorischen Erfahrungen in der Arbeiterpolitik in Chicago in den 1990er Jahren und später in der Antiglobalisierungsbewegung zu Beginn dieses Jahrhunderts. Ich sprach über die Kunst des Verhandelns und über Durchsetzungsstrategien. Ich gab einen kurzen histo-rischen Überblick über Künstlergemeinschaften und -kollektive und beendete das Seminar mit einem Gespräch mit dem visionären Architekten Robert Tannen aus New Orleans.

Nach dieser letzten Stunde entschloss sich eine bunt zusammengewürfelte Gruppe aus meiner Klasse – Kunststudierende aus verschiedenen Schulen, Lehrende und freie Kunstschaffende –, sich in einer Art Kollektiv zu organisieren. Statt lange auf Godot oder ein anderes Projekt zu warten, das sie wieder zusammenbringen würde, wollten sie sich selber organisieren, um gemeinsam – für sich und andere – in den Stadtvierteln, in denen *Godot* aufgeführt wurde, zu arbeiten und auszustellen. Sie wollten ihre eigene Gemeinschaft.

Dieser Zusammenschluss knüpfte an eine bereits bestehende Tradition der zeitgenössischen bildenden Kunst in New Orleans an. Schon seit 2000 zog es Künstlerinnen und Künstler in den oberen und unteren Neunten Bezirk und das Bywater-Viertel, um Galerien zu eröffnen, Ateliers einzurichten und Platz für ihre Freunde und ihr Werk zu schaffen: Um 2000 eröffneten die *KK Projects*, ein Raum für zeitgenössische Kunst und eine Nonprofit-Kunststiftung an der North Villerie Street im Achten Bezirk. 2002 begann *L'Art Noir* (mit dem Slogan «die erste Galerie für Lowbrow-Kunst in New Orleans») im oberen Neunten Bezirk an der Mazant Street mit Ausstellungen. 2004 gründeten die Künstler Kyle Bravo und Jenny LeBlanc in Bywater die *Hot Iron Press*, eine kleine Druckerei für zeitgenössische Kunst und Plakate. Selbst nach Katrina entstanden weitere Künstlergruppen und Gemeinschaftsräume: *Barrister's Gallery*, *Farrington Smith Gallery* und *Antenna Gallery* in Bywater, *L9 Arts Center* im unteren Neunten Bezirk, *The Porch* im Siebten Bezirk sowie das Künstlerkollektiv *Good Children* mit seinem Ausstellungsraum an der St. Claude Avenue.

Kyle und Jenny gehörten zu denen, die meine Seminare besucht und sich entschlossen hatten, gemeinsam mit anderen ein Künstlerkollektiv auf die Beine zu stellen, das schliesslich unter dem Namen *The Front* bekannt wurde. Im Dezember

2007 und in den darauffolgenden elf Monaten sammelten sie Geldmittel und renovierten damit ein Gebäude an der Kreuzung St. Claude Avenue – Mazant Street. Am 1. November 2008 eröffnete *The Front* die erste Gruppenausstellung. Seither wird jeden Monat eine Ausstellung mit Lesungen, Filmvorstellungen und Performances organisiert. Der vorliegende Text, den ich auf Einladung des Kollektivs geschrieben habe, wurde als Einführungsessay im ersten Katalog publiziert, den *The Front* im Eigenverlag herausgab und der die kurze und glanzvolle Geschichte des Kollektivs in Wort und Bild würdigt und festhält.

Gemeinschaft

Etwas Neues zu wollen, ist eine Möglichkeit, sich darüber klar zu werden, was sich zu erneuern lohnt. Die Geschichte von *The Front* lässt nicht nur die Erinnerung an die Entwicklung der bildenden Künste in New Orleans für eine neue Generation wiederaufleben, sondern verbindet diese Generation auch mit der ehrwürdigen Tradition der Künstlerkollektive, die sich zum Ziel gesetzt hatten – und dies auch weiterhin tun –, wofür der Philosoph Jean-Luc Nancy das französische Wort *comparution* geprägt hat: das Erscheinen einer Gruppe von Individuen in der Öffentlichkeit, die durch ihre Zusammenarbeit ihr «gemeinsames Auftreten» oder ihre «Komparenz» erstmals sichtbar machen.[1] Um diese Komparenz zu verwirklichen, spielen alle Mitglieder der Gruppe eine Rolle bei der Genese einer Komposition, die mit der Zeit und durch gegenseitige Kooperation so viel Substanz gewinnt, dass sie für alle Beteiligten ein Ganzes bildet – wie eine Figur, die alle, die dazugehören, repräsentiert. Eine solche komparente Figur heisst Gemeinschaft.

Genau genommen kann eine Gemeinschaft nur vor dem Hintergrund sichtbar werden, von dem sie sich selbst abhebt – denn jede Figur braucht einen Hintergrund, damit man sie sieht. Bei *The Front* ist dieser Hintergrund New Orleans nach

Katrina. Die vom Hurrikan angerichtete Verwüstung und die
darauffolgende Ohnmacht der lokalen, staatlichen und nationalen Behörden zeichneten das düstere Bild einer im Stich gelas-
senen Gesellschaft und von Menschen, die völlig auf sich selbst
zurückgeworfen waren. Die Entstehung von *The Front* und anderen Gruppen in der Stadt – künstlerischen, politischen, religiösen
und zivilen – zeugt vom Willen der Menschen, sich angesichts
einer Naturkatastrophe, die durch politische Trägheit, Armut
und Rassismus langsam in eine gesellschaftliche Tragödie aus-
zuarten drohte, selbst zu organisieren. Worum es hier geht, ist
nicht, wie sich diese Gruppen direkt gegen Ungerechtigkeiten
stemmten oder sie aus der Welt zu schaffen suchten, obwohl
auch dies von grösster Wichtigkeit ist. Vielmehr ist allein schon
die Tatsache von Bedeutung, dass sie es wagten, den scheinbar
entropischen Lauf der Dinge zu durchbrechen, indem sie sich
gegen den Strom organisierten.

Wie ein Uhrwerk vergehen und kehren Epochen wieder, in
Zyklen und mit Turbulenzen, die in gleichem Mass wirtschaftlichen Reichtum wie menschliches Elend hervorbringen. Für das
Kollektiv besitzt die Figur der Gemeinschaft das Potenzial, alles
anders zu sagen und zu tun. Was also letztlich eine Gemeinschaft
von der Gesellschaft unterscheidet, ist die Differenz zwischen
der Vorstellung, dass die Wirklichkeit verändert werden kann,
und der Erkenntnis, dass man sie nur verwalten kann. Politik ist
im Grunde eine Form von Landschaftspflege. Sich vom Boden
zu erheben und dank eines gemeinsamen Ziels Standfestigkeit
zu erlangen, gibt der Figur der Gemeinschaft eine endgültige
Gestalt und befähigt das Kollektiv, die bestehende Politik so
zu revidieren, dass sie einem zukünftigen Leben dient, in dem
echte Beziehungen die Regel und nicht die Ausnahme sind.
Die Komparenz einer echten Gemeinschaft zeigt, was eine
Gesellschaft tatsächlich sein sollte.

Indem sie sich selbst organisieren, streben die Mitglieder
danach, ein funktionierendes Modell mit entschieden sozia-

ler Ausrichtung zu schaffen. Das ist der utopische Aspekt jedes gemeinschaftlichen Unternehmens, das wirklich kollektiv und nicht einfach profitorientiert oder kommerziell ist. Auf diese Weise erinnern Kollektive wie *The Front*, wenn auch nur aus der Distanz, an utopische Projekte der Vergangenheit. Denn in gewissem Sinne ist das Goldene Zeitalter, in dem die Kommunikation unbehindert und die Beziehungen substanziell sind, nie im Hier und Jetzt, sondern immer schon hinter uns. Es ist die Vergangenheit, die Mythen und Modelle dafür liefert, wie einst ein ursprüngliches und unauflösliches Band die Menschen dieser Welt vereinte – von der Urfamilie bis zur athenischen Akademie, von der Römischen Republik bis zu den ersten christlichen Gemeinschaften, von der Pariser Kommune bis zum Mai 1968. Jedes Kollektiv greift – bewusst oder unbewusst – die verlorene oder unvollendete Arbeit der Vergangenheit neu auf und will sie vollenden, um die Grundlage für eine zukünftige Gemeinschaft zu schaffen. Am wichtigsten ist eine kollektive Vision oder – noch besser – eine einvernehmliche Blindheit, die dem Kollektiv – vielleicht zum ersten Mal – die Erkenntnis ermöglicht, dass nichts ein für allemal feststeht, dass man alles noch ändern kann, dass das, was getan wurde und misslang, erneut versucht werden kann.

Es gibt keine Axiome im menschlichen Kalkül, die die Entstehung sozialer Beziehungen voraussagbarer oder transparenter machen könnten. Kein noch so guter Wille und keine noch so sorgfältige Planung vermag den Erfolg der Arbeit eines Kollektivs zu garantieren. Sie kann immer misslingen oder scheitern. Oder noch schlimmer. Sicher kennen Sie Beispiele von Kollektiven – egal von welchen guten Absichten sie inspiriert oder wie erfahren sie waren –, die eine ideale Gemeinschaft anstrebten und dann trotzdem durch interne Spaltungen, unversöhnliche Differenzen oder Trägheit zu Fall kamen. Oder von Kollektiven, die derart ausser Kontrolle gerieten, dass die daraus entstandene Gemeinschaft zu einem ungeheuerlichen Zeugnis menschlicher Unmenschlichkeit ausartete.

Dennoch: Der Wunsch nach substanziellen Beziehungen bleibt bestehen. Kontakte zwischen Menschen, die sich zu verbindlichen Beziehungen entwickeln, sind nach wie vor die sinnvollste Art und Weise für Individuen, an der immensen Verschwendung teilzuhaben, die das Vergehen der Zeit darstellt, aber auch an den Momenten, die durch das blosse Zusammensein aus der Zeit ausbrechen und ihr Verstreichen letztlich doch nicht gar so verheerend erscheinen lassen. Aber durch diese Bindungen teilen wir auch das merkwürdige Gefühl der Unvollständigkeit im Innersten unseres Selbst. Denn was ein Individuum einzigartig macht (und nicht bloss anders), hat nichts mit persönlichen Eigenschaften oder mit Stilverständnis zu tun. Die Einzigartigkeit ergibt sich aus der einmaligen Gestalt dessen, was sich erst noch ereignen muss und im Herzen der Figur eines Selbst wohnt, das für alles Kommende und noch zu Leistende Platz einräumt, um ganz und gar zu sein.

Dieses leere Zentrum, das sich in der Gussform historischer und existenzieller Erfahrungen bildet, worin sich so etwas wie Identität verfestigt, ist weder zu sehen noch zu hören, fühlt sich aber an wie kalter Wind auf der Haut. Diese innere Leere strahlt die gespenstische Präsenz des Unfertigen, Halbgeformten und Nichtvorgestellten aus als Mahnung, wie weit wir davon entfernt sind, vollkommen und gänzlich autark zu sein. Erst durch soziale Bindungen entpuppt sich diese essenzielle Unvollständigkeit als das Geheimnis, das alle einzigartigen Wesen verbindet und an das sie sich hartnäckig klammern müssen, um einmalig und voll und ganz in der Welt zu bleiben. In dem Gefühl, das Menschen wie Keyshia Cole und R. Kelly, in Zeilen wie «you complete me» oder «I'm nothing without you», in ihren seltsam roboterhaften Rhythm-and-Blues-Balladen besingen, steckt eine ontologische Wahrheit. Sie bringen die ungeheure Last unserer Einmaligkeit und absoluten Unvollständigkeit zum Ausdruck. Durch Lieben, Kämpfen oder irgendeine andere Art intensiven Einsatzes hat man die Chance, dass die Last leichter wird, indem man eine

Verbundenheit gestaltet, die tief genug ist, um die einzigartige Leere zu füllen und eine Ahnung innerer Vollständigkeit zu fühlen.

Gemeinschaft ist also das, was entsteht, wenn wir uns vervollständigen. Aufgrund eines gemeinsamen Ziels vereinigen sich die Mitglieder des Kollektivs und verschmelzen mit der Arbeit, die sie gewissermassen als *eine* Person ausführen wollen. Und je näher das Kollektiv dem gemeinsam vereinbarten Ziel kommt, desto mehr verinnerlichen die Mitglieder das Werk als eine über sie selbst hinausgehende lebendige Verkörperung ihrer selbst. Diese Verschmelzung zu einer Gemeinschaft beflügelt das Kollektiv. Sie ist es auch, was die Erfahrung so intensiv macht. Und diese Intensität führt in der Tat dazu, dass das Werk vollendet wird. Von der kleinsten Kooperation bis zum grössten Nationalstaat ist es das konzentrierte Verfolgen einer gemeinsamen Sache, das aus Individuen Mitglieder macht und aus Mitgliedern eine vollkommenere Vereinigung ihrer selbst durch sich selbst.

Im Grunde geht es um die Erkenntnis, dass man in diesem umfassenderen Leben nur ein Individuum ist. Das bedeutet nicht, dass die Erfahrungen jenseits der Grenzen des kollektiven Strebens weniger wertvoll oder authentisch wären, sondern nur, dass dieses Leben nicht gänzlich von den eigenen Plänen bestimmt ist. Kontingenzen lassen unsere vermeintliche Kontrolle lächerlich erscheinen und prägen den Lauf unseres Lebens genauso stark wie unser Wille. Ein Kollektiv bietet Schutz vor heteronomen Kräften, die uns bei der Verwirklichung unseres Selbst in die Quere kommen. Durch Mitgliedschaft und Gemeinschaft erhält ein Individuum seine bestimmte, durch den Gemeinwillen geformte Individualität, die im Einklang mit dem gemeinsamen Ziel handeln will, wobei die Verwirklichung dieses Ziels zur äusseren Manifestation der eigenen inneren Natur wird. Eine konkret verwirklichte Gemeinschaft ist gleichbedeutend mit einem erfüllten, individuellen Leben.

Doch wenn die Verwirklichung dieser Individuation von der Gestalt der Gemeinschaft abhängt, müssen sowohl die einzelnen Mitglieder als auch das Kollektiv als Ganzes soziale, politische und psychische Prozesse in Gang setzen, die einem gemeinsamen Zweck dienen und das Wohl des Ganzen schützen und gegen das der Einzelnen verteidigen. Diese Gewichtung wiederum zwingt die Mitglieder, auf solche Art zusammenzuhalten, dass das Engagement zu einer Frage der Unterwerfung und Unterwerfung zu einer radikalen Form des Engagements wird. Je gemeinschaftlicher das Band, desto grösser das Ganze. Und die wesentliche Unvollständigkeit, die den einen überhaupt erst vom anderen unterscheidet und keinen direkten Nutzen oder Wert für die entstehende Gemeinschaft hat, wird neu definiert als innere Kontingenz, die repariert werden muss, oder aber als Sünde, die verbannt, als Neigung, die korrigiert, als Lücke, die gestopft werden muss.

Ein Leben ist jedoch mehr als die Summe seiner Ziele und Wünsche. Das Ganze unserer inneren Erfahrung kann nicht einfach durch unseren Willen zur Existenz gebracht oder in einen Plan integriert werden. Der Reichtum unserer sich ständig entwickelnden Subjektivität hängt nicht nur von den geistigen Inhalten ab, die in unser Bewusstsein einfliessen. Zur Subjektivität gehört auch das Unvernünftige, das nie für möglich Gehaltene oder das Unverwirklichte – also all die verborgenen Erinnerungen, Erfahrungen, Neurosen und Wünsche, die schweigend das bewusste Begriffsgebäude eines tätigen Geistes heimsuchen. Undenkbares überschattet jedes Denken. Es ist die Kraft, die in jedem Denkakt einen Abdruck hinterlässt, der eine singuläre Präsenz authentisiert. Dieses Undenkbare ist der Sirenengesang, der uns ins leere Zentrum unserer einzigartigen und zweckfreien Singularität zieht. Und es ist diese eigentümliche Musik, die wir unwillkürlich erklingen lassen, welche die Gemeinschaft im Namen eines übergeordneten Selbst und unter dem Deckmantel eines Gemeinwillens zum Schweigen zu bringen versucht.

Liebende. Kriminelle. Künstler?

Wie auch immer – die Vorstellung eines das Leben der Menschen bestimmenden Gemeinwillens wirkt so aktuell wie ein Telefon mit Wählscheibe. Niemand lässt sich gern sagen, was er zu tun hat, und als Fussvolk behandeln. Die Souveränität des Konsumenten besteht heute vor allem in der Energie, die er aufwendet, um sich zu individualisieren und zu sozialisieren. Dies spiegelt sich im explosiven Wachstum der sozialen Online-Netzwerke, wo Kommunikation und Austausch mit Datensammlung und Werbung verschwimmen und wo Verbindungen geschaffen und unterhalten werden, die keine Unterscheidung zwischen persönlicher Mitteilung und Verkauf zulassen. Was als reine Plattform für Kontakte daherkommt, ist in Wirklichkeit ein Vertriebskanal – ein Angebot von Waren, Dienstleistungen, Freunden, also allem, was unseren inneren und äusseren Bedürfnissen entspricht. Das Netzwerk ist eine Gemeinschaft als Marktplatz.

Als solche hat die zeitgenössische Gemeinschaft etwas Gleichmässiges und Temperiertes – wie ein angenehm klimatisierter Showroom. Differenzen zwischen den Mitgliedern können zu Spannungen führen, doch selten kommt es zu hitzigen Debatten, geschweige denn zu einem sozialen Aufruhr, der heftig genug wäre, um einen inneren Wandel auszulösen, wie von einem gemeinsamen Ziel beflügelte Kollektive es von ihren Mitgliedern verlangen, damit eine echte Gemeinschaft entstehen kann. Der Prozess der Bestimmung des eigenen inneren Wertes, der sich über die Gewinnung einer übergeordneten sozialen Identität durch kollektives Streben vollzieht, hat für alle, die mit dem Leben in der Gegenwart beschäftigt sind, an Marktwert verloren. Heute wird das Individuum von der Stange gekauft und über den Ladentisch gehandelt. Im Jargon der zeitgenössischen Gemeinschaft: Wandel ist Handel.

Ist das der Grund, weshalb heute den hitzigsten (und potenziell, wenn nicht gar wirklich gefährlichsten) Kollektiven etwas Anachronistisches anzuhaften scheint? Von fundamentalistischen islamischen und christlichen Gruppierungen (Religion) über die *Tea-Party*-Bewegung (Nationalismus) bis zu *The Invisible Committee* (Anarcho-Marxismus) – es ist, als ob die Menschenleben, die im Laufe der Globalisierung geopfert wurden, als Rachegeister in den Gewändern zerfallender Imperien und verblassender Ideologien zurückkehrten, um den Lauf des Fortschritts auf der zeitgenössischen Bühne aufzuhalten. Sie mögen noch so unterschiedliche politische Ziele haben – was sie verbindet, ist die vorbehaltlose Ablehnung der durch die Globalisierung geschaffenen zeitgenössischen Gemeinschaft, der Einsatz für den Aufbau einer anderen Gemeinschaft, die auf der Ekstase gemeinschaftlicher Verschmelzung basiert, und das Engagement für die Erneuerung jenes Gesellschaftsvertrags, der früher das Hervortreten des Einzelnen von der Verwirklichung einer selbstentworfenen Gemeinschaft abhängig machte.

Vielleicht kann das für jene, die sagen, die Zeit sei aus den Fugen geraten, nur so und nicht anders sein. «Das Vergangene ist nicht tot», schrieb William Faulkner, «es ist nicht einmal vergangen.»[2] Vor der Kulisse unserer Zeit wollen diese Bewegungen das, was man sich früher unter einer Gemeinschaft vorstellte: einen Schmelztiegel zum Schmieden eines zielgerichteten und verantwortungsvollen Individualismus. Doch religiöse Fanatiker, homophobe, rassistische und nationalistische Staatsgegner und neomarxistische Aktivisten sind nicht die Einzigen, die das wollen.

Für Georges Bataille war erotische Liebe der Schlüssel zur Schaffung einer Gemeinschaft, die genügend intensiv sein würde, um eine gemeinschaftliche Verschmelzung zu erzeugen, ohne die Einzigartigkeit der Mitglieder zu opfern. Für Bataille, der in den 1930er Jahren über unterschiedliche Formen von Gemeinschaft nachdachte und damit experimentierte, gab es nur ein zuverlässiges Mittel gegen die Tendenz der Moderne, die Menschen auf «servile Organe» des Staates und der Gesellschaft zu reduzieren: eine substanzielle Existenz, bestimmt durch sinnliche

Kontakte und Formen der Kommunikation, die sich darauf konzentrierten, die Macht libidinöser Beziehung zum Ausdruck zu bringen. Bataille war auch der Meinung, dass die Gemeinschaft der Liebenden einen gewissen – wenn auch nur geringen und letztlich hermetischen – Widerstand gegen zwei Bewegungen leisten würde, die damals in Europa immer mehr an politischem Boden gewannen: den stalinistischen Kommunismus und den Faschismus. Für Bataille immunisiert die Ekstase erotischer Liebe die Liebenden gegen politischen Irrsinn.

Der Marquis de Sade erklärte dagegen bekanntlich die Gesetzlosigkeit zum gemeinsamen Ziel seiner imaginären Gemeinschaft. In seinem Roman *Juliette* gründete er die Sozietät der Freunde des Verbrechens. Diese Freigeister unterschiedlicher sozialer Stellung und Herkunft verschworen sich als Meister der Ausschweifung gegen einen bereits korrupten, von religiösen und aristokratischen Kräften regierten Staat. Verbrechen war für de Sade nicht nur eine politische, sondern auch eine philosophische Ausdrucksform. Im Verbrechen wird das Gesetz lächerlich gemacht und als das entlarvt, was es ist: ein Willkürregiment, errichtet von der aktuellen Obrigkeit zum Zweck der Erhaltung der eigenen Macht und Kontrolle. Indem die Mitglieder der Sozietät Verbrechen begehen, gebrauchen sie die List der Vernunft, um die Autorität zum Gespött zu machen. Aber das genügt de Sade noch nicht. Wenn die Vernunft zur Zerstörung menschlicher Gesetze eingesetzt werden kann, können dann Verbrechen begangen werden, die gegen die Gesetze der Natur verstossen? Die Personen in *Juliette* fragen sich laut, was es brauchen würde, um die Sonne auszuknipsen, paradoxerweise nur, um sich gleich wieder ganz mit der Natur und ihrem unerbittlichen Geist der Zerstörung zu versöhnen.

Liebende. Kriminelle. Künstler? Im Grunde ist *The Front* ein kommunitaristisches Experiment. Wie Bataille durch die erotische Liebe und de Sade durch das Verbrechen versucht *The Front* mit äusserst prekärem Material eine Gemeinschaft aufzubauen.

Zwölf Künstler, die in einer untergegangenen Stadt leben, entschlossen sich zu dem Wagnis, einen Ort einzurichten für das, was sie schaffen und sehen wollten. In einer urbanen Landschaft, der bis heute die elementarste städtische Infrastruktur fehlt, wollten sie Kunst. Das ist ihr Werk. Simpel genug. Aber was dieses Werk antreibt und was das Herz eines Kollektivs wie *The Front* ausmacht, ist weder einfach noch reicht es je aus, um ein spezifisches Publikum anzusprechen. Denn was Kunst zur Kunst macht, ist genau die Art und Weise, wie sie eine ungewöhnliche Zweckfreiheit verkörpert.

Kunst trägt die Signatur von etwas unweigerlich Singulärem, das heisst von etwas so absolut und zwingend Unvollständigem wie wir. Ohne diese Signatur, die ihre Präsenz authentisiert, ist sie bloss eine Illustration, ein Luxusartikel, Propaganda, ein Mittel zur Steuerersparnis, eine Investition, ein Spektakel, ein Event, Dekoration, eine Waffe, ein Fetisch, ein Spiegel, ein Besitzstück, eine Reflexion, ein Werkzeug, eine Kritik, ein Requisit, Medizin, eine Kampagne, eine Intervention, eine Feier, ein Denkmal, eine Diskussion, eine Schule, eine Ausrede, ein Engagement, Therapie, Sport, Politik, Aktivismus, eine Erinnerung, eine traumatische Wiederkehr, ein Diskurs, Erkenntnis, Erziehung, eine Verbindung, ein Ritual, eine öffentliche Dienstleistung, eine Bürgerpflicht, ein moralischer Imperativ, ein Gag, Unterhaltung, ein Traum, ein Albtraum, ein Wunsch, ein Antrag, Folter, etwas Langweiliges, Politik, ein Statussymbol, ein Barometer, Balsam, eine Intrige, Möbel, Design, eine Mission, ein Modell, eine Studie, eine Untersuchung, Forschung, Schaufensterdekoration, eine soziale Dienstleistung, eine Analyse, ein Plan, ein Werbegag, eine Schenkung, ein Antidot, Gift, ein Haustier. Mit ihr ist Kunst nichts von alledem. Und mehr.

Genau das verbindet die Kunst mit dem Sein. Beide tragen die Bürde der Verkörperung einer Singularität, die der Unvollständigkeit im Zentrum ihrer jeweiligen Form entspringt. Angesichts des Aufwands an Raum, Zeit, Geld und

Mühe und was immer man sonst aufbringen kann, um eine Gemeinschaft zu schaffen, die diese Singularität schützt und erhält – wo doch der springende Punkt einer Gemeinschaft darin besteht, dass Individuen einen Anflug von Vollständigkeit erlangen, indem sie durch den Geist eines Gemeinwillens voneinander erfüllt werden – könnte der Eindruck entstehen, dass das, was geschaffen wird, gar keine Gemeinschaft ist. Oder zumindest eine undenkbare.

Erstmals veröffentlicht als «The Unthinkable Community», in: *e-flux journal*, 16, Mai 2010, http://worker01.e-flux.com/pdf/article_144.pdf. Wiederabdruck mit freundlicher Genehmigung.

[1] Jean-Luc Nancy und Jean-Christophe Bailly, *La comparution. Politique à venir*, Paris: Christian Bourgeois, 1991.

[2] William Faulkner, *Requiem für eine Nonne*, übers. von Robert Schnorr, Zürich: Fretz & Wasmuth, 1956, S. 106.

Eine von der Zeit abgesetzte Zeit

Die Griechen hatten zwei Zeitbegriffe: *chronos* und *kairos*. Chronos ist uns geläufiger; es ist die Auffassung von der Zeit als Mass, als Quantität der Dauer, die sich in einer uniformen und seriellen Abfolge verändert. Chronos ist in gewissem Sinne leer, ohne Inhalt oder Bedeutung jenseits des eigenen linearen Fortschreitens. Chronos ist, wenn nichts geschieht, und geht weiter, ohne dass etwas geschieht.

Dagegen ist Kairos eine Art Zeit, die mit Verheissung und Bedeutung aufgeladen ist. Es ist eine von Zeit gesättigte Zeit. Ihre Dimensionen sind weder uniform noch voraussagbar. Die Rede von der «Fülle der Zeit» ruft das Kairologische hervor, indem sie den Gedanken zum Ausdruck bringt, dass leere Zeit durch eine tiefgreifende Änderung oder einen Bruch erfüllt und erneuert werden kann, und zwar so, dass das, was später geschieht, sich radikal von dem unterscheidet, was vorher war.

Kairos und Chronos sind keine Gegensätze. Eine höchst aufschlussreiche Definition des Kairos findet sich im *Corpus Hippocraticum*. Dort heisst es, «Chronos ist das, in dem es Kairos gibt, und Kairos ist das, in dem es wenig Chronos gibt.»[1] Die beiden Arten von Zeit sind je ein Teil der anderen. Chronos verwandelt sich in Kairos, wenn er eine komprimierte Gestalt seiner selbst annimmt und so einen zeitlichen Bruch darstellt, der die Uniformität aufhebt. Hegel weist in seiner Dialektik auf diese Veränderung hin, wenn er vom «Übergang des Quantitativen zum Qualitativen» spricht.[2] Dies geschieht, wenn etwas – wie die Zeit – eine Substanz wird, die die Zeit (Kairos) von der Zeit (Chronos) abtrennt und sie dadurch als selbständige Entität setzt, die buchstäblich nicht mehr zu der Sequenz gehört, aus der sie herkommt. Qualität ist eine Kraft, die «abtrennt und setzt». Im Kairos wird die Zeit nicht festgehalten: Sie wird entfesselt.

Für die Griechen war Kairos auch der «günstige Augenblick», das richtige «Timing». Qualitative Zeit kann in diesem Sinn nur durch menschliches Eingreifen erreicht werden. Entscheidend für das Wesen des Kairos ist das Vermögen, zu handeln und aus einem bestimmten Ereignis oder einer Handlung, die sich im Verlauf des Geschehens zeigen, Vorteil zu ziehen. Dies kann aber nicht zu jeder beliebigen Zeit geschehen. Sondern nur in günstigen Augenblicken, wenn die Zeit das höchste Potenzial für Änderung aufweist, ist Kairos möglich. Doch wie gesagt, nur wenn die Gelegenheit ergriffen und entsprechend gehandelt wird. Kairos ist jener kritische Zeitpunkt, wenn sich eine Krise oder ein Bruch abzeichnet und durch den menschlichen Willen beschleunigt wird, um neue Möglichkeiten zu eröffnen.

Es gibt eine lange Tradition, die den Kairos mit der Kunst verbindet. Sie ist ziemlich langweilig und geht vor allem auf Platon zurück. Die platonische Ästhetik basiert auf Prinzipien der Harmonie, der Symmetrie und des richtigen Masses. Das Schöne ist für Platon das, was in Worten, Bildern, Tönen oder Bewegungen eine Einheit in der Vielfalt erreicht. Die Idee des Kairos als richtiger Augenblick wird von Platon neu gefasst als ästhetische und ethische Angemessenheit oder als das Vermögen der Proportion, unterschiedliche Elemente zu harmonisieren und in ein ausgewogenes Gleichgewicht zu bringen. Dieses Schöne ist in Wirklichkeit die Idee des Guten in ihrer ganzen Konkretion. Denn was das Schöne der Welt bietet, ist die Vision eines Lebens in harmonischem Gleichgewicht mit sich selbst und dem Göttlichen.

Anklänge an Platons Ästhetik sind in der Kunst immer wieder zu vernehmen. Und zwar jedes Mal, wenn etwas «zusammenkommt». Sie hallen in der Forderung – von Künstlern wie von Kritikern – nach, dass alle Elemente, aus denen ein Werk entsteht, gestalterisch dazu beitragen sollen, eine sinnhaft-bedeutungsvolle, das heisst kohärente Idee hervorzubringen.

Doch Kunst gelingt dann am besten, wenn sie die Bedeutung ad absurdum führt. Kunst ist Kunst, wenn sich das Hergestellte im Prozess der Herstellung wieder auflöst und in kaum erkennbarer Form die widersprüchliche Wahrheit des gelebten Lebens sichtbar macht.

Diese Auffassung von Kunst geht – entgegen Platon – auf eine noch frühere Bestimmung von Kairos im griechischen Denken zurück. Soviel wir wissen, taucht der Ausdruck Kairos erstmals in der *Ilias* auf. Doch Homer meinte damit nicht die Macht des richtigen Masses oder qualitative Zeit. Vielmehr bezeichnet der Ausdruck Kairos einen vitalen oder letalen Ort im Körper, der eines besonderen Schutzes bedarf. Kairos ist der Sitz der Sterblichkeit.

Wie steht es mit dem Verhältnis von Sterblichkeit und Zeit? Vielleicht ist Zeit nur von Bedeutung, wenn etwas endet. Die Redensart «Alles Gute hat sein Ende» ist nur die halbe Wahrheit (und nicht einmal die richtige Hälfte). Denn das Gute beruht wohl – bei allem Respekt vor Platon – nicht unbedingt auf dem Schönen, sondern darauf, wie es ihm gelingt, sein eigenes Ende zu begreifen. Sterblich zu sein bedeutet, dass das Ende stets nah ist. Dieses Bewusstsein lädt jeden Augenblick mit Verheissung und Bedeutung auf. Und es macht das, was wirklich zählt, weniger von der Macht des Schicksals abhängig, als vielmehr vom inneren Imperativ, eine Form des eigenen Selbst zu finden, bevor es zu spät ist.

Sterblich zu sein heisst, sich der Aufgabe zu stellen, das eigene Sterben im vollen Bewusstsein zu leben. Nur so wird die Zeit bedeutungsvoll. Das Gleiche gilt für die Kunst. Etwas zu machen, indem man es den gleichen Kräften aussetzt, die das Leben unlebbar werden lassen, und so zu tun, als ob sein ästhetisches Leben davon abhängt, verleiht dem, was gemacht wird, eine unermessliche Dringlichkeit. Die Kunst erlangt in diesem Prozess eine Qualität: Sie wird sterblich.

Der grundlegende Konflikt der Kunst heute kann wohl darauf zurückgeführt werden, dass die Künstler sich bemühen, eine Form zu finden, die sterblich ist. Jeder Mensch ist ein Künstler, wie es heisst, und alles kann Kunst sein. Das stimmt schon. Aber nicht jede Kunst ist sterblich. Es gibt unzählige Werke, die so tun, als ob in ihnen das Geheimnis enthalten sei, das zum guten, das heisst zum ewigen Leben führt. Sie bringen in endlosen Variationen die durch die Tradition der Kunst und Geschichte definierten Werte zum Ausdruck. Und unter Tradition verstehe ich den Habitus der Autorität, also die Muster und Praktiken, die mit einer Lebensweise verbunden sind, die Fortschritt als Beherrschung und Herrschaft versteht.

Diese Werke wollen sich einen Platz in jener Tradition sichern, indem sie die von der Tradition als zeitlos angepriesenen Motive, Bezüge und Erfahrungen – also das Altbewährte – in neue Formen giessen. Indem diese Werke die Tradition in zeitgenössischen Formen sichtbar machen, erfahren sie Wertschätzung durch das wirtschaftliche und soziale System, das in der Neuheit einen Beweis dafür sieht, dass sie der Innovation und dem Fortschritt verpflichtet sind. Und dies wird im Gegenzug zu einer Form der Selbstrechtfertigung, um ihre Herrschaft zu naturalisieren und auf unbegrenzte Dauer zu legitimieren. Als ob es so bestimmt wäre. Unausweichlich. Wie die Zeit, die vergeht.

Heute gibt es viele Arten von Kunst. Oder zumindest zwei. Wenn chronologische Kunst für die endlose und letztlich leere Serialisierung einiger weniger traditioneller Ideen steht, die dazu dienen, die Werte des guten Lebens einzufordern (dies gilt besonders für jene Kunst, die diese Werte verwirft, um sie durch dieses Opfer zu romantisieren), wie fühlt sich dann eine kairologische Kunst an und wie sieht sie aus?

Auf den ersten Blick sehen kairologische Kunstwerke nicht anders aus als andere Werke. Sie benutzen die gleichen Materialien und werden in den gleichen Ausstellungen gezeigt. Sie sagen oder meinen nichts Besonderes. Doch der Punkt ist, *wie* sie es sagen (und meinen). Sie stellen eine verzweifelte Immanenz dar, als ob das Gegebene zwar nicht gut genug ist, aber genügen muss. So wie ein Takt ein Lied zusammenhält, nutzen sie die Zeit, um das Schwindelgefühl zu evozieren, das sich einstellt, wenn man etwas sieht, das im gleichen Augenblick entsteht und vergeht. Sie dauern als Erfahrungen fort, indem sie nicht als Ganzes, nicht als Formen bleiben. Sie strahlen eine innere Unversöhnlichkeit gegenüber dem aus, was sie sind und was sie mit ernsthafter und uneingeschränkter Hingabe sein wollen – was einer ehrlichen Einsicht in die Misere des heutigen Lebens so nah wie nur möglich kommt. Diese Ausstrahlung macht sie so vergnüglich. Lebendig.

Und dies: Sie heben die Zeit aus den Fugen.

$$\emptyset = T^n / \{\Delta H \times 1 - N\}$$

Deshalb spenden sie so selten Trost, was Kunst in dieser grossen Zeit vielleicht tun sollte. Sie bleiben letztlich trostlos und erinnern jeden, der bereit ist, sich auf sie einzulassen, wie wenig Zeit uns bleibt und wie viel wir schon verloren haben, wie nahe alles daran ist zu verschwinden, und was es braucht, um weiterzumachen.

Erstmals veröffentlicht als «A Time Apart», in: *Greater New York 2010*, Ausst.-Kat., New York, Museum of Modern Art, 2010, S. 84. Wiederabdruck mit freundlicher Genehmigung.

[1] Zitiert nach Giorgio Agamben, *Die Zeit, die bleibt. Ein Kommentar zum Römerbrief*, übers. von Davide Giuriato, Frankfurt am Main: Suhrkamp, 2006, S. 82.

[2] Siehe Georg Wilhelm Friedrich Hegel, *Wissenschaft der Logik*, Hauptwerke in sechs Bänden, Bde. 3–4., Hamburg: Felix Meiner Verlag, 1999.

Vergesst den September

Vor rund zehn Jahren versteckte ich mich mit meiner Familie in einem grossen Haus auf dem Land. Eines Tages klopfte es an der Tür. Ich öffnete und stand einer Gruppe uniformierter Männer mit Gewehren gegenüber. Sie zerrten mich aus dem Haus und befahlen meiner Familie, ebenfalls herauszukommen. Sie gehorchte und drängte sich dicht um mich. Die Männer stellten sich vor uns in einer Reihe auf und legten die Gewehre an. Ein grosser Mann mit Schnauz am rechten Ende der Reihe sagte: «Anlegen». «Feuer». Ich bin tot. Plötzlich hörte ich Schüsse. Sie kamen von der anderen Seite des Hügels gegenüber dem Haus. Verwirrt liessen die Männer ihre Gewehre sinken und rannten Richtung Hügel. Meine Familie eilte zurück ins Haus. Aber ich rannte weg zum nahe gelegenen Bachbett. Als ich dort ankam, blieb ich reglos stehen. Was mir vor allem in Erinnerung blieb, ist das Hochgefühl, das mich überkam, als ich dort stand. Diese seltsame Freude rührte jedoch nicht daher, dass ich dem Tod entkommen war, sondern daher, dass ich ihm nicht entkommen war. Ich war tatsächlich gestorben. Das Leben lag hinter mir. Und ich fühlte mich beschwingt.

Zeiten in der Hölle kamen und gingen, und ich will sie alle vergessen. Vergnügen bringt keine Entlastung von der Plackerei und ist eigentlich gar nicht mehr so vergnüglich. War es das je? Ich weiss es nicht. Zugehörigkeit bringt Erfüllung. Aber noch nie hat sich das Ganze so unerfüllt angefühlt, wie ein Apfel, der nie reifen wird – höchstens verfaulen. Es gibt keinen Unterschied zwischen Mit-der-Geschichte-Leben und In-der-Vergangenheit-Leben. Das trunkene Schiff ist weitergesegelt. Weshalb verweilen? Die Latte für das, was hier als Fortschritt gilt, liegt deshalb so tief, weil Qualität um des blossen Lebens willen zu Quantität wird.

Einst, so wird erzählt, schritt die Geschichte aufgrund eines absoluten Geistes voran. Geschichten können wahr und dennoch falsch sein. Heute wissen wir, dass der absolute Geist weder absolut noch hoch geistig ist (oder ist das Schnee von gestern?). Herr «Absoluter Geist» hat sich jedenfalls von der Geschichte verabschiedet und bei einsamen bewaffneten jungen Männern Zuflucht gefunden (auch nichts Neues?). Jung ist ein relativer Begriff (jung geblieben reicht auch). Wisst Ihr, was ein Jünger ist? Einer, der den Witz noch nicht kapiert hat.

Der Mensch ist die grösste Abstraktion. Danach kommt die Schuld. Mondrian liegt nicht einmal annähernd richtig. Schuld ist die wirkliche Urheberin von Kredit und Produktion in der heutigen Welt. Die Vorstellung, dass das, was man besitzt, möglicherweise gesellschaftlich wertvoller und produktiver ist, als das, was man schaffen oder herstellen kann oder wer man ist, ist Ausdruck einer Art Umwertung der Werte, die uns unser Geschäft heute anders als früher betreiben lässt. Unser Zeitalter ist durch die Dominanz der Macht des Mangels bei der Lebenserhaltung definiert. Die Verbindlichkeit dessen, was wir uns selbst und anderen schulden, begründet die Beschaffenheit dessen, was als Gegenwart erscheint. Was wir wollen, ist sozusagen das, was unsere Schuld will. Die apokalyptische Überlieferung im Christentum und anderen Religionen, in der Literatur, auch in gewissen Heavy-Metal-Genres, richtet sich an jene, denen die Idee von der Schuld als primärer Urheberin abscheulich, ja ungeheuerlich erscheint. Die Apokalypse als Darstellung des Endes aller Dinge ist Ausdruck des Wunsches, die Schuld, die diese Dinge hervorbrachte, durch deren Zerstörung zu tilgen. Die meisten Vernichtungsträume und -taten entspringen irgendwie diesem Wunsch, eine Schuld zu tilgen.

Ich war nie schwanger. Doch ich habe mir sagen lassen, dass sich durch die Schwangerschaft meine Sinneswahrnehmung verändern würde. Ich könnte den Geruch von Chanel No. 5 von, sagen wir, No. 6 unterscheiden. Die meisten Softdrinks wären mir zuwider, weil mein hochempfindlicher Gaumen all die künstlichen Zusätze in den Getränken herausschmecken würde. Vielleicht könnte ich sogar erstmals feine Farbveränderungen auf der Oberfläche von Früchten wahrnehmen, die auf vorhandene Giftstoffe oder Pestizide schliessen lassen. Der Theorie zufolge verfeinert und schärft der Körper in der Schwangerschaft die Sinneswahrnehmung, um der werdenden Mutter zu helfen, das in ihr heranwachsende Kind besser zu schützen. Mit der Schwangerschaft wird man also gewissermassen zur Ästhetin. Es gibt so viele Geschichten, die besagen, dass Geschmack ein Produkt (oder Symptom) der Klassenzugehörigkeit oder bestimmter gesellschaftlicher und politischer Interessen sei. Aber jemand hat auch einmal geschrieben, dass Geschichten zugleich wahr und falsch sein können. Vielleicht kann der Geschmack mit seinem Vermögen, das Richtige vom Rest zu unterscheiden – das Schöne vom nur Luxuriösen, das Erhabene vom schlicht Vulgären –, nicht nur die Erwartungen einer Klasse oder das Versprechen einer Politik erfüllen, sondern am Ende auch eine andere Art von Leben verwirklichen.

Eine Freundin hat mir kürzlich eine Mitteilung gesandt. Ich kann ihr nicht mehr beipflichten. Sie schrieb: «ahhH schlck ... oooh slsch schlrp ahhh mmpf mmp mhn mmeh, ... mm sssch ahhh slsch ahhh ... schlrp mhn ... mmpf ohhoo ... oooh slsch schlrp ahhh mmpf mmp jaa ... OOOH ohhoo... slsch ahhh ohh ahhh ohh hmm ahhh slsch ssscht ... ohhoo oho oho ohhoo mhn schlrp mm schlrp ohhoo mmpf ... schlrp mhn ... mm sssch ahhh ... mm slsch schltsch ahhh ... oooh slsch slrp ahhh mmpf mmp mhn sssch schlrp oho jaa ....»

Erstmals veröffentlicht als «Forget September», in: *Monopol*, September 2011, S. 40. Wiederabdruck mit freundlicher Genehmigung.

Fortschritt als Rückschritt

Trotz ideologischer Differenzen fanden die verschiedenen Fraktionen der politischen Rechten in Amerika – von echten Basisbewegungen über durch «Astroturfing» inszenierte Pseudoinitiativen, bis hin zu wirtschaftlich getragenen Organisationen – nach Obamas Wahlsieg 2008 einen gemeinsamen Nenner.[1] Dieser Nenner ist die Vergangenheit: ein karger Fleck mythenumworbenes Land, das zur Heimat wachsender Organisationsbestrebungen wurde, die von Steuerfeindlichkeit, nationalistischen Elementen und einer gewissen Animosität gegen eine lange Liste von unerwünschten Personen angetrieben werden.[2] Diese Bewegung kennt nur einen Weg vorwärts: rückwärts.

Man denke an den jüngsten Skandal in der National Portrait Gallery in Washington, D.C. David Wojnarowicz' Video *Fire in My Belly* (1986-87) wurde aus einer vom Smithsonian Institute – der Mutterorganisation des Museums – organisierten Ausstellung entfernt, nachdem sich die Katholische Liga und der republikanische Kongressabgeordnete Eric Cantor darüber beklagt hatten, das Werk sei antireligiös und deshalb eine Form von Hassrede.[3] Im Video selbst ist absolut keine Spur von Religionskritik erkennbar. Vielmehr verwendet es die christliche Ikonographie so, wie sie ursprünglich gedacht war: als universale Sprache des Leidens und der Erlösung in dunklen Zeiten – wie jener Mediävalismus zu Beginn der AIDS-Krise. Doch Cantor und die Katholische Liga erkannten das nicht, wenn sie das Werk überhaupt gesehen haben. Was sie erkannten, war eine Gelegenheit, den Kulturkampf der späten 1980er Jahre – auch damals wurde auf Wojnarowicz geschossen – erneut zu schüren, indem sie gegen die Sichtbarkeit und gesellschaftliche Akzeptanz der Homosexualität antraten, um damit einen Stellvertreterkrieg zu führen: gegen die Aufhebung des Verbots für bekennende Homosexuelle, in der Armee zu dienen, und gegen den zunehmenden Druck, die Homosexuellenehe in allen fünfzig Bundesstaaten zu legalisieren.[4]

130

Sind die 1980er Jahre nicht längst vergangen? Eine Folge des Sieges der Republikaner in den Zwischenwahlen 2010 für den Kongress war, dass der rechtslibertäre Kongressabgeordnete Ron Paul im Repräsentantenhaus dem Finanzunterausschuss für die nationale Geld- und Währungspolitik vorstand. Und Paul hat in der Folge wiederholt deutlich gemacht, dass die Vereinigten Staaten zum Goldstandard zurückkehren und den Wert des Dollars wieder an die Goldreserven binden sollten.[5] Dies war die Geldpolitik der Vereinigten Staaten bis in die 1930er Jahre, als man fast weltweit der Überzeugung war, Gold sei der alleinige Wert, den das Papiergeld repräsentierte. Eine Volkswirtschaft, die auf dem Goldstandard basiert, ist für ihre Geldversorung im Wesentlichen den Mineuren verpflichtet. 1933 hob Franklin D. Roosevelt den Goldstandard für die Vereinigten Staaten auf.

Sind die 1930er Jahre noch immer zu modern? Man kann im muffigen Prunk der Protestveranstaltungen der Tea Party schwelgen, die weiterhin landesweit ihren abstrusen Unsinn verbreitet. Mit ihrer Formel «Wir zahlen schon genug Steuern» (Taxed Enough Already) greift die Tea Party selbstbewusst auf die Rhetorik und manchmal auch auf die Kleidung der frühen Amerikaner zurück, die sich gegen die Steuern zur Wehr setzten, die der britische König George III. den Kolonien auferlegte.[6] Die Boston Tea Party, ein Akt des Widerstands im Jahr 1773, als Bostoner Siedler eine Schiffsladung importierten Tees aus England ins Hafenbecken kippten, ist seither ein Fanal für die Idee, dass Besteuerung ohne Repräsentation Tyrannei ist.[7] Für die Tea Party von 2009 ist diese Idee zu einem Ruf zu den Waffen geworden, der Rechtslibertaristen, Ayn-Rand-Sympathisanten, Evangelikale, Christlich-Nationale, Milizionäre, strenge Konstitutionalisten, Mitglieder des 9/11 Truth Movement, Anhänger der John Birch Society sowie die *Birthers*, d.h. Leute, die noch immer nicht glauben, dass Präsident Obama in den Vereinigten Staaten geboren wurde, zu einer unheiligen Allianz aus homophoben, rassistischen, fremdenfeindlichen und nationalistischen Elementen vereint, die sich selbst als Reinkarnation der Amerikanischen Revolution versteht.

Um ja nicht in den Schatten gestellt zu werden, begibt sich die Favoritin der Tea Party, Sarah Palin, in ihrer Reality-TV-Show, die im Wesentlichen eine achtteilige Imagekampagne für ihre Präsidentschaftskandidatur 2012 war, zurück in einen Naturzustand vor dem Sündenfall.[8] In *Sarah Palin's Alaska* erlegt sie Elche, sucht Fossilien, überquert Gletscher und bringt ihren Kindern und den Zuschauern bei, wie uns die Verankerung des Lebens in der Wildnis dazu befähigt, den Fallen des heutigen Lebens zu entgehen – etwa der Vernunft oder Leuten, die nicht aus Alaska stammen. Die Show stellt Sarah Palins zwanghafte Irrationalität und ihre masslosen politischen Ambitionen implizit als Lektionen dar, die sie in der Wildnis ihres Heimatstaates gelernt hat, als sei ihre Demagogie der organische Ausdruck der Naturgesetze. Sarah Palin setzt sich für die «Nation der Natur» ein, weil für sie kein Unterschied besteht zwischen ihrer Liebe zur Natur und ihrem Patriotismus. Denn was sie in der Natur findet (die, schaut man sich eine Episode an, im Grunde alles ist, was sich schiessen, abholzen oder überfahren lässt), ist das Bild eines bewundernswerten Landes, das heisst eines Landes, das so schweigsam ist wie ein unberührter Wald, sprachlos gemacht durch die Vertreibung fremder Stimmen von seinem Boden, nun wieder unverdorben und heil, wie die Heilige Schrift es verheisst.

Das ist mehr als Nostalgie. Die Kampagnen und Proteste gegen den Ausbau der Bürgerrechte, gegen Umweltschutz, Finanzreform und Gesundheitsversorgung für alle Amerikaner sind Teil eines umfassenden Kampfes, der die Vereinigten Staaten erneuern will durch striktes Festhalten an den «ursprünglichen Werten», die das Fundament dieser Nation bilden. Doch dieser Aufruf, Gesetzgebung und Regierung ausschliesslich auf die ewigen Weisheiten vergangener Zeiten abzustützen – auf das, was schon immer war –, verschleiert die damit ausgesprochene Forderung. Adorno schreibt in der *Negativen Dialektik*, dass der Begriff des «Ursprungs selbst [...] herrschaftlich (ist), Bestätigung dessen, der zuerst drankommt, weil er zuerst da war; des Autochthonen gegenüber dem Zugewanderten, des Sesshaften gegenüber dem Mobilen.»[9] Auf die Idee des Ursprungs zurückzugreifen, heisst, die Rechte des Ersten geltend zu machen. Wer vom Ursprung spricht, pocht auf die Vorrangstellung der Geschichte, aber worauf es ankommt, ist die unhinterfragte Souveränität dessen, der spricht. Es ist so klar wie brutal: Wer im Namen des Ursprungs spricht, beansprucht die Herrschaft über alles, was nach ihm kommt.

Autorität einzufordern, indem man alte Riten erneuert, ist ein alter Trick. Aber er ist nicht ahistorisch. Und unter diesem Blickwinkel ist auch am besten zu erkennen, was dieser populistische Aufruhr ist: ein zeitgenössischer Ausdruck der neuzeitlichen Idee, dass Geschichte nichts anderes bedeutet als Herrschaft über Natur und Gesellschaft, wobei Herrschaft das wahre Gesicht des Fortschritts ist. Der Weg nach vorne wird beschritten, indem man zurückgeht. Und das Moderne an dieser Form von Modernität liegt darin, wie Macht ausgeübt wird, um im Namen des Ursprungs zu herrschen.

Es steht auf den Transparenten, die an Kundgebungen und Protesten in die Höhe gehalten werden. «Lasst die Versager scheitern»; «Freie Märkte! Keine Schmarotzer»; «Gebt uns Freiheit, nicht Schulden». Der Zorn und Unmut gegen jede Art von Steuer und gegen jede Behörde der Bundesregierung (mit Ausnahme des Militärs) entspricht dem klassischen Muster des Libertarismus. Die Forderungen nach mehr individueller Freiheit und weniger Staat verraten jedoch noch etwas anderes. Nicht nur muss der Staat reduziert werden, um die Freiheit zu maximieren, sondern diese Freiheit muss auch bezahlt werden, indem man jene opfert, die durch den Staat mehr Gewicht erhalten. Hier zeigt der Libertarismus sein autoritäres Gesicht, denn das Bestreben, die individuelle Freiheit zu stärken, verwandelt sich in Feindschaft gegen die, für die eine Nation mehr ist als eine Sammlung privater Interessen, und die zum Schutz der Rechte und der Rechtsstaatlichkeit mehr wollen als die unsichtbare Hand des Marktes, die letztlich dazu führt, dass private Interessen über dem Recht auf Güter und Dienstleistungen stehen.

Zur Freiheit gehört eine Form von Rechtmässigkeit. Sie ist zwar ein Produkt der individuellen Vernunft, findet jedoch Eingang ins gesellschaftliche Zusammenleben als Prinzip der Selbstgenügsamkeit. Aber die populistische Rechte betrachtet dieses gesellschaftliche Miteinander als Hindernis, das beseitigt werden muss. Deshalb ist Freiheit für diese Bewegung lediglich eine Chiffre für uneingeschränkte Autorität. Der den andern aufgezwungene Wille wird zum Prinzip, durch das der Einzelne vollständig und zureichend wird.

Wenn Freiheit auf blosse Gewalt hinausläuft, ist der einzige Wert, der ihr noch Gültigkeit verleiht, das Opfer – die Macht, die Arbeit eines anderen zum eigenen Vorteil einzusetzen, oder jemandem für etwas, das weniger Wert hat, etwas zu entreissen, das mehr Wert hat. Die Autorität lebt von Opfern. Und damit entpuppt sich eine Politik, die sich so eifrig für die Erweiterung der persönlichen Freiheiten und die Beendigung der staatlichen Tyrannei einsetzt, erneut als die barbarische Rationalität, die sie schon immer war. Freiheit ist nicht gratis zu haben: Jemand muss bezahlen. Und je mehr Opfer gebracht werden, desto dringender ist es nötig, ihre Selbsterhaltung als selbstverzehrenden Fortschritt zu verteidigen.[10]

Es ist bezeichnend, dass einer der entscheidenden Momente, die zur Gründung der Tea Party führten, ein Appell im Fernsehen war, Hausbesitzer, die mit ihren Hypothekenrückzahlungen in Verzug geraten waren, zugunsten des höheren Gutes der amerikanischen Wirtschaft zu opfern. Auf CNBC, einem Kabelkanal, der sich auf Wirtschaftsthemen fokussiert, hielt Rick Santelli, ein ehemaliger Händler mit Termingeschäften und Finanzmarktkommentator, seine später als «rant heard around the world» (weltweit gehörte Wutrede) berühmt gewordene

Tirade. Mit dem wütenden Gezeter eines Mannes, der sich darüber ärgert, für die Verfehlungen anderer aufkommen zu müssen, wetterte Santelli gegen Obama und seinen Gesetzesvorschlag, mit dem dieser den durch die Rezession von 2008 in Not geratenen Hausbesitzern unter die Arme greifen wollte. Santelli stellte sich mitten in die Börse von Chicago und kritisierte den Vorschlag im Namen der «schweigenden Mehrheit» – bestehend aus den Geschäftsinteressen, die ihn buchstäblich umgaben, nämlich exakt den Leuten, welche die räuberischen Kreditvergaben ausgedacht und ermöglicht hatten, die Millionen von Amerikanern gezielt dazu verführten, sich auf Hypotheken und Kredite einzulassen, die sie sich nicht leisten konnten. Die Regierung fördert falsches Verhalten, insistierte Santelli, indem sie diesen Leuten aus der Patsche hilft. Stattdessen, meinte er, sollte das Weisse Haus lieber eine Website erstellen, auf der das Volk online darüber abstimmen könnte, ob Steuergelder dazu verwendet werden sollten, «die Hypotheken dieser Versager zu subventionieren». «Das ist Amerika», brüllte Santelli.[11]

Er war im Unrecht, aber letztlich hatte er recht: Das ist Amerika. Die Schulden sind immens und jemand muss bezahlen. Das ist der *élan vital* der Tea Party und anderer reaktionärer Gruppierungen in den Vereinigten Staaten. Fortschritt bedeutet in ihren Augen das Recht, über andere im Namen eines Ursprungs zu herrschen, das heisst, andere zu opfern, um das Recht auf Überleben und Erfolg durch Herrschaft zu legitimieren, weil das schon immer so gemacht wurde. Fortschritt ist Rückschritt.

Aber es gibt kein Zurück. Es gibt keinen Ort, an den man zurückkehren könnte. Die Idee des Rückschritts verweist auf eine trügerische Vergangenheit, aber sie tangiert auch das, was in der Gegenwart äusserst dringend und real ist. Denn der Wunsch zu herrschen wurzelt grundlegend im Bedürfnis, soziale Widersprüche miteinander zu versöhnen, die schon vorher nie wirklich aufgelöst worden sind. Die grosse Finanzkrise von 2009 enthüllte die schrecklichen Ungleichheiten, mit denen viele Amerikaner leben mussten – infolge von zwei andauernden Kriegen, infolge sich stets verschlechternder staatlicher und ziviler Infrastrukturen und infolge einer beispiellosen Umverteilung des Reichtums zugunsten der höchsten Einkommensklassen –, alles orchestriert von den Neokonservativen im Weissen Haus und im Kongress, die das Profitmotiv mit protestantisch evangelikalen Sozialinteressen verknüpfen.[12] Und das waren lediglich die letzten acht Jahre. Hinzu kommen die Auswirkungen der Globalisierung in den späten 1990er Jahren, die die Industrie und Produktivität der Vereinigten Staaten schwächte und die Wirtschaft immer mehr dazu zwang, auf vermehrten Konsum im Inland zu setzen. Das brachte die Konsumenten – die Waren kaufen sollten, um die Wirtschaft anzukurbeln – in eine Zwickmühle, weil sie auch Arbeiter waren, deren mittleres Einkommen stetig sank. Denn im Rahmen einer Wirtschaft, die die Produktion offensiv nach Übersee auslagerte, waren die einzigen Stellen, die im Inland geschaffen wurden, Niedriglohnjobs im Dienstleistungssektor.

In einem Klima, das echten gesellschaftlichen und ökonomischen Bedürfnissen gegenüber derart feindlich gesinnt ist, erscheint die Wirklichkeit kaum mehr real. Doch statt bestehende Ungleichheiten anzusprechen, verbünden sich die Tea Party und ihre reaktionären Partner in der Republikanischen Partei gegen die Entzauberung des heutigen amerikanischen Lebensstils mit dem Versprechen, das Land in eine Zeit zurückzuführen, als es jene Kluft zwischen Bürger und Staat noch nicht gab. Die populistische Rhetorik, die die Politik als von Anfang an abgekartetes Spiel von Insidern verteufelt, und das nie aus der Mode gekommene Gefühl, dass die Regierung jeden Anschein verloren hat, für das Volk zu handeln, selbst zum Volk zu gehören und von diesem beauftragt zu sein, zeugen von der Angst, dass Selbstbestimmung kein Selbst mehr beinhaltet. Der Zorn gegen die Gouvernementalität ist Ausdruck der Unfähigkeit in Bedrängnis geratener Amerikaner, sich selbst im Spiegel der heutigen Demokratie wiederzuerkennen.

Aber es ist überhaupt schwierig, die amerikanische Demokratie als solche zu erkennen. Seit der Wahl von Obama im Jahr 2008 ist die Vision einer Regierung, die sich dazu bekennt, die wirklichen Probleme der Amerikaner angehen zu wollen, verblasst. Der Technokrat Obama hat die Bühne betreten. Obwohl er als Kandidat Führung durch Vernunft versprochen hatte, war das, was das Weisse Haus unter ihm hervorbrachte, eine Herrschaft von Experten. Das ungeheuerlichste Beispiel hierfür ist die Finanzaufsichtsreform. Sinnigerweise stammten diejenigen, die eine Strategie zum Schutz der nationalen Wirtschaft vor den illegalen Finanzpraktiken, die die jüngste Rezession verursacht hatten, entwickeln sollten, aus genau denselben Banken, Privatunternehmen und politischen Think Tanks, die jene Praktiken überhaupt erst zuliessen und beförderten.[13] Obama hat sich immer auf Experten der gleichen Schule verlassen, wenn es darum ging, Handlungsstrategien in innenpolitischen Angelegenheiten festzulegen – als setzte er das grösste Vertrauen in die Ratschläge derer, die es am besten wissen, auch wenn sie vor allem am besten wussten, wie sie ihre eigenen Interessen und Vorteile wahren konnten. Den Experten ging es nie wirklich darum, die Öffentlichkeit voranzubringen oder zu schützen, sondern nur darum, eine Reihe privater Motive gegeneinander abzuwägen, damit alles mit grösstmöglicher Effizienz funktioniert. Das scheint eine erfolgreiche Methode zur Lösung gesellschaftlicher Konflikte zu sein, die tatsächlich aber gar nichts löst.

In den letzten zwei Jahren gab es substanzielle Fortschritte bei der Beseitigung der giftigen Abgase der vorangegangenen acht Jahre. Die Ausserkraftsetzung des «Frag' nichts, sag' nichts» markiert den letzten Schritt nach vorne. Das gilt auch für das Gesundheitsreformgesetz. Diese Fortschritte befähigen das Land, besser mit der heutigen Situation zurechtzukommen. Aber es stehen uns noch zwei weitere Jahre der Präsidentschaft Obamas bevor, und nach der Niederlage, die die Demokraten in den Zwischenwahlen im November 2010 erlitten haben, sieht sich

Obama nun einem republikanisch dominierten Kongress gegenüber sowie einer Handvoll Kongressabgeordneter, die der Tea Party angehören. Obama ist an der Niederlage mitschuldig. Doch das hängt weniger mit der Gegenreaktion auf politische Strategien wie Obamacare zusammen, als mit einem politischen Spiel, das er riskierte und verlor.

Zu Beginn seiner Präsidentschaft rechnete Obama damit, eine Regierung bilden zu können, der das amerikanische Volk vertrauen konnte, selbst als er die Idee verbreitete, dass Politik eigentlich etwas Verachtenswertes sei, von dem man sich daher distanzieren müsse.[14] Er sprach von Washington wie andere Leute von der Syphilis: mit Abscheu. Obama dachte, wenn er sich in unzufriedene Reagan- und Bush-Anhänger hineinversetzte und sie in ihrer Politikverdrossenheit bestärkte, könnten sie sich in ihm wiedererkennen. Er verlor die Wette. Stattdessen hat sich die Frustration, die er für sich nutzen wollte, zu einer Bewegung entwickelt, die seither mit Geldern aus rechten Wirtschaftskreisen finanziert wird, einen offenen Rassismus vertritt und die diffuse Angst verbreitet, dass das Land von einer autoritären Verschwörung regiert werde.

Die Kunst der Politik besteht darin, andere einzuspannen, bevor man selbst eingespannt wird. Dazu muss man schnell und schlau sein und die Fähigkeit besitzen, die Gegner zu spalten, um Zeit zu gewinnen und um sie weiter einzuspannen. Obamas politischer Instinkt liess ihn nicht erkennen, dass das Ende von Bush nur eben der Anfang jener Sparpolitik war, die als Bushs Vermächtnis galt. Die neokonservative Ideologie, die den Profit für die wenigen – ungeachtet der Kosten – zum gesellschaftlichen Gut erhebt, hat einen Zweig des Populismus erblühen lassen, der keinen Unterschied zwischen zügellosem Kapitalismus und amerikanischer Souveränität duldet. Das lässt die Tea Party so vehement auf Steuersenkungen pochen und fordern, dass man den Amerikanern «die Regierung» von den Schultern nimmt. Profite sind das Vehikel der Freiheit. Mehr als die Redefreiheit beansprucht heute das Recht auf finanziellen Profit den Status des allerersten Verfassungszusatzes. Die ordnungspolitische Macht der Bundesregierung ist seit Reagan stetig und gezielt demontiert worden, und die Privatisierung sämtlicher Aspekte des sozialen und zivilen Lebens ist selbst zum massgebenden Regierungsprinzip geworden. Und trotzdem schweigen die neuen Patrioten weitgehend darübcr, dass die Vereinigten Staaten heute, wie jedermann weiss, vom Autoritarismus der uneingeschränkten Profitgier grosser Konzerne regiert werden. Stattdessen konzentrieren sie sich darauf, Homosexuelle, Ausländer, Sozialisten und arme Ästheten auszugrenzen, die angeblich heimlich die Regierung kontrollieren, was kein Mensch ernsthaft glaubt. Karl Kraus schrieb einst: «Wer etwas zu sagen hat, trete vor und schweige!»[15] Der Lärm und die Wut, die von der im Aufschwung begriffenen reaktionären Rechten in den Vereinigten Staaten ausgehen, übertönen einen Aspekt ihres Denkens, der sie lautlos am stärksten charakterisiert: ihr Glaube an die Unantastbarkeit des Lebens als Ertrag. Sie mögen nicht damit einverstanden sein, wie jemand sein Geld verdient, aber sie werden sein Recht, dies zu tun, bis zum bitteren Ende verteidigen.

Erstmals veröffentlicht als «Progress as Regression», in: *e-flux journal*, 22, Januar–Februar 2011, http://worker01.e-flux.com/pdf/article_207.pdf. Wiederabdruck mit freundlicher Genehmigung.

[1] Astroturf ist der Markenname für Kunststoffrasen. Im politischen Kontext bezeichnet man damit eine Organisation, die sich den Anschein gibt, eine Basisorganisation («grassroots») zu sein, obwohl sie in Tat und Wahrheit finanziell ganz von institutionellen oder kommerziellen Interessen abhängig ist.

[2] Man sollte das Unerwünschte nicht mit dem Ungewollten verwechseln. Wenn etwas unerwünscht ist, schwingt in ihm ein Gefühl für das Fremde in mir selbst mit. Oder anders ausgedrückt: Das Unerwünschte erinnert uns daran, dass das, was fremd ist, tatsächlich das fehlende Stück im unvollständigen Puzzle des Selbst sein könnte. Deshalb ist es so verführerisch. Oder nochmals anders ausgedrückt: Unerwünschtheit ist das Lustprinzip der Kunst.

[3] Für einen Bericht über den Fall Wojnarowicz, siehe Frank Rich, «Gay Bashing at the Smithsonian», in: *The New York Times*, 12. Dezember, 2010.

[4] Aus einem persönlichen Gespräch mit Gregg Bordowitz.

[5] Siehe Nin-Hai Tseng, «Will the Fed be able to survive Ron Paul?», in: *Fortune magazine* online, 14. Dezember 2010. http://finance.fortune.cnn.com/2010/12/14/congressman-ron-paul-end-the-fed/.

[6] Siehe Jill Lepore, «Tea and Sympathy», in: *The New Yorker*, 3. Mai 2010, http://www.newyorker.com/reporting/2010/05/03/100503fa_fact_lepore.

[7] Siehe Gordon S. Wood, *The Radicalism of the American Revolution*, New York: Vintage Books, 1993.

[8] *Sarah Palin's Alaska*, http://www.tlc.com/tv-shows/sarah-palins-alaska.

[9] Theodor W. Adorno, *Negative Dialektik*, Frankfurt am Main: Suhrkamp, 1966, S. 156.

[10] Siehe Robert Hullot-Kentor, «Origin Is the Goal», in: *Things Beyond Resemblance: Collected Essays on Theodor W. Adorno*, New York: Columbia University Press, 2006, S. 1–22.

[11] Siehe http://www.youtube.com/watch?v=bEZB4taSEoA.

[12] Siehe James Moore, Wayne Slater, *The Architect. Karl Rove and the Dream of Absolute Power*, New York: Three Rivers Press, 2007.

[13] Siehe David Bromwich, «The Fastidious President», in: *London Review of Books*, 18. November 2010.

[14] Ebd.

[15] Karl Kraus, «In dieser grossen Zeit», in: *Die Fackel*, Nr. 404, 5. Dezember 1914.

Ein gesetzloses Unterfangen

Es gibt einen taoistischen Spruch, demzufolge das, was gelehrt werden kann, nicht wert sei, gelernt zu werden. Das ist ein ernüchternder Gedanke, der vielleicht sogar etwas grausam anmutet – wie jede Einsicht, die wahr klingt. Ich verstehe den Satz nicht so, dass man nicht auf andere hören soll. In philosophischer Hinsicht sind Taoisten Realisten: Sie wollen die Dinge sehen, wie sie in der Welt sind. Und die Realität ist, dass die Menschen, nur weil man ihnen nicht mehr zuhört, nicht aufhören zu reden – mit uns, zu uns, darüber, was wie wann für wen zu tun ist und so weiter.

Wenn es selbstverständlich ist, dass die Menschen immer etwas zu unseren Angelegenheiten zu sagen haben, wie verwandelt man das Geplapper in etwas, von dem man lernen kann? Für Taoisten ist die Erfahrung entscheidend. Erkenntnis ist keine Erkenntnis, solange sie sich nicht im Strom der gelebten Erfahrung konkretisiert. Die tägliche Lebenspraxis sorgt dafür, dass sich Wissen in Begriffen und Ideen kristallisiert, die unsere äusseren Handlungen prägen. Das Ziel der Erkenntnis ist Erfahrung, insofern die Erkenntnis von etwas eine materielle Voraussetzung dafür ist, wie jemand eine Person wird. Erfahrung hingegen ist insofern Ursprung der Erkenntnis, als die Realität einer Person die Grundlage bildet, auf der man entdeckt und lernt, was das Leben – von innen heraus – ausmacht.

Diese taoistische Vorstellung einer emphatischen Verknüpfung von Erkenntnis und Erfahrung gleicht dem Band, das den Künstler mit seinem Werk verbindet – das gilt zumindest für jene Künstler, die sich durch ihre Kunst selbst neu zu erschaffen suchen. Natürlich arbeiten nicht alle Künstler so; es gibt so viele Arten, Kunst zu machen, wie es Künstler gibt. Doch selbst wenn das zutrifft – in Wahrheit neigen doch alle Künstler zur selben Grundannahme: Künstler machen Kunst und nicht umgekehrt. Künstler machen Kunst, um uns etwas sagen: über sich selbst zum Beispiel oder über andere oder über Dinge, die wichtig und nützlich zu wissen sind, über die Geschichte oder die Szene, zu der sie gehören möchten, und ganz sicher darüber, was wert ist, als Kunst zu gelten. Solche Werke sind blitzartig erfassbar, weil ihre Form bloss eine Schaufensterpuppe für dieses Etwas ist, das die Form umhüllt wie ein Kleid, das verkauft werden soll und darauf wartet, beachtet zu werden. Es kommt vor allem auf diesen Moment des Erfassens an, als ob der Wert des Werkes auf der Erkenntnis beruhte, welcher Vorteil und Gewinn aus dem zu ziehen ist, was der Künstler sagen will. Das ist die Kunst der Werbung.

Was geschieht, wenn es das Machen ist, das den Macher leitet? Was, wenn die Kunst den Künstler macht? Wenn ich an einem Werk arbeite, gibt es manchmal einen Wendepunkt, einen Moment, in dem sich die gedanklichen und sinnlichen Materialien auf eine Art verbinden, dass die Komposition sich meinen ursprünglichen Gestaltungsversuchen zu widersetzen beginnt und gegen meinen Willen ihren eigenen Sinn dafür entwickelt, was getan werden muss, damit sie zu sich selbst findet. Dies geschieht nicht immer. Doch wenn es geschieht, bin ich erleichtert, weil es bedeutet, dass die Minuten, Tage oder Jahre, die ich bis dahin gearbeitet habe, die Mühe wert waren. Aber es schwingt auch Verzweiflung mit, weil die anfängliche Vorstellung, die ich von dem Werk hatte, für seine weitere Entwicklung nicht mehr bestimmend ist. Ich bin nicht mehr der erste Beweger des Werkes. Meine Anweisungen werden nicht mehr befolgt. Jenseits dieses Punktes gibt es kein Zurück. Diesen Punkt gilt es zu erreichen.

Das klingt nur übernatürlich. Robert Bresson sagte einmal, «das Übernatürliche» sei «das präzis wiedergegebene Reale».[1] Was wiedergegeben wird, ist nicht ein Bild oder eine Idee, sondern ein Prozess, der im Werk einen Eindruck von Autonomie entstehen lässt, als hätte das Werk genauso viel wie sein Urheber dazu zu sagen, was wie zu tun ist. Wenn es den Konturen dieser inneren

Logik folgt, nimmt das Werk eine unheimliche Qualität an, die davon herrührt, dass es der Erfahrung von etwas entspringt, das sich seiner Selbstwerdung bewusst wird.

Im Kern ist dieses Konzept der Genese eines Kunstwerks von einem Kunstbegriff geprägt, der den Ursprung der Kunst in der historischen Idee der Natur selbst sieht. Im Abendland war es der Vorsokratiker Empedokles, der als Erster eine explizite Verbindung zwischen Kunst und Natur herstellte. Empedokles zufolge wurden die Menschen durch Vermischung der vier Elemente geschaffen, ganz ähnlich wie ein Künstler beim Malen eines Bildes Farben mischt.[2] Seither hat sich die Kunst immer an der Natur orientiert, nicht nur, indem sie diese in Bildern und Objekten nachbildete, sondern auch in der Spiegelung ihrer Kraft, leblose Materie zu lebendigen Formen zu erwecken. Die Kunst eignet sich die schöpferische Kraft der Natur an, indem sie deren lebenserzeugende Prozesse nachahmt.

Für Empedokles war das Leben göttlich, weil die Natur von Göttern beherrscht war. Die Kunst war es gewohnt, die Wirklichkeiten des Lebens als Ausdruck des Göttlichen zu verehren. Heute ist das Leben alles andere als dies, obwohl es von Menschen beherrscht wird, die glauben, sie hätten die Macht von den Göttern geerbt. Das Gesetz der Natur dient offensichtlich nur einem Prozent der Wirklichkeit und schützt auch nur dieses eine Prozent.

Dagegen richtet sich die Kunst: Sie lebt dadurch, dass sie den Prozess verinnerlicht, der den Rest der Wirklichkeit zum Ausdruck bringt. Die Kunst, die das kompositorische Ringen zwischen dem, was der Künstler will, und dem, was das Material sein will, als Grundlage und Prinzip ästhetischer Entwicklung nutzt, schlägt einen anderen Weg ein. Im Lauf der Zeit verwandelt diese innere Spannung sowohl den Geist des Künstlers wie auch die zuhandene Materie; sie stösst und zieht das Werk, so dass es etwas wird, das weder ganz gewollt noch ganz zufällig ist. Und dennoch wird das Werk genau dadurch, dass es anders herauskommt als geplant, zu etwas Grösserem. Es bringt eine Wirklichkeit zum Ausdruck, die realer ist, als eine Darstellung je sein könnte, weil es die unversöhnliche Spannung verkörpert, die heute das Leben selbst antreibt. Dieser Geist der Unversöhnlichkeit ist das Telos der künstlerischen Form.

Zur Veranschaulichung: Allein dadurch, dass sie leben, sind die Menschen leicht, aber deutlich erkennbar elektrisch geladen. Pflanzen, Tiere und alle Lebewesen erzeugen Bioelektrizität, um metabolische Energie zu speichern. Menschen erzeugen relativ wenig Bioelektrizität im Vergleich, sagen wir, zum Zitteraal. Das ist jedoch nicht immer der Fall. Vor einigen Jahren fanden Wissenschaftler heraus, dass manche Menschen mehr Elektrizität erzeugen als andere, und wieder andere bei Stress und anderen starken Gefühlen noch mehr Elektrizität erzeugen. In beiden Fällen war das elektromagnetische Feld um diese Menschen herum stark genug, um elektronische Geräte in ihrer Nähe zu stören. Mobiltelefone hatten keinen Empfang mehr. Laptops liessen sich nicht starten. Taschenrechner streikten beim Subtrahieren oder Dividieren. Nichts um diese Menschen herum funktionierte mehr. Sie waren lebendige Formen zivilen Ungehorsams.

Genauso ist die Kunst. Sie erscheint dort, wo sich etwas anfühlt, als bestünde im Kern seines Wesens ein gründliches Missverständnis, als wäre es auf den falschen Gebrauch hin angelegt oder mit einer falschen Vorstellung darüber, was es zu leisten vermag, hergestellt worden, oder einfach unter völlig falschen Annahmen darüber, was es heisst, in der Welt in vollem Umfang zu funktionieren. Ein Werk funktioniert, wenn es überhaupt nicht funktioniert. Indem es keinem Gesetz irgendeines Systems oder einer Autorität ausserhalb seines eigenen Schaffensprozesses gehorcht, bringt es nachdrücklich sein Recht zum Ausdruck, für sich selbst und in sich selbst zu existieren. Und es stellt – allein durch seine Existenz – die Herrschaft jenes Gesetzes in Frage, das alles an den Schein des Gemeinwohls knüpft. Kunst ist ein gesetzloses Unterfangen.

Aber kein Künstler arbeitet ohne Gesetze. Die Freiheit, die der Künstler beim Schaffen ausübt, beruht auf der Idee, dass das Gesetz keine äussere Regel, sondern eine innere Neigung ist. Wie das Naturgesetz im Gegensatz zum Anti-Littering-Gesetz. Künstler folgen ihrer eigenen Intuition als dem Recht auf künstlerische Freiheit, das sie sich dem Gesetz ihres inneren Wesens gehorchend gewähren. Cézanne mag dies im Sinn gehabt haben, als er sagte, dass das Ideal irdischen Glücks darin bestehe, «eine schöne Formel (zu) haben».[3]

Man kann die These aufstellen, dass die Geschichte des abendländischen Denkens sich um die eine Frage dreht: Welchem Gesetz soll man folgen? Platon zum Beispiel glaubte an die Macht des menschlichen Gesetzes, das gesellschaftliche und politische Leben zu gestalten. Doch er räumte ein, dass das Gesetz der Natur aufgrund seines göttlichen Ursprungs verbindlicher sei. Thomas von Aquin griff die von Platon begründete – und später von Aristoteles erweiterte – Metaphysik auf und machte sie zur Grundlage seiner Abhandlung über Wesen und Struktur des christlichen Rechts im Mittelalter. Ende des 18. Jahrhunderts erneuerte Hegel diese Tradition – und stellte sie in seinem einer gotischen Kathedrale vergleichbaren System der Philosophie zugleich auf den Kopf, indem er die Vernunft als universalen Geist begriff, der in gleicher Weise über Menschen wie über Nationen herrscht. In jeder Philosophie oder politischen Theorie ist das Gesetz – als dasjenige, was die Menschen an eine umfassendere Ordnung bindet – stets selbst an die Gnade und Autorität einer höheren Macht gebunden. Carl Schmitt verdeutlichte diese Verwicklung im 20. Jahrhundert, indem er aufzeigte, dass alle modernen Rechtstheorien – ungeachtet des Fortschritts, der die Neuzeit kennzeichnet, ungeachtet der Trennung von Kirche und Staat – ihre Begründung aus säkularisierten theologischen Konzepten ableiten.[4]

Die Natur oder Gott bringt die Menschen nicht dazu, dem Gesetz zu gehorchen – dieser Aufgabe ist normalerweise nur die

Gewalt gewachsen. Man braucht nur zu schauen, was sich im Herbst 2011 in New York, Los Angeles, Dallas, Portland, Chicago, Atlanta, Ägypten, Syrien, im Jemen und so weiter abgespielt hat – auf Universitätsgeländen, Strassen, Brücken, in Parks und anderswo. Die Polizei hält die Ordnung aufrecht, indem sie Chaos stiftet. Die unveräusserlichen Rechte der Rede- und Versammlungsfreiheit werden im Namen des Staates aufgehoben. Ein Nachhall der Zeiten erklingt in Liedern, die nach Veränderung rufen, und das Gesetz antwortet, indem es das immer gleiche Alte wiederherstellt.

Der Staat bleibt, indem er mit nackter Gewalt reagiert, dem Leben dicht auf den Fersen. Sinn und Zweck politischer Gewaltanwendung ist die Restauration einer Vergangenheit, die nicht mehr dem tatsächlichen Leben entspricht. Gewalt führt neues Recht ein, um die Ordnung gegen den Ruf nach Veränderung durchzusetzen. Doch darin lauert ein Paradoxon: Das Neue ist im Grunde das Alte. Im koerzitiven Handeln des Staates wird Recht laufend neues Recht. Um seine Macht aufrechtzuerhalten, muss der Staat zugleich rechtmässig und gewalttätig handeln, Hort des alten und Quelle des neuen Rechts sein. Gefangen in der Dynamik, sich selbst zu erhalten und zu erneuern, offenbart der Staat seine eigene spezifische Natur: den Zwang, diesen traumatischen Zyklus von legislativen Akten und Gewaltanwendung zu wiederholen und sich an eine Kontinuität zu klammern, deren Autorität sich einzig durch die Vergangenheit rechtfertigen lässt. Das Gesetz stellt die Grenze dar, die das, was durch die souveräne Vergangenheit legitimierbar ist, von dem trennt, was den Inhalt einer gerechteren Zukunft ausmachen könnte. Deshalb dürfen politische Bewegungen, die neue und substanzielle Forderungen nach mehr Gerechtigkeit, Freiheit und Gleichheit stellen, keine Angst davor haben, ungesetzlich zu handeln. Andernfalls würden sie dem untreu werden, was sie ursprünglich zum Handeln inspirierte: der Glaube an eine Zukunft, in der bestehendes Recht seine Rechtskraft verloren hat.

Verbrechen werden täglich begangen, viele davon von Bankern während der normalen Geschäftszeiten. Doch selbst Kriminelle folgen dem Gesetz, dass ihnen die Natur ihr Eigeninteresse diktiert. Jeder, der einmal verhaftet wurde, kann bezeugen, dass ein Verbrechen unvernünftig (unreasonable) sein kann, aber niemals ohne Grund (without reason) geschieht. Was Legionen von Moralisten, Philosophen und Gesetzgebern seit Thomas von Aquin am meisten fürchten, ist die Tatsache, dass das, was einen Menschen in die Kriminalität führt, verbindlicher ist, als das Gesetz, das ihn dem Staat, dem Gemeinwohl oder Gott verpflichtet. Das Verbrechen verdankt seine Faszination zum Teil dem Gedanken, dass man rechtmässig leben kann, indem man seinen wirklichen Bedürfnissen und Wünschen folgt, ungeachtet der Herrschaft einer äusseren Autorität, die erklärt, was man haben sollte und bleiben muss. Indem man sich von seinen Impulsen leiten lässt und sie durch Erkenntnis und Erfahrung unterstützt und fördert, transformiert man seine Bedürfnisse und Wünsche in ein Gesetz, das uns von innen her bestimmt. Was beim Begehen eines Verbrechens vielleicht am meisten Befriedigung verschafft, ist das Gefühl, dass man dabei einem höheren Gesetz folgt. In einem gewissen Sinn ist Autonomie genau dies: Selbstbestimmung. Und deshalb sind Verbrecher so faszinierend: Sie sind Chiffren der Unabhängigkeit. Doch ist das Selbst, das sich selbst bestimmt, unter Umständen gar kein Selbst, sondern die Macht einer inneren, zwangsgesteuerten Natur. Wer kennt nicht aus eigener Erfahrung das Fehlen jeglicher Freiheit, wenn man von Leidenschaften und Trieben beherrscht ist? Man hat das Gefühl, die Kontrolle verloren zu haben, es fehlt der Wille, den Lauf des eigenen Lebens zu bestimmen, als hätte sich das eigene Selbst von einem abgespalten und verabschiedet. Und doch: Ist diese Unfreiheit nicht immer auch mit einer seltsamen Lust verbunden, als ob es uns insgeheim am liebsten wäre, dass man uns sagt, was wir zu tun haben?

Ein Leben ohne Gesetz geniesst nicht die Gnade der Autorität. Aber echte Gesetzlosigkeit würde darauf hinauslaufen, sowohl die Vorschriften des äusseren Gesetzes als auch unser inneres Gesetz zu missachten. Die vielleicht paradoxeste und zugleich stringenteste Darstellung dessen, was es heisst, gegen jedes Gesetz zu leben, stammt pikanterweise von Paulus, dem grossen Begründer des institutionellen Christentums. In seinem Brief an die Römer verbindet er den Begriff des Gesetzes im Allgemeinen mit Sünde und Verderben und weist darauf hin, dass der Tod vor allem durch das Gesetz lebt.

> Was wollen wir denn nun sagen? Ist das Gesetz Sünde? Das sei ferne! Aber die Sünde erkannte ich nicht ausser durchs Gesetz. Denn ich wusste nicht von der Begierde, wenn das Gesetz nicht hätte gesagt: «Du sollst nicht begehren!» Die Sünde aber nahm das Gebot zum Anlass und erregte in mir Begierden aller Art; denn ohne das Gesetz war die Sünde tot. Ich lebte einst ohne Gesetz; als aber das Gebot kam, wurde die Sünde lebendig, ich aber starb.[5]

Was Paulus beschreibt, ist kein buchstäblicher Tod. Ich denke, er sagt, dass das Gesetz nicht nur reguliert und befiehlt, sondern auch erregt und reizt, und wie dieses Reizen ein Abtöten bewirkt. Aber es ist nicht dieses Abtöten, das einen stumm und leblos macht. Vielmehr belastet die Macht des Gesetzes denjenigen, der es befolgt, so sehr, dass die Angst das wache Leben dieses Menschen ergreift und seine Erfahrung in der Welt beherrscht und ihn in eine Art versteinerter Unruhe treibt. Es wäre vielleicht genauer, zu sagen, dass das, was hier geschieht, ein Nicht-Abtöten ist – als würde man in einen Zombie oder andere Varianten eines lebendigen Toten verwandelt. Aus diesem Blickwinkel betrachtet ist der Tod das durch Macht paralysierte Leben, und die Sünde wird zur Unfähigkeit des Lebens, lebendiger zu werden durch den einzigen Prozess, der mehr Leben möglich macht: Veränderung.

Das Gesetz, so Paulus, macht das Leben unlebbar, indem es ihm eine manische Dimension einflösst, die unser Potenzial zur inneren Entwicklung stört, für die das Leben – aufgrund des ihm eigenen Wiederholungszwangs, dem Gesetz zu folgen und es zu erfüllen – zu sehr gefangen (oder gefesselt) ist.

Paulus irrt natürlich. Heute leben viele Leute in versteinerter Unruhe und geniessen dennoch ein erfülltes und produktives Leben. Viele Künstler folgen manisch dem Gesetz ihres inneren Zwanges, unzählige Werke zu schaffen, und engagieren viele andere, um dasselbe zu tun, alles im Namen der künstlerischen Freiheit. Das ist ihr gutes Recht, vielleicht sogar ihre Natur. Die Werke, die sie hervorbringen, sind insofern Kunst, als sie von Künstlern geschaffen werden. Doch ihre materielle Präsenz bewirkt kaum mehr als das Gefühl, dass das, was sich vor uns zur Form verfestigt hat, sozusagen genau nach Vorschrift entstanden ist: Ausdrucksformen, die – mehr als alles andere – eine manische Energie verkörpern und aus der Angst und Sorge heraus entstanden sind, ein durch und durch gesetzestreues Subjekt zu sein.

Ich habe diesen Text zu schreiben begonnen mit einem, wie ich meinte, Bild der Gesetzlosigkeit im Kopf. Dabei hatte ich jedoch keines der zahllosen Bilder von Protesten und Revolten vor Augen, obwohl dies gut hätte sein können. Weder Che noch Outlaw Josey Wales. Nicht der ganz späte Matisse und auch kein Film von Chris Marker, obwohl das alles gepasst hätte. Ich dachte an einen kürzlich erlebten Moment, einen Blick auf drei Berge, mit der Sonne, die matt hinter dramatisch langsam dahinziehenden Wolken schien, aber wenn ich es mir recht überlege, war es das auch nicht. Das Bild ist weg, und mit ihm sind die Umrisse des Gedankens verschwunden, der mich hierher führte. Aber das Hier ist nicht so verschieden von dem Dort, wo ich begann, abgesehen vom Erscheinungsbild dieser Worte, der Zeit, die ich damit zubrachte, sie niederzuschreiben, und dem, was noch zu sagen und zu tun bleibt, jetzt, nachdem diese Worte an ihr Ende gelangt sind.

Erstmals veröffentlicht als «A Lawless Proposition», in: *e-flux journal*, 30, Dezember 2011, http://worker01.e-flux.com/pdf/article_8943850.pdf. Wiederabdruck mit freundlicher Genehmigung.

[1] Zitiert in: Régis Debray, *God: An Itinerary*, übers. von Jeffrey Mehlman, London: Verso, 2004, S. 3.

[2] Empedokles fr. 23 Diels/Kranz, in: *Die Fragmente der Vorsokratiker*, Berlin: Weidmannsche Buchhandlung, 1903, S. 191.

[3] Zitiert nach: Bertram Schmidt, *Cézannes Lehre*, Kiel: Verlag Ludwig, 2004, S. 117.

[4] Siehe Carl Schmitt: *Politische Theologie. Vier Kapitel zur Lehre von der Souveränität*, Berlin: Duncker & Humblot, 2009.

[5] Röm 7,7–10a, zitiert nach der Übersetzung Martin Luthers, revidierte Fassung von 1984.

Über Kunst und die 99 Prozent

Es ist zweifellos wichtig, darüber nachzudenken, wie die Kunst zum Ausdruck bringt, wofür es sich heute zu leben lohnt. Deshalb nahm ich die Einladung zu dieser Debatte an. Aber um ehrlich zu sein, das ist nicht der wahre Grund.

Ich bin heute Abend hier, weil mir die Sponsoren dieser Veranstaltung angeboten haben, mir den Flug nach Hause zu bezahlen. *Sogar Business Class.* Beinfreiheit und Gratis-Champagner sind fast zu luxuriös für jemand wie mich, der – von Natur aus oder durch Erziehung – eher spartanischen Komfort bevorzugt. Doch will ich mich nicht beklagen, denn hier zu sein, mit Ihnen, ist für mich ein Grund, nach Hause zu kommen. Ich lebe in New York. Aber auf die Welt gekommen und aufgewachsen bin ich in Hongkong.

Zu Hause zu sein, heisst nicht unbedingt, dass man sich zu Hause fühlt. Seit Jahren war ich nicht mehr hier, und in vielerlei Hinsicht bin ich in meiner Heimatstadt ein Fremder. Das Interessante am Begriff «zu Hause» ist, dass damit ebenso ein besonderer Ort im eigenen Leben wie auch ein Gefühl verknüpft ist. Es ist das Gefühl, mit einem Ort in Einklang zu sein, der weitgehend verkörpert, wer wir sind und wer wir sein wollen. Mit anderen Worten, unser Zuhause ist dort, wo wir glauben hinzugehören. Soviel ich weiss, hat man dem grossen deutschen Philosophen Hegel nie nachgesagt, ein emotionaler Mensch zu sein. Doch selbst er beruft sich bei der Beschreibung eines seiner Schlüsselbegriffe, der Versöhnung, auf dieses Gefühl. Es ist extrem schwierig, diesen Begriff auf den Punkt zu bringen, aber relativ einfach, ihn zu beschreiben. Versöhnung ist der mit dem entsprechenden Gefühl verbundene Zustand des In-der-Welt-zu-Hause-Seins.

Aber – wie fühlt es sich an, wenn man sich nicht zu Hause fühlt? Ich würde meinen, es geht um das Gefühl des Ausgeschlossen-Seins – des Nicht-Dazugehörens. Letzten September brachen in

meiner anderen Heimatstadt, New York City, die Demonstrationen der *Occupy Wall Street*-Bewegung aus, die zum Ausdruck
brachten, wie eine grosse Mehrheit der Amerikaner – um genau
zu sein: 99 Prozent – systematisch von den Mitteln und Wegen
ausgeschlossen ist, die es den Amerikanern früher ermöglichten, sich optimal zu entfalten: wirtschaftlich, politisch, sozial.
Die Menschen wurden arbeitslos, verloren ihr Zuhause und
blieben von den Möglichkeiten ausgeschlossen, die das Leben
heute wirklich lebenswert machen. Destruktive Formen sozialer
Ungleichheit verhindern, dass man sich in der Welt zu Hause
fühlt. Und die rasante globale Ausbreitung der *Occupy*-Proteste
zeigt das weltweite Ausmass sozialer Ungerechtigkeit.

Eigentlich hat das Diskussionsthema heute Abend gar nichts
mit Kunst zu tun, denn Kunst ist etwas, das von jemandem
wie mir – einem Künstler – gemacht und thematisiert wird.
Vielmehr ist der Ausgangspunkt der Diskussion die Idee, dass
Kunst dann Kunst ist, wenn sie an Kunstmessen wie dieser präsentiert, von Händlern verkauft oder von Sammlern gekauft, in
Zeitschriften besprochen oder von Museen ausgestellt wird und
dadurch einen Ehrenplatz erhält. Mit anderen Worten, es geht
um eine Vorstellung von Kunst, die die Erfahrung unterschiedlicher gesellschaftlicher Beziehungen zum Ausdruck bringt und
reflektiert – Beziehungen, die von sozialer Ungerechtigkeit und
dem damit verbundenen Leiden scheinbar unberührt sind und
die in Wirklichkeit vielleicht sogar indirekt nur deshalb gedei-
hen, weil es diese Ungerechtigkeit gibt.

Marcel Duchamp war für seine Aussage berühmt, dass der
Betrachter genauso viel dazu zu sagen hat, was ein Kunstwerk
bedeutet, wie der Künstler, der es gemacht hat. Für Duchamp
ist Kunst gesellschaftlich definiert. Und es ist die Gesellschaft,
die letztlich bestimmt, wie Kunst auf uns wirkt und sich auf
unser Leben bezieht. Nun also eine einfache Frage: Wie sieht
Kunst heute aus, gesellschaftlich betrachtet? Für mich scheint es
ziemlich klar: Sie wirkt luxuriös.

Macht Kunst Schlagzeilen, dann gewöhnlich wegen der gigantischen Geldsummen, die sie bei Auktionen erzielt. Ist Kunst ein Ereignis, dann gewöhnlich an Messen wie dieser, oder an jener vor einigen Wochen in New York oder jener in Basel, die in wenigen Wochen ihre Tore öffnet. Bringt Kunst Menschen zusammen, dann durch glamourös choreographierte Dinners, Partys und Galas, zu denen Sie nicht eingeladen werden. Vielleicht ist dies alles zu anekdotisch. Erlauben Sie mir also, einen ganz konkreten Beweis vorzulegen: Ich bin Business Class geflogen. Ich kann es mit Bildern belegen. Ich bin seit etwa sechshundert Jahren nicht mehr Business Class geflogen.

Was immer Kunst heute ist, ihre Geltung – das heisst das Interesse, das sie in der Öffentlichkeit weckt – verdankt sie anscheinend vorwiegend der Tatsache, dass sie zum Ausdruck bringt, was das gute Leben ausmacht, oder was als das Leben des einen Prozents bekannt ist. Um kein Missverständnis aufkommen zu lassen: Ich habe nichts gegen das gute Leben. Ich finde, jeder verdient teuren Champagner, erholsame Ferien, an wunderbaren Orten zu wohnen und die Möglichkeit, sich in zeitgenössischer Kunst zu Hause zu fühlen, indem er am Glamour und am Spektakel der Gesellschaftsschichten teilhat, die die Kunst am meisten schätzen. Dieses Leben ist gut, weil es mehr ist als blosses Überleben – dies ist vielleicht eine genauere Bezeichnung dafür, was es heisst, zu den 99 Prozent zu gehören: Mahlzeit um Mahlzeit, Tag um Tag, Zahltag um Zahltag.

Wenn Kunst die 99 Prozent ausschliesst, dann wohl deshalb, weil es Zeit und Energie braucht, um sie in sein Leben einzubeziehen, ganz zu schweigen vom Geld, das man braucht, um sich der Kunst auf eine Weise zu widmen, die von Bedeutung wäre. In Tat und Wahrheit sind die 99 Prozent voll damit beschäftigt, sich über Wasser oder am Leben zu halten, und dies weltweit unter ökonomischen Bedingungen, die seit Menschengedenken nie trostloser und unsicherer waren. Jeder, der eine Arbeitsstelle hat oder zwei, der vierzig, fünfzig oder sechzig Stunden in der

Woche arbeitet oder kürzlich seinen Job verloren hat, der Kinder ernähren oder für Eltern sorgen muss, der Schulden anhäuft, keine Arbeit hat oder sogar obdachlos ist, kann Ihnen davon erzählen. Wahrscheinlich besser als ich.

Denn die Erfahrung ist die beste Lehrmeisterin. Durch Erfahrung gewonnene Erkenntnis ermöglicht uns ein Denken, für das Fakten und Zahlen tatsächlich so abstrakt und langweilig sind, wie sie uns vorkommen. Bis jetzt hab ich darüber gesprochen, wie die Dinge mir erscheinen und wie ich die Situation verstehe. Nun möchte ich Ihnen noch sagen, was ich aufgrund meiner Erfahrung als Künstler für wahr halte. Die These, die heute Abend diskutiert wird – dass zeitgenössische Kunst die 99 Prozent ausschliesst –, geht nicht weit genug, weil sie nicht sagt, welche zeitgenössische Kunst gemeint ist. Ich will diese These so umformulieren, dass sie eine differenzierte und genaue Wirklichkeit der Kunst widerspiegelt, denn nur mittelmässige zeitgenössische Kunst schliesst 99 Prozent der Menschen aus. Grosse zeitgenössische Kunst schliesst 100 Prozent aus.

Dies, jetzt, hier, überall ist nicht die beste aller möglichen Welten. Künstler machen Kunst, weil der gegenwärtige Stand der Dinge einfach nicht gut oder interessant genug ist. Indem die Kunst immer wieder neue mögliche Ausdrucksformen durchspielt, hält sie das Gefühl wach, dass man die Dinge auch besser anpacken könnte. Und je ehrgeiziger die Kunst ist, desto schonungsloser und kaltschnäuziger ist sie gegenüber allem, was zu dieser traurigen Ausrede von einer Welt gehört. Deshalb wirken die grössten Werke wie nicht von dieser Welt, auch wenn sie so einfach und bodenständig daherkommen mögen wie ein Bild von Äpfeln auf einem Holztisch oder ein Theaterstück, in dem zwei Männer auf jemanden warten, der nie kommt, oder der Klang der Stille, die genau vier Minuten und dreiunddreissig Sekunden dauert.

Sie bestehen aus Dingen, die uns allen vertraut sind, aber sie sind so gemacht, dass sie völlig anderen Regeln folgen – wenn sie denn überhaupt Regeln folgen. Deshalb fühlen sie sich so an, als seien sie von einer anderen Welt: Wahre Freiheit fühlt sich zunächst immer fremd an und ist schwer verständlich.

Am meisten bewundere ich jene Kunst, die ich am wenigsten verstehe und auch nicht verstehen werde. Sie zeigt kompromiss-los, dass eine andere Welt möglich ist und dass weder die Welt, mit der sich die 99 Prozent herumplagen, noch diejenige, die das eine Prozent geniesst, gut genug ist, um sich damit zufrie-denzugeben. Ich möchte klar festhalten: Ich habe nichts gegen diese Welt. Sie ist ganz angenehm. Ich bin glücklich, hierher zu gehören und an praktisch allem teilzuhaben, solange es nichts mit Sitzungen oder mit der Polizei zu tun hat. Dies ist mein Zuhause. Aber es ist es auch nicht. Nicht einmal annähernd.

Erstmals vorgetragen am 8. Mai 2012 an der Intelligence Squared Asia Debate, die gleichzeitig mit der Eröffnung der Hong Kong Art Fair stattfand. Titel und Thema der Veranstaltung war: «Zeitgenössische Kunst schliesst 99 Prozent aus». Chan verteidigte die These, der Künstler Joseph Kosuth und die Direktorin des Museum of Contemporary Art, Sydney, Elizabeth Ann Macgregor, argumentierten dagegen.

39 Sentenzen

Kunst tritt immer gesellschaftlich in Erscheinung.

Kunst partizipiert an der Welt – als Mittel der Umgestaltung.

Jedes Kunstwerk ist gesellschaftlich bestimmt, allerdings mehr durch das, was es antizipiert, als dadurch, was es ist. Vor allem am Vorabend von Revolutionen.

Vom Haufen zum Ganzen – so das gesellschaftliche Versprechen der Kunst.

Was der Kunst Qualität verleiht, ist die Kraft ihres nicht urteilenden Urteils.

Kunst vergeistigt sich, wenn das Geschaffene realer ist als die Realität.

Jene, die das Geschaffene missverstehen, schlechtmachen oder ignorieren, wirken ebenfalls an seiner Entstehung mit.

Nur was nicht zu dieser Welt gehört, ist wert, geschaffen zu werden.

Ein Ding ist ein Netz von Beziehungen im Stillstand.

Ein Kunstwerk ist eine Form von Beziehung als Moment und Prozess.

Kunst neigt zur Weltlosigkeit, denn sie ist mehr und weniger als ein Ding.

Ausdruck ist Engagement als Einmischung.

Politik ist der Tauschwert der Kunst.

Die nützlichste Kunst ist Werbung.

Die nutzloseste politische Tätigkeit ist Werbung.

In der Praxis besteht die Kunst der Politik darin, andere einzuspannen, bevor man selbst eingespannt wird.

Wer in der Kunst von Politik besessen ist, gibt die Gesellschaft auf. Die Revolution ohne Volk. Eine Bewegung ohne Mitglieder. Eine Gemeinschaft ohne Gemeinschaft.

Kunst als Lösung eines politischen Konflikts ist eine Krankheit, die sich als Arznei anbietet.

Künstlerischer Egoismus ist am schlimmsten, wenn er sich als ästhetischer Altruismus verkleidet.

Man muss die Politik kennen, um sie verhindern zu können.

Geschwindigkeit und Geheimnis kompensieren den Mangel an Materialien und Ressourcen.

Willst du unbedingt etwas zustande bringen, lass es niemanden merken, bevor es fertig ist.

Es gibt nichts Praktisches an der Praxis.

Kritik ist farbloser Kitsch.

Die List der Kunst liegt darin, wie sie die Unversöhnlichkeit von allem sichtbar macht, ohne zum Mythos oder Nihilismus Zuflucht zu nehmen.

Kunst, zur Vollendung gebracht, ist in ihrer Natur ideologisch.

ÄSTHETIK UND POLITIK

Was als engagierte Kunst gilt, ist oft nur Ehrgeiz, der sich
als Erlösung ausgibt.

Wird Kunst als Beweis gesellschaftlicher Wahrheiten
präsentiert, macht sie meist alles falsch.

Nur Aussenseiter bringen neue Ideen hervor.

Hoffnung in der Kunst kaschiert oft nur Verzweiflung.

Politische Ästhetik spaltet die Gegner, um Zeit zu gewinnen.

Soziales Engagement setzt eine Solidargemeinschaft voraus.

Ein Publikum findet man nicht, man schafft es sich.

Je mehr eine Form die gesellschaftliche Realität nachahmt,
desto weniger Einfluss übt sie auf das Denken der Menschen
aus und desto weniger vermag sie eine praktische Wirkung
zu entfalten.

Eine Komposition ist Organisieren mit ästhetischen Mitteln.

Benutzt man Menschen als künstlerisches Material, belebt
dies die Kunst – aber auf Kosten ihres Person-Seins.

In der Kunst ist die Menschheit stets abwesend. Anwesend
ist nur der Mensch, dieser da oder jener.

Die Natur der Natur ist Gesetz als Tendenz.

Ein Kunstwerk ist ein Modell für eine neue Natur.

Erstmals veröffentlicht als «Occupy Response: 39 Sentences», in: *October*, 142, 2012, S. 40–41.
Wiederabdruck mit freundlicher Genehmigung.

Theorie

und

Praxis

Urlaub

Das Schreckgespenst der Verknappung geistert herum. Wir leben in ständiger Angst, dass uns alles ausgeht. Diese Angst ist in der Tat das wahre Kennzeichen der Moderne; sie nagt an unserer lebenswichtigen Selbstbestimmung, bis unser Geist und unsere Gestalt nur noch Haut und Knochen sind.

Wir meinen, die Knappheit sei Anzeichen des nahen Endes. Das ist auch verständlich. Ist ein Läufer erschöpft, dann gegen Ende des Wettlaufs. Reisst uns die Geduld, bedeutet das meistens das Ende der Angelegenheit. Heutzutage endet der Tag nicht mit dem Sonnenuntergang, sondern wenn Energie und Wahrnehmungsfähigkeit unseres Körpers nach dem Tagwerk aufgebraucht sind. Man kann von einem direkten Zusammenhang zwischen der Vorstellung vom Ende und unserer Entkräftung reden. Man kann sogar sagen, dass wir das kommende Ende nur am leisen Herannahen einer Entleerung erkennen, die ihm den Weg freiräumt.

Den von diesem Freiraum hinterlassenen Pfad bezeichnen einige als Geschichte. Kommt das Freiräumen zum Stehen und bricht der holprige Pfad ab, endet die Geschichte. Einige nennen dies Offenbarung.

Niemand hat die Offenbarung gesehen, auch wenn es ausgefeilte Vermutungen dazu gibt. Ist sie von Licht durchflutet? Wie steht's mit dem Essen? Niemand weiss es. Das Ende ist noch nie gekommen. Epochen und Ereignisse durchfliessen unsere Zeit und führen die Trümmer jeder Prophezeiung und jeder Katastrophe mit sich, die verheissen, uns die Natur der Dinge zu offenbaren. Doch das Ende kommt nie.

Wir wissen einzig, wie müde wir uns fühlen. Und dieses Wissen durchdringt uns mit einem Gefühl eigenartiger und versteinerter Unruhe, ähnlich der Angst vor einem erwarteten Anruf. So fühlen wir uns und wissen, das Ende naht.

Manchmal wissen wir es auch nicht. Wir gelangen durch Taten oder durch den Glauben oder durch blindes Glück ans

Ende und wissen nicht, dass wir dem Ende nah oder tatsächlich am Ende sind. Das nennt sich Kraft.

Nun muss ich euch eine Geschichte erzählen.

Eines Morgens wachte ein Mädchen auf und wusste nicht, dass es der Welt entfremdet war. Sie öffnete die Augen nach einer unruhig durchschlafenen Nacht – wenn man überhaupt von Schlaf sprechen kann – und sah, dass alles war, wie es sein sollte. Also nahm sie ein bescheidenes Frühstück zu sich, Brot und Saft.

Was sie nicht wusste, war, dass während dieser Nacht alle glücklichen Besitzer einer E-Mail-Adresse überall in der Welt eine dringende Botschaft erhalten hatten. Darin stand: «Achtung, bitte. Einige Statistiken und Messungen und ein paar längere Sitzungen führten uns zu der Erkenntnis, dass wir in der Hölle sind. Kein Grund zur Panik. Nichts wird sich ändern. Gehen Sie Ihren gewohnten Geschäften nach.» Normalerweise würde eine solche E-Mail grosse Panik auslösen. Doch weil sie die Menschen nachts erreichte, als sie müde oder entspannt waren, reagierten alle ruhig und mit einem gewissen Pragmatismus. Zuerst gaben jene, die die E-Mail erhalten hatten, die Nachricht telefonisch weiter an Leute ohne E-Mail-Konto. Diese wiederum orientierten Leute, die weder Telefon noch E-Mail hatten, indem sie ihnen eine Notiz unter der Tür durchschoben. Niemand wusste, was es hiess, in der Hölle seinen Geschäften nachzugehen. Doch die Leute meinten zuversichtlich, sie würden schon zurechtkommen.

Aus irgendeinem Grund erhielt das Mädchen weder E-Mail noch Anruf oder Notiz. (Das kommt vor!) Als sie aufwachte, hatte sie also keine Ahnung und ging ihren gewohnten Geschäften nach. Andere Leute taten dies ebenfalls, was sich aber als schwierig erwies. Der Donut-Bäcker in der Backstube brauchte zum Beispiel eine Stunde länger für seinen Schokoladenteig. Die Leute tranken Kaffee und lasen die Zeitung wie immer, doch machten sie nun alles – wie belanglos es auch war – mit einer gewissen Sorgfalt und Verwunderung. «Ist dies wirklich, was ich in der Hölle tun soll?», fragten sie sich.

Das Mädchen merkte, dass etwas anders war, als es die Strasse entlangging. Sie merkte, dass sich alle ein bisschen langsamer als sonst begrüssten und beschimpften, konnte sich aber keinen Reim darauf machen. Wie auch? Bei der Arbeit war es dasselbe. Die Leute sassen vor ihren Computern, tippten und schoben Dinge auf ihren Pulten herum. Und dennoch, wie nachdenklich sie sich den anstehenden Aufgaben widmeten! Sie staunte ob der ungeteilten Aufmerksamkeit, mit der jede noch so repetitive Arbeit erledigt wurde. Dieser Zustand der Nachdenklichkeit dauerte an. Zuerst versuchte das Mädchen sich anzupassen. Sie überlegte gründlich, wenn sie die Dinge betrachtete, und konzentrierte sich intensiv auf jede Aufgabe. Doch bald wurde sie müde und konnte nicht mehr mithalten.

Eines Tages fand das Mädchen auf einer Parkbank einen vergessenen Bleistift. In diesem Augenblick wurde ihr klar, dass sie die Last, über so viele Dinge nachdenken zu müssen, nicht länger schultern konnte. Sie nahm den Bleistift und stach sich ins linke Auge. Dann ins rechte Auge, mit demselben Stift. Mit einem Aufheulen, das sonst nur Bäume in einem verwunschenen Wald zu hören bekommen, setzte sie sich auf die Bank.

Zuerst erschrak sie. Der Schmerz und die Blindheit waren neu für sie. Doch bald fand sie sich damit ab. Und glücklich, dass ihr Zustand sie daran hinderte, länger über irgendetwas von Bedeutung nachzudenken, begann sie zu weinen.

Das Mädchen sagte sich, «falls meine Augen je heilen, werde ich es wieder tun». Ohne viel Aufhebens heilten ihre Augen in einer Woche. Also tat sie es wieder, nur dass sie dieses Mal ihren eigenen Bleistift mitbrachte. Andere taten es ihr gleich, stachen sich in die Augen und heulten auf. Sie tun es bis heute, einmal im Jahr, im Park.

Der Titel dieser Geschichte lautet Urlaub.

Erstmals veröffentlicht als «Response to a Request», in: *The Wrong Times*, 2006. Wiederabdruck mit freundlicher Genehmigung.

Judas war ein Ästhet

Verrat inspiriert mich. Wenn ein Freund zum Feind wird (oder ist es umgekehrt?) oder jemand sich gegen sein eigenes Schaffen wendet, wird das Band, das einmal so natürlich und notwendig schien, durchtrennt. Auf beiden Seiten des Schnitts eröffnet sich dadurch eine Möglichkeit zur Versöhnung ohne Gewähr, die immer schon ein Bild des Neuen ist, das heisst eigentlich ein Bild dessen, was sich wirklich zu erneuern lohnt.

Rimbaud gab die Lyrik auf, um sie mit anderen Mitteln zu erneuern. Jean-Luc Godards didaktische Wende und seine spätere Arbeit in Mosambik. Beethovens Spätstil. Philip Guston im Jahre 1970. Es gibt viele Beispiele.

Erst kürzlich hat man das Evangelium nach Judas wiederentdeckt. Darin befiehlt Jesus seinem Jünger Judas Ischariot, ihn der römischen Obrigkeit auszuliefern, damit er das heilige Mysterium erfüllen könne. Das Dokument ist deshalb so aufwühlend, weil es zeigt, dass Judas, entgegen den Berichten der anderen Evangelien, Jesus nicht verraten hat. Gerade weil Jesus Judas so sehr vertraute, wandte er sich mit seiner Bitte an ihn. Judas gehorcht Jesus und ist aus Liebe zu ihm bereit, zum Inbegriff von Verrat und Treuebruch zu werden. Genau in diesem Schnitt, der jedes seichte Verständnis von Opfer, Verrat und Liebe widerlegt, und nicht im verheissenen Geschenk des Heils, das noch überbracht werden muss, finden wir Erneuerung – in Leben und in Form.

Erstmals veröffentlicht als Reaktion ohne Titel in: *Art Review*, Juni 2007, S. 40. Wiederabdruck mit freundlicher Genehmigung.

Über das Licht als
Mitternacht und Mittag

Heute

Das elektrische Flimmern bewegter Bilder beleuchtet jeden Raum, in dem zeitgenössische Kunst gezeigt wird, jede Wand und jede Ecke. Zahllose Oberflächen sind zu leuchtenden Bildschirmen umfunktioniert worden. Selbst Gebäudefassaden dienen mittlerweile als Projektionsflächen für Videos und digitale Werke. Der Vorstoss der bewegten Bilder in die Domäne der Kunst führte zu einer Verschiebung. Dabei wurde der Begriff des Visuellen ständig neu verhandelt – ebenso wie der Begriff eines politisch Imaginären, das verzweifelt daran glaubt, die Verschmelzung von Kunst und Technologie könne auf magische Weise ein Bild des Fortschritts herbeizaubern. Ausstellungen, die heute Kunstströmungen präsentieren wollen, ohne auf einen erheblichen Anteil an bewegten Bildern – seien es Videoinstallationen oder auf Monitoren gezeigte DVDs – zu setzen, scheinen einfach nicht ganz auf der Höhe der Zeit zu sein.

Umso seltsamer ist es, dass der Stand des bewegten Bildes in der zeitgenössischen Kunst weder sehr geläufig noch sehr zeitgenössisch anmutet. 110 Jahre nach der Einführung des Films durch die Brüder Lumière und 70 Jahre nach der Geburt des Videos werden Werke, die mit bewegten Bildern arbeiten, immer noch ähnlich gestaltet wie in der Frühzeit des Films: im Bild und Geist eines Fensters. Die Flut der Bilder, die an Wänden aufscheinen und verschwinden oder von Bildschirmen ausgestrahlt werden, bleibt das Wesentliche, das mit Hilfe eines rechteckigen Rahmens zur Erscheinung wird, durch den wir das sehen, von dem wir uns vorstellen, dass wir es ausserhalb dieses Rahmens, unberührt von diesem Licht, nicht sehen könnten. Die Kunst des bewegten Bildes im 21. Jahrhundert orientiert sich nach wie vor an einem Modell des Sehens, das aus dem späten 19. Jahrhundert stammt, trotz der unzähligen Fortschritte in Technik und Philosophie des Bildes. Ein analoger Fall ist vielleicht eine andere Erfindung, die etwa zur selben Zeit unsere Wahrnehmung von Bewegung und Zeit veränderte: das Automobil. Die heutigen Autos haben etwa denselben Benzinverbrauch wie Henry Fords Modell T, das erstmals 1908 gebaut wurde. Das Auto sieht heute anders aus und fühlt sich vielleicht anders an, aber im Wesentlichen ist die Mechanik erschreckend gleich geblieben. Genauso statisch ist die Grundstruktur der Kunst des bewegten Bildes: Die Idee des Fensters – egal ob Kino , Fernseh-, Video- oder Computerfenster – bestimmt noch immer, was wir sehen und wie wir sehen. Kein Wunder, trägt die in unserem digitalen Zeitalter meistverbreitete und meistgeschmähte Computersoftware von Microsoft, die uns ermöglicht, Informationen abzurufen und zu betrachten, den Namen …

Windows

Der erste Philosoph des Fensters ist auch der erste Philosoph der Malerei: Leon Battista Alberti. Seine Schrift *De pictura* (1435) bereitete den Weg für den Aufstieg der Malerei, in deren Entwicklung auch die Hoffnungen und Ideale der Frührenaissance Verbreitung finden sollten. *De pictura* war eine Art Handbuch, in dem beschrieben wird, wie zu malen ist und wie man dabei Geometrie, Perspektive und Farbe einsetzen soll. Und weil es ein Handbuch für Maler ist, das davon handelt, wie man malt, ist es auch ein Handbuch für Betrachter, das lehrt, wie man ein Gemälde anschaut. *De pictura* zeigte zum ersten Mal, wie die Zentralperspektive die Illusion von Tiefe innerhalb des Bildrahmens erzeugen kann. Albertis Synthese von Kunst und Architektur verwandelte die Malerei in ein Fenster: Sie wurde zum neuen Fenster, das Ausblick bot auf die neue Welt, die im Zuge der Renaissance Gestalt annahm. *De pictura* veränderte die Welt nicht über Nacht: Ein Apfel war immer noch ein Apfel. Doch eine grundlegende Veränderung trat ein, die damit zu tun hatte, wie dieser Apfel angeschaut wurde. Vor Alberti, in der Zeit, die wir als Mittelalter bezeichnen, war die sichtbare Welt eine Manifestation göttlicher Macht. Die Kunst war das sinnliche Medium, das sowohl den Glanz dieser göttlichen Macht zur Darstellung brachte, als auch ihre irdische Erscheinungsform zelebrierte. Nach Alberti war ein Apfel nur noch rot und reif. Mit anderen Worten, die sichtbare Welt wurde nun mit Qualitäten für den neuen Blick der Menschen ausgestattet, die von den Fesseln einer transzendenten Ordnung befreit waren. Die Philosophie des Humanismus der Frührenaissance war die Eröffnungssalve gegen die religiöse Orthodoxie. Der Apfel wurde sozusagen *unser* Apfel. Und das Fenster half uns, dies vielleicht zum ersten Mal zu sehen.

Der Psychoanalytiker Gérard Wajcman hat die These vertreten, dass das Gemälde-Fenster die Geburt eines neuen Menschentypus ankündige: den Betrachter. Indem diese neue Spezies aus dem Fenster blickte, dann Gemälde anschaute, entwickelte sie einen neuen Geschmack an den Dingen dieser Welt. Diese neue Lust des Sehens war zugleich ein Gefallen am Beobachten, Anstarren und Erspähen. Wenn Wajcman das Gemälde als Fenster beschreibt, porträtiert er zugleich den neuen Menschen als jemanden, der Geschmack daran findet, Geheimnisse zu sehen. Die Lust des Sehens ist in Wirklichkeit eine Lust zu sehen, was nicht gesehen werden soll. So wird die Kunst in Gestalt des Gemäldes zum neuen Fenster, von dem aus wir die Welt erleben – im Geheimen.

Es ist eine wenig beachtete Errungenschaft der Renaissance, dass die Geheimhaltung zu einem positiven Wert wurde. Vor der Renaissance erleuchtete das göttliche Licht des Schöpfers jeden Teil der sichtbaren Welt, so dass die religiöse Doktrin auf jede mögliche Oberfläche geschrieben werden konnte. Es ist eine unerhörte Ironie, dass wir diese Epoche als das dunkle Zeitalter bezeichnen, denn sie war alles andere als das. Das Licht als religiöse Doktrin sorgte dafür, dass jeder Teil der Welt sichtbar wurde und so der kirchlichen Ordnung Rechenschaft schuldete. Gute

Untertanen sollten jederzeit beleuchtet sein und stets im Blick der anderen, besonders der Oberen. Dies war in Wirklichkeit die erste Überwachungsgesellschaft. Schatten gab es nicht.

Albertis Fenster und die Epoche, die seine Ideen ermöglichte, verwandelten die Dunkelheit und die Idee der Geheimhaltung in eine positive Daseinsform. Albertis Fenster erleichterte die Begegnung mit einer sichtbaren Welt, die der verlockenden Gewissheit des religiösen Dogmas widerstand – wenn es ums Lernen, Experimentieren und vor allem um Lust ging –, und verlieh so den nicht sichtbaren Teilen der Welt einen neuen Wert. Es war jener Bereich der Schatten, jenseits des verschlingenden Lichts der Gottheit, in dem Wajcmans Betrachter zur Mündigkeit heranwuchs. Das Fenster wurde zur Pforte für zwei neue Mächte: Die erste tauchte die Welt in ein neues Licht, das eine säkulare Betrachtung ermöglichte, die zweite hüllte das neue Subjekt in die schützende Dunkelheit eines Innenraums, der es ihm erlaubte, indiskret aus dem Fenster zu schauen: um zu untersuchen, zu messen, zu verehren. «Freier Wille» lautet die scholastische Bezeichnung für die Debatte über dieses neu entstandene Recht auf Geheimhaltung. Die Finsternis begann, ihre bedrohlichen Dimensionen zu verlieren, und trat in einen neuen Dialog mit dem Lebenden ein. Das Leben in den Schatten wurde zur Voraussetzung für die bevorstehende Aufklärung.

Schatten

In *De pictura* zitiert Alberti den Rhetoriker Quintilian (35–95 n. Chr.) und seine Theorie über den Ursprung der Kunst. Quintilian dachte, die Kunst hätte damit begonnen, dass man die von Körpern auf den Boden geworfenen Schatten nachzeichnete. Diese Urszene fügt sich schön in die damaligen Vorstellungen über Kunst ein, denn sie verleiht Mimesis und Figuration – jenen zwei bereits für die Griechen grundlegenden Idealen künstlerischer Gestaltung – Plausibilität. Zuerst teilt das Licht die Welt auf in das Ding und sein Anderes, seinen Schatten. Darauf entwickelt sich dieser Schatten durch Technik so, dass er sich in Farbe, Form, Darstellung, Erzählung, Illusion und schliesslich in der Kunst einnistet. Als Realisierung einer Realität mit Hilfe einer Illusion des Dinges selbst verhält sich dieser zweite Schatten – als Kunst – wie ein seltsamer Spiegel, der eine konstruierte und vermittelte Reflexion zeigt. Mythen und Filme nutzten, seit es sie gibt, den Begriff der Reflexion als Quelle von Illusion und Zauber. Doch erst wenn der Spiegel zu sprechen beginnt oder das Echo sich in eine Stimme verwandelt, wird eine Reflexion wirklich zu einem Ort, über den wir reflektieren. Genau das geschieht in Friedrich Nietzsches *Der Wanderer und sein Schatten* (1880). Ein Mann, der allein unterwegs ist, hört plötzlich eine Stimme, die sagt: «Da ich dich so lange nicht reden hörte, so möchte ich dir eine Gelegenheit geben.»[1] Durch diese Aufforderung aufgeschreckt, stellt der Mann der Stimme Fragen, bis er realisiert (oder akzeptiert), dass es sein Schatten ist, der spricht. Und bevor Zeit und Licht dahinschwinden, hält der Mann Zwiesprache mit seinem Schatten und lässt sich auf ein Gespräch ein, das zunehmend nach einem Selbstgespräch klingt. Der Dialog wird zum Monolog, behält aber die Spannung zweier Stimmen, die sich über alles und jedes bald streiten, bald einig sind, von der Geschichte der Herren und Sklaven bis zu den Ursprüngen der Erkenntnis und der gefürchteten Nacht.

In *Also sprach Zarathustra* (1883) kehrt der Schatten wieder. Diesmal ist er der Sklave von Zarathustra, einem Weisen, der von seinem einsamen Berg herabgestiegen ist, um der Menschheit die Philosophie und den Wert des Lebens ohne Gott zu lehren. Hier gibt es jedoch kein Gespräch, nur Kummer. Der Schatten spricht und stört Zarathustras Einsamkeit mit seinem Bekenntnis: «Mit dir bin ich in fernsten, kältesten Welten umgegangen, [...] wahrlich, über jedwedes Verbrechen lief ich einmal hinweg» – um die Wahrheit von Zarathustras Lehren zu finden. Das ist der Grund, weshalb er spricht: Die Wahrheit hat ihn leer und kalt zurückgelassen.[2] Zarathustras Forderung nach einem in rücksichtsloser Affirmation der Individualität gelebten Leben, jenseits der Schranken von Moralität und Ordnung, hat ironischerweise seinen Schatten des Lebens samt seinen Freuden beraubt. Dies zu hören, stimmt Zarathustra traurig. Er rät seinem Schatten, sich in einer Höhle oben am Berg auszuruhen und ihn nicht länger zu plagen. Dann macht sich Zarathustra aus dem Staub und verspricht, dass getanzt werde, wenn die Nacht kommt.

Für Nietzsche ist der Schatten die Stimme aus dem Dunkel, die dem Selbstbewusstsein erst sein volles Potenzial verleiht. Für Maxim Gorki kommt diese Stimme nicht aus dem Selbst oder dessen Anderem, sondern aus der Zukunft: eine Vorahnung plus Elektrizität. In seinem berühmten Essay, in dem er das Erlebnis beschreibt, als er 1896 erstmals eine Filmprojektion der Brüder Lumière sah, heisst es: «Gestern war ich im Königreich der Schatten. Wenn man nur das Befremdende dieser Welt zum Ausdruck bringen könnte. [Graue] Sonnenstrahlen in einem grauen Himmel, graue Augen in einem grauen Gesicht, Blätter so grau wie Asche. Kein Leben, sondern der Schatten des Lebens. Nicht das bewegte Leben, sondern eine Art tonlose Schemen.»[3] Gorki sah die Leinwand von Schatten bevölkert, die sich wie lebende Tote bewegten, und reagierte mit einer Mischung aus Schrecken, Furcht und Trauer. Vielleicht war es dieselbe Trauer, die Zarathustra empfand, als er die Klage seines Schattens hörte. Ich nehme an, Gorki sah im Film nicht die glanzvolle Verheissung einer Welt, die durch diese neue, progressive Kunst im Zeitalter der technischen Reproduzierbarkeit verwandelt wird, wie Walter Benjamin dies erhoffte. Er deutete die leblosen Bilder auf der Leinwand wohl eher als Schatten aus der Zukunft, die in stummem Schwarz-Weiss von einer kommenden Gesellschaft kündeten, in der Elektrizität und Mechanisierung alles beherrschen würden. Die von seiner ersten Filmerfahrung ausgelöste Melancholie war keine Reaktion auf das raue und durch Technik verarmte Bild des Lebens, sondern vielmehr die ernüchternde

Erkenntnis, dass in diesem Bild der Verarmung eine Wahrheit steckte und dass es vor allem anderen den Beginn eines neuen, verarmten Lebens anzeigte.

Der Film verharrte nicht lange in den Schatten. Die technische Entwicklung befreite ihn bald von seinen ursprünglichen Schwarz-Weiss-Umrissen, um neue, farbige Bilder mit Ton zu projizieren. Der Fortschritt verändert den Film, bis er schliesslich eine Realität nachbildet, die in Konkurrenz zur Wirklichkeit selbst tritt. Die Erfahrung, ein Reich der Schatten auf der Leinwand zu sehen, ist eine verblassende Erinnerung, nun, da der Film (und mittlerweile auch Video und Digitalfilm) sich aus der Knechtschaft jenes Elements befreit hat, das sein gespenstisches Anderes urprünglich zur Reflexion und Transfiguration anbot: die gelebte Erfahrung. Alles auf der Leinwand ist ausgeleuchtet, das heisst schattenlos.

* * *

Das Bild des Fortschritts in der Kunst wird damit bezahlt, dass seine ursprüngliche Form geopfert wird: der Schatten. Wenn das Licht die List der Vernunft ist, sich die Entwicklung der künstlerischen Technik als gleichbedeutend mit der Erweiterung des Selbst durch das Sehen vorzustellen, dann ist die Beherrschung der Dunkelheit eine notwendige Voraussetzung, um dieses Sehen – und damit die Idee des Fortschritts selbst – endlos erneuern zu können.

Licht

Die Fähigkeit des Auges, Einzelheiten wie Farbunterschiede, Kontraste und das komplexe Spiel der Perspektiven wahrzunehmen nimmt ab, je mehr das Licht zunimmt. Dies ist ein in der Fotometrie, der Wissenschaft der Lichtmessung, bekanntes Phänomen, das auch in der Kunst grössere Beachtung verdiente. Es könnte helfen, das Mass und den Wert einer Ästhetik zum Ausdruck zu bringen, die in der Kunst der bewegten Bilder zunehmend gesucht ist: die Blendung.

Die Helligkeit des Lichts bestimmt die Grundtonalität des Auftauchens der Bilder aus der Dunkelheit – eines Bildschirms, Raums oder Kinos. Je heller das Licht, desto breiter das Spektrum zwischen Dunkelheit und Helligkeit und desto stärker gibt das Werk den Zuschauenden ein Gefühl der Vollmacht, das sie erstmals auf der anderen Seite des Bild-Fensters erlebten: in der Sonne und unter Bäumen.

Ich erinnere mich an einen Tag vor gar nicht langer Zeit, der war so hell, dass mir die Augen kribbelten. Ich sah die Raben und vom Wind aufgewirbeltes Laub als Bilder, spürte sie aber auch als Sinneseindrücke. Das Kribbeln in meinen Augen, ausgelöst von dem erbarmungslosen Licht, veränderte seine Intensität und Wirkung, je nachdem, welche Formen, Farben und vor allem Bewegungen in mein Blickfeld gerieten. Ich spürte die Geschwindigkeit der schlagenden Flügel und den schillernd schwarzen Vogelkörper ebenso sehr, wie ich den Raben vorüberfliegen sah: Es kribbelte. Wie ein unter Strom stehender Draht übermittelte das Licht die Elektrizität des Gegenstands als Empfindung. Dieser Tag, der ganz wie jeder andere Tag war, offenbarte mir, dass sich die Wirkung bewegter Bilder am stärksten in ihrer Helligkeit ausdrückt, nicht in ihrem Inhalt. Mimesis, der philosophische Name für das Verlangen, die Natur mit technischen Mitteln nachzuahmen, fliesst schon in ein Kunstwerk ein, bevor das erste Bild im Gesichtsfeld aufflimmert. Sie erscheint, sobald Licht aus dem Bild-Fenster ausströmt und die Dunkelheit des Raums mit solcher Intensität durchdringt, dass der Betrachter das Werk als «taghell» empfindet.

Grundsätzlich gibt es für die Kunst der bewegten Bilder zwei Möglichkeiten, dem mimetischen Ideal der Helligkeit nachzustreben. Technologie ist eine davon. Eine Industrie – dazu gehört auch die Unterhaltungsindustrie –, die aus der Visualisierung von Information Gewinn zieht, heizt das Verlangen nach immer noch mehr Lumen an. Die Kunst profitiert von dieser Dynamik und nutzt die Technologie, um immer grössere und hellere Werke hervorzubringen. Die andere Möglichkeit ist Multiplikation. Installationen, die multiple Projektionen und Bildschirme verwenden, transformieren das Architektonische ins Archiluminale. Wände, die einst Schutz boten und trennten, werden durch Bewegung und Licht transluzent und flüssig. Sie verbinden sich und bilden ein sensorisches Ganzes, das sich gleichzeitig so anfühlt wie die Weite eines Panoramas und die Enge einer Zelle in einem Panoptikum. Helligkeit wird nicht nur zu einem Attribut des Bildes, sondern auch zu einem Leuchtwert im Raum, der aus der Dunkelheit eine Lebenswelt hervorholt, die den Körper des Betrachters in das kalte Strahlen des aufgezeichneten Lichts hineinzieht.

Der Gedanke «je heller, desto besser» muss aus demselben Stoff geschnitten sein wie das Modell vom letzten Jahr: «je grösser, desto besser». Beide Ideen setzen voraus, dass ästhetischer Fortschritt die Sinne überwältigen soll. Ein Kunstwerk muss eine überwältigende Lichtkraft aufwenden, damit die Sinne seine Wirkung wahrnehmen. Aber so stumpf sind unsere Sinne auch wieder nicht. Das Auge ist kein unsensibles Loch, das man einfach mit einer Flut leuchtender Bilder füllen und überschwemmen kann. Vielmehr wird es das auf die Netzhaut einströmende Licht drosseln und die Reizempfindlichkeit senken. Auf eine Kunst, die Kraft mit Menge gleichsetzt, antwortet das Auge, indem es weniger sieht. Wir sehen nicht unbedingt mehr, je mehr wir zu sehen bekommen (oder zu sehen gezwungen werden).

Es ist also eine spannende Frage, warum uns so viele im Geist des heutigen bewegten Bildes geschaffene Werke blenden wollen. Und es ist verlockend, diese Frage aus dem Blickwinkel der religiösen Bildsprache anzugehen. Das Blendende des heutigen Lichts erinnert formal an Darstellungen göttlicher Erleuchtung, wie man sie auf zahllosen Gemälden und Fresken, aber auch auf billigen Votivbildern in Touristenläden findet. Es ist ein Licht, das als beschützender Nimbus hinter Göttern und Heiligen erstrahlt, die Figur umrahmt und sie aus dem Bildraum heraushebt. Manchmal dringt es aus Wolken hervor oder strahlt von Berggipfeln herab und erleuchtet die Szene darunter so stark, dass sich die Einzelheiten im hellen Dunst auflösen. Es ist, mit anderen Worten, ein transzendentes Licht. Es ist eine Kraft aus dem grossen Jenseits (meist von oben kommend), die die Szene im Fenster beleuchtet und gleichzeitig dazu dient, innerhalb des Bildes die Grenzen des menschlichen Sehvermögens kenntlich zu machen.

Während uns das Bild-Fenster einst Schutz vor dem unerbittlichen Licht des Göttlichen gewährte, um – im Geheimen – Mittel und Wege für eine neue Ordnung zu entwickeln, ist es nun vom elektrischen Licht bewegter Bilder erfüllt und hat das Bild der göttlichen Erleuchtung in eine säkulare Form gegossen. So kann es erneut jeden Winkel der sichtbaren Welt auf beiden Seiten des Fensters ausleuchten. Denn wofür steht Blendung, so wie sie in der beharrlichen Anwendung von Bildgebungstechnologien, die alles immer noch grösser und heller erscheinen lassen, und in der Installation von Mehrfachprojektionen in immer ausgeklügelteren Konfigurationen zum Ausdruck kommt, wenn nicht für die Wiedererscheinung des transzendenten Lichts, das sich gewaltsam seinen Weg durch die Oberfläche des Bild-Fensters bahnt, um sowohl die Szene als auch den Betrachter zu beleuchten, so dass wieder alles in Licht getaucht ist? Es ist im Grunde mittelalterlich.

Ich vermute, genau das meinte auch der Dichter René Char, als er schrieb: «Bei Moderlicht wäre Finsternis nicht die schlimmste der Lagen.»[4]

Morgen

In meinem Schlafzimmer ist Mittag die dunkelste Tageszeit. Es gibt zwei Fenster und beide schauen nach Osten. Am Morgen geht die Sonne auf, das Licht strömt durch die Fenster herein und erhellt jeden Winkel des Raums. Aber am Mittag steht die Sonne direkt über dem Haus, das Morgenlicht, das durch die Fenster eingedrungen ist, hat sich aus dem Raum zurückgezogen und in seinem Gefolge Dunkelheit zurückgelassen. Dennoch ist der Raum nicht einfach dunkel. Er ist seltsam still, als sei die Zeit der Spur des Lichts gefolgt und habe den Raum ebenfalls verlassen. Es ist ein kurzer Abschied. Bald bricht die Sonne die Stille des Mittags und wandert westwärts. Erneut dringt Sonnenlicht in meine Wohnung ein, diesmal durch die Küche, deren Fenster nach Westen schauen. Die Lichtstrahlen werden länger und länger und erfassen immer mehr vom Innenraum, je mehr der Tag voranschreitet, bis das Schlafzimmer von der anderen Seite her beleuchtet wird – durch die Tür, die das Schlafzimmer mit der Küche verbindet. Es ist eine kleine Wohnung.

Nicht alles Licht weicht am Mittag zurück. Lichtsplitter und andere unregelmässige Lichtgebilde finden ihren Weg auf die Wände und in die Ecken des Schlafzimmers. Es muss sich um indirektes Licht handeln, das von den Aussenspiegeln geparkter Autos reflektiert wird und auf den glänzenden neuen Mobiltelefonmast auf dem Dach eines gegenüberliegenden Gebäudes trifft, der das Licht durch mein Fenster zurückwirft. Die hellen und dunklen unscharfen Gebilde, die sich am Mittag zeigen, sind zerklüftet, gezeichnet von den unterschiedlichen Oberflächen, die das Licht reflektieren, und von den Bäumen und Feuertreppen, die seine verschlungenen Wege behindern. Dieses Licht beleuchtet nicht eigentlich sichtbare Dinge. Es ist eher ein Licht, das – durch sein Fehlen – die wahre Gestalt der Dinge übermittelt.

Ein Licht, das zeigt, indem es nicht leuchtet – das ist das Licht am Mittag.

Erstmals veröffentlicht als «On Light as Midnight and Noon», in: *Paul Chan. The 7 ~~Lights~~*, hrsg. von Melissa Larner und Ben Fergusson, Serpentine Gallery, London / New Museum of Contemporary Art, New York, Köln: Walther König, 2007, S. 114–120. Wiederabdruck mit freundlicher Genehmigung.

[1] Friedrich Nietzsche, «Der Wanderer und sein Schatten», in: *Menschliches, Allzumenschliches*. II, Kritische Studienausgabe, hrsg. von Giorgio Colli und Mazzino Montinari, Bd. 2, München, Berlin, New York: de Gruyter, 1988, S. 535–704, zit. 537.

[2] Friedrich Nietzsche, «Der Schatten», in: *Also sprach Zarathustra*, Kritische Studienausgabe, hrsg. von Giorgio Colli und Mazzino Montinari, Bd. 4, München, Berlin, New York: de Gruyter, 1988, S. 338–341, zit. 339–340.

[3] Maxim Gorki, (Pseudonym: I.M. Pacatus), «The First Sight» (*Beglye zametki. Sinematograf Lyum'era*, Newspaper review of the Lumière programme at the Nizhni-Novgorod fair *Nizhegorodskii listok*, 4. Juli 1896), in: *In the Kingdom of Shadows. A Companion to Early Cinema*, hrsg. von Colin Harding und Simon Popple, London: Cygnus Arts, 1996, S. 5. Zitiert in und hier übersetzt nach: Chris Marker, *The Last Bolshevik* (1993).

[4] René Char, «Les apparitions dédaignées» (aus: *Le Chien de Cœur*), in: René Char, *Œuvres complètes*, Paris: Editions Gallimard, 1983, S. 467: «Lumière pourrissante, l'obscurité ne serait pas la pire condition.» Deutsche Übersetzung von Peter Handke, in: René Char, *Rückkehr stromauf, Gedichte 1964–1975*, München: Hanser, 1984, S.79.

Waiting for Godot in New Orleans
Eine Stellungnahme des Künstlers

«Wir wollen unsere Zeit nicht bei unnützen Reden verlieren. *Pause. Ungestüm.* Wir wollen etwas tun, solange die Gelegenheit sich bietet! Uns braucht man nicht alle Tage. Es ist offen gesagt nicht so, als brauchte man gerade uns. Andere würden die Sache ebensogut, wenn nicht besser, machen. Der Ruf, den wir soeben vernahmen, richtet sich vielmehr an die ganze Menschheit. Aber in dieser Gegend und in diesem Augenblick sind wir die Menschheit, ob es uns passt oder nicht. Nützen wir es aus, ehe es zu spät ist. Wir wollen einmal würdig die Sippschaft vertreten, in die das Missgeschick uns hineingeworfen hat. Was sagst du dazu?»[1]

—Samuel Beckett, *Warten auf Godot*

Im November 2006 besuchte ich New Orleans zum ersten Mal. Die Kunstgalerie der Tulane University stellte gerade eine meiner digitalen Projektionen aus, und das Institut für Kunst lud mich zu einem Vortrag ein. Ich nahm die Einladung gerne an. So konnte ich die Stadt für mich entdecken und auch Freunde und Kollegen wie Bill Quigely besuchen. Bill ist ein Anwalt, der mich und andere Mitglieder der Chicagoer Anti-Kriegs-Organisation *Voices in the Wilderness* 2005 vor dem Bundesgericht verteidigt hatte. Die amerikanische Regierung hatte *Voices in the Wilderness* beschuldigt, während des zweiten Golfkriegs und davor mit der Lieferung von Hilfsgütern und Medikamenten in den Irak gegen das Gesetz verstossen zu haben. Ein ungerechtes Gesetz muss gebrochen werden, um einem höheren Gesetz zu dienen, nämlich der Gerechtigkeit, argumentierte Bill vor dem Richter. Mich hat das bewegt und überzeugt, den Richter leider nicht. Wir verloren den Prozess.

Während des Hurrikans Katrina verbrachten Bill und seine Frau Debbie, eine Onkologie-Krankenschwester, fünf Tage im Memorial Hospital von New Orleans – ohne Elektrizität, ohne sauberes Wasser und ohne Telefon – und versuchten, Menschen vor dem Hochwasser zu retten. Nach dem Hurrikan fanden Bill und Debbie Zuflucht in Houston. Etwa vier Monate später kehrten sie nach New Orleans zurück, und Bill fing an, eine Reihe von Artikeln zu schreiben – über die Absurditäten der Federal Emergency Management Agency (FEMA), über die erbärmliche Reaktion der Regierung auf die Wiederaufbaubemühungen und über den politischen Kampf um die Rechte der zurückkehrenden Einwohner von New Orleans. Bills Artikel waren meine erste Begegnung mit der Stadt nach Katrina.

Was mich überraschte, als ich New Orleans zum ersten Mal sah, war, dass ich mir kein vollständiges Bild der Stadt machen konnte. Ich hatte starke Kontraste erwartet, aber keine solch grundlegenden Widersprüche. Einige Quartiere, wie die um die Tulane University, schienen von Katrina nahezu verschont geblieben zu sein. Aber im unteren Neunten Bezirk und in Teilen von Gentilly brütete das öde Gelände still vor sich hin. Die Strassen waren leer. Wo früher Häuser standen, lag immer noch massenweise Schutt. Ich hörte keinen einzigen Vogel.

Ich habe schon von allen möglichen Katastrophen verwüstete Landschaften gesehen. Nach der amerikanischen Bombardierung Bagdads sah ich in der Nähe des Tigris Kinder mitten in den Betontrümmern barfuss Fussball spielen. Sie erinnerten mich an die Kinder, die ich 1999 während einer grossen Arbeiterdemonstration in einer gespenstischen Seitenstrasse in Detroit spielen gesehen hatte – zwar mit Schuhen, doch ohne Hemden. Das Leben will leben, selbst im Betonschutt.

New Orleans war anders. Die Strassen waren ruhig, als ob mit den Häusern auch die Zeit weggefegt worden wäre. Freunde sagten mir, die Stadt wirke wie die Kulisse eines düsteren Science-Fiction-Films. Als ich mit freiwilligen Helfern von

Common Ground, einer Wiederaufbau- und Hilfsorganisation, die gerade im unteren Neunten Bezirk Häuser entkernte, auf eine Mitfahrgelegenheit wartete, wurde mir auf einmal klar, dass der Ort weniger einer Filmkulisse als der Bühne eines Theaterstücks glich, das ich schon viele Male gesehen hatte. Es war unverkennbar. Die leere Strasse. Der kahle Baum in prekärer Schieflage, der gerade noch genügend Blätter hatte, um ihn einigermassen ansehnlich erscheinen zu lassen. Die Stille. Und vor allem diese schreckliche Symmetrie zwischen der Wirklichkeit von New Orleans nach Katrina und dem Kerngehalt dieses Stücks, das so beredt zum Ausdruck bringt, was für entsetzliche und eigenartige Dinge Menschen tun, während sie warten – auf Hilfe, auf Nahrung, auf den nächsten Tag. Es war unheimlich. Als ich dort an der Kreuzung von North Prieur und Reynes stand, sah ich mich plötzlich in Samuel Becketts *Warten auf Godot* versetzt.

* * *

Das Verlangen nach dem Neuen ist eine Erinnerung an das, was wert ist, erneuert zu werden. *Godot* in die konkrete Struktur der Landschaft von New Orleans eingebettet zu sehen, war meine Art, sich die leeren Strassen, die Trümmer und vor allem die trostlose Stille als mehr als den Ausdruck des blossen Zusammenbruchs neu vorzustellen. Das Sehen wich dem Planen. Wie liess sich das realisieren? War es die Sache wert? Ich hatte nie bei einem professionellen Theaterstück mitgewirkt, geschweige denn eine Aufführung im Freien produziert, mitten auf einer Strassenkreuzung in einer Stadt, die ich von einem einzigen Besuch und durch die Arbeit von Bill und anderen Autoren und Aktivisten kannte. Ausserdem ist die Inszenierung eines Theaterstücks von Natur aus ein kollaborativer Prozess, und ich bin allergisch dagegen, mit anderen zusammenzuarbeiten. Wenn jemand *Warten auf Godot* mitten auf einer Strasse im unteren Neunten Bezirk aufzuführen und dabei die Umgebung mit einzubeziehen hätte, um die symbolträchtigste Geschichte des 20. Jahrhunderts über das Warten zu erzählen, dann würde dieser Jemand wahrscheinlich nicht ich sein.

Ich begann mich umzuhören. Ich ging erneut nach New Orleans und fragte die Leute, was sie von der Idee hielten. Bill sagte: «Grossartig, eine öffentliche Aufführung. Phantastische Idee.» Ich schätze Bill sehr, aber einem Anwalt kann man nicht trauen, selbst dann nicht, wenn er Kriegsgegner vertritt. Also fragte ich weiter.

Ronald Lewis, der im unteren Neunten Bezirk wohnt und im Hinterhof seines Hauses ein kleines Museum, *The House of Dance and Feathers*, betreibt, das der Geschichte und Tradition der *Mardi Gras Indians* gewidmet ist, hatte *Godot* noch nie gesehen und konnte daher nicht sagen, ob es eine gute Idee sei. Er sagte mir aber, dass viele Kunstprojekte gekommen und gegangen seien, ohne etwas hinterlassen zu haben. «Du solltest etwas für die Gemeinschaft hinterlassen», sagte er mir. Wir redeten weiter. Da bemerkte ich auf dem Boden den Schatten eines Baumes, der jenem schiefen Baum an der Kreuzung von North Prieur und Reynes ähnlich sah. Ich hatte kürzlich eine Reihe digitaler Projektionen fertiggestellt, in denen es um Schatten ging, und war daher für ihre stumme Präsenz empfänglich. Während ich Ronald zuhörte, kam mir die Idee: *Godot* brauchte einen Schatten. Ich fragte ihn, was er von der Einrichtung eines Fonds halte, der quasi als Schatten des Projektbudgets – wie hoch die Kosten auch sein mochten – fungieren würde. Dieser Fonds würde in dem Stadtviertel bleiben, in dem *Godot* zur Aufführung käme, und dort zum Wiederaufbau beitragen. «Ein Schattenfonds», sagte ich. Ronald dachte eine Weile nach und antwortete: «Das ist ein Anfang.»

Der Künstlerin Jana Napoli gefiel es, wie sich die Aufführung im Freien mit New Orleans Tradition der Strassenumzüge verband, vom *Mardi Gras* bis zu den Blaskapellenparaden mit ihren *Second Lines*, die sich gemächlich durch die Strassen und

Quartiere schlängeln. Pamela Franco, eine Kunsthistorikerin an der Tulane University, meinte, das Stück sollte an zwei Spielorten aufgeführt werden, nicht nur an einem. Der Sinn und Unsinn des Wartens beschäftige auch andere Viertel in New Orleans, wo die Menschen beinahe zwei Jahre nach dem Hurrikan immer noch in Wohnwagen lebten und auf wie auch immer geartete Hilfe von den städtischen, staatlichen oder nationalen Behörden hofften. *Godot* nach New Orleans zu bringen, so Pamela, bedeute, dass man den Ort, an dem sich die Tragikomödie des Wartens abspiele, über die Grenzen eines Viertels hinaus ausdehnen müsse. «Wie wär's mit Gentilly?», fragte sie.

Greta Gladney, Leiterin und Organisatorin des lokalen Bauernmarktes im unteren Neunten Bezirk, deren Mann Jim an der Frederick Douglass High School in der Innenstadt unterrichtet, meinte, dass bei einem solchen Projekt die Schulen mit einbezogen werden sollten. Ron Bechet, Künstler und Professor an der Xavier University, teilte diese Ansicht.

«Wenn du das machen willst, musst du viel Geld und Zeit hineinstecken», sagte mir jemand. Die Idee, *Godot* in New Orleans zu inszenieren, nahm langsam Gestalt an. Ich zählte darauf, dass der kollaborative Prozess, der zu einer Theateraufführung gehört, und das beim Arbeiten auf der Strasse unvermeidliche Geben und Nehmen mir helfen würden, eine neue Vorstellung davon zu entwickeln, wie Kunst – als die Form, die Freiheit annimmt, wenn keine Gewalt im Spiel ist – sich mit den unzähligen Aspekten des Lebens befassen kann, das mitten in der Zerstörung gelebt wird, ohne der einfachen Verlockung zu erliegen, es auf Erkenntnis oder Darstellung dieses Lebens zu reduzieren. Heute behauptet man (immer noch?) gern, dass es jenseits unseres Kunsthorizonts nichts Neues gebe, dass alles, was wert ist, gemacht zu werden, schon gemacht worden sei. Doch dies scheint mir eine ganz und gar fadenscheinige Behauptung, denn sie verkennt das weite unentdeckte Land der Dinge, die zu Fall gebracht werden sollten. In diesen grossen Zeiten prägt der Terror des Tuns *und* Nichttuns die Bürde der Geschichte. Vielleicht besteht die Aufgabe der Kunst heute darin, diese Bürde umzugestalten, indem sie die scheinbar unerbittliche Ordnung der Dinge (die dieser Bürde Gewicht verleiht) aufhebt und eine Art Lichtung schlägt, damit wir sehen und fühlen können, was tatsächlich wertlos ist – und was in Wahrheit wert ist, erneuert zu werden.

Becketts *Warten auf Godot* wurde am Broadway (1956), in einem Gefängnis (San Quentin) und mitten in einem Krieg aufgeführt (während der Belagerung von Sarajewo unter der Regie von Susan Sontag). Es ist eine einfache Geschichte, erzählt in zwei Akten, über zwei Landstreicher (heute haben wir andere Namen für sie), die auf jemanden namens Godot warten, der nie kommt. 2007 ist Godot in New Orleans allgegenwärtig, und es ist nicht schwierig, die Stadt durch das Stück zu erkennen. Hier liegt die Bürde des Neuen darin, das Stück durch die Stadt zu begreifen.

Erstmals 2007 online veröffentlicht, dann in: *Waiting for Godot in New Orleans. A Field Guide*, New York: Creative Time, 2010. Wiederabdruck mit freundlicher Genehmigung.

[1] Samuel Beckett, *Warten auf Godot. En attendant Godot. Waiting for Godot.* Deutsche Übertragung von Elmar Tophoven, Frankfurt am Main: Suhrkamp, 1971, S. 197.

Nächster Tag, gleicher Ort
Nach *Godot in New Orleans*

Vor einigen Wochen kam in New York eine Frau auf mich zu und stellte sich vor. Ihr Name sei Linda und sie wolle mir sagen, wie leid es ihr tat, dass sie keine Gelegenheit gefunden hatte, im vergangenen November *Waiting for Godot in New Orleans* zu sehen. «Da geht es Ihnen wie mir», antworte ich. «Ich habe es auch nicht gesehen.»

Wir lachten beide. Linda brauchte keine Erklärung. Hätte sie aber eine verlangt, hätte ich ihr Folgendes erzählt:

Ja, ich war dort. Aber ich habe es ebenfalls nicht gesehen, weil ich zu abgelenkt war. Es war schwierig, sich auf die Aufführungen zu konzentrieren, weil ich auf all die anderen Teile des Projekts achten musste. Christopher McElroen, Mitbegründer des Classical Theatre of Harlem und Intendant des Stücks, sagte mir einmal, das Stück für sich sei zwar die kleinste Komponente, aber unser grösstes Problem. Er hatte recht. Mehr als recht, denn er erfasste das wahre Ausmass des Projekts. Das Stück sollte auf diesen Strassen, in dieser Stadt funktionieren – ja brillant funktionieren. Aber zu meinen, das Stück sei das Entscheidende, ging am Wesentlichen vorbei. Wir wollten nicht einfach eine ortsspezifische Aufführung von *Godot*. Wir wollten im Verlauf der Inszenierung ein Bild der Kunst als eine Form von Vernunft schaffen. Ich meine damit, dass wir die Idee, dieses Stück zu spielen, als Ausgangspunkt nutzen wollten, um damit eine Reihe von Ursachen und Wirkungen auszulösen, welche die Künstler, die Bewohner von New Orleans und die Stadt so miteinander in Beziehung bringen würden, dass jeder sich für den anderen verantwortlich fühlte. Mit anderen Worten, das Projekt war ein Experiment, mithilfe der Kunst ein neues Bild vom Leben in der Stadt zwei Jahre nach dem Hurrikan Katrina zu entwerfen. Ein grosser Teil des Projekts bestand zum Beispiel einfach darin, Zeit in New Orleans zu verbringen. Und

dazu kam es, weil die Leute uns sagten, wir müssten die Stadt
so erleben, wie sie es taten, wenn wir das Stück richtig hin-
bekommen wollten. Also hörten wir zu und verbrachten den
ganzen Herbst dort. Schliesslich stellte ich mich freiwillig zur
Verfügung, an zwei Universitäten Kunstvorlesungen zu halten,
das Classical Theatre of Harlem veranstaltete seine Proben und
Workshops in verschiedenen Stadtbezirken und Schulen, und
Creative Time, die Kunstorganisation aus New York, die das
Projekt als Sponsor unterstützte, lud zum Essen ein und veranstaltete Diskussionsrunden. Unsere Anwesenheit in der Stadt
erregte wiederum Neugier und wurde zum Gesprächsthema.
Und aus den Gesprächen gingen dann neue Ideen darüber hervor, was wir mit dem Stück tun und nicht tun sollten. Je mehr
wir zuhörten und je mehr Anregungen wir aufnahmen, desto
mehr redete man in der Stadt darüber und interessierte sich
für das, was wir taten. Dieses Reden und Zuhören veränderte
mit der Zeit jeden Aspekt unserer ursprünglichen Vorstellung
davon, was *Godot* sein sollte. Und im Gegenzug übernahmen die
Leute aus der Stadt, mit denen wir zusammenarbeiteten, selbst
auch die Verantwortung dafür, dass das Stück zustande kam: Sie
sahen, dass das, was sie uns sagten, tatsächlich etwas bewirkte.
Die Erkenntnis, dass Worte und Taten reale Konsequenzen haben
und man diese Konsequenzen thematisieren und einbeziehen
muss, wenn die Worte und Taten wirklich von Bedeutung sind,
liess das Stück für alle auf und neben der Bühne – oder in unserem Fall: an jener leeren Strassenkreuzung im unteren Neunten
Bezirk – konkret werden.

Diese Aufforderung und Reaktion, diese Ursache und
Wirkung setzten eine Kettenreaktion in Gang, deren Ende für
mich noch nicht absehbar ist. Das ist wohl der andere Grund
dafür, dass ich das Stück nicht gesehen habe. Ich habe es nicht
gesehen, weil es mir gar nicht in den Sinn kam, dass das Stück ein
Stück war. Ich meine, natürlich war es ein Theaterstück. Aber da
draussen, an jenen fünf Abenden im November, mitten auf die-

sen leeren und geräuschlosen Strassen, mit diesen Hunderten von Leuten, die Gogo und Didi und Pozzo und Lucky zusahen, und natürlich mit diesem kleinen Jungen, unter diesem Mondschein, mit Blick auf diesen Deich drei Blocks entfernt, mit den bellenden Hunden und in der Ferne aufheulenden Polizeisirenen, und wieder diesen Hunderten von Leuten, die lachend zwei Männern zuschauten, die um eine Rübe streiten – es sah nicht aus wie Theater.

Auf mich wirkte es eher wie der emphatische Ausdruck einer Gemeinschaft, die versucht, sich mit der Unversöhnlichkeit des Ganzen zu arrangieren. Was geschehen ist und immer noch geschieht, ist sinnlos. Dieser Unsinn hat seine eigene Logik. Und diese Logik darf nicht die einzige sein, die zählt, wenn es darum geht, dem, was uns, um uns herum und gegen uns geschieht, einen Sinn zu geben. *Waiting for Godot in New Orleans* wollte eine andere Logik, eine andere Art von Sinn schaffen. Denn die Kunst, wenn sie wirklich Kunst ist, ist die Logik, die jede Logik ad absurdum führt.

Das hätte ich Linda erzählt.

Erstmals veröffentlicht als «Next Day, Same Place: After Godot in New Orleans», in: *The Drama Review*, 52, Nr. 4, Winter 2008, S. 2–3. Wiederabdruck mit freundlicher Genehmigung.

Sex und der neue Weg

Ist dir bewusst (ich bin sicher, dass es dir bewusst ist), wie du bis zum letzten Atemzug unter dem Befehl des Gesetzes stehst?

Denn der Sklave, der einen Besitzer hat, ist bis zum letzten Atemzug durch das Gesetz an seinen Besitzer gebunden. Stirbt aber der Besitzer, steht der Sklave nicht mehr unter dem Gesetz des Besitzers.

Daher bezeichnen wir den Sklaven, der – während sein Besitzer lebt – einem anderen gehört, als Freischaffenden. Ist aber der Besitzer tot, ist der Sklave vom Gesetz befreit, so dass der Sklave kein Freischaffender ist, obwohl er einem anderen gehört.

Merkst du, mein Lieber, dass auch du für das Gesetz tot bist? Du gehörst einem anderen, der dir unbekannt ist, so dass ihr zusammen einen neuen Weg finden könnt.

Denn als wir Sklaven waren, wirkte der vom Gesetz bestimmte Weg in unserem Inneren, um das Geschenk des Todes hervorzubringen.

Doch nun stehen wir nicht mehr unter dem Gesetz, das uns in tödlicher Umklammerung hielt, so dass wir einem neuen Vergnügen dienen sollen, und nicht dem alten Geist.

Was sollen wir nun sagen? Ist Sex das Gesetz? Das sei ferne! Doch ich kannte Sex nur durch das Gesetz. Denn ich kannte Vergnügen nur durch das Gesetz, das sagte, ich soll mich nicht freischaffend vergnügen.

Doch Sex unter dem Gesetz weckte in mir alle Arten von Lust. Denn ohne das Gesetz war Sex tot.

Einst war ich lebendig ohne das Gesetz. Doch als ich gesetzlich wurde, wurde Sex zu Sex, und ich starb.

Und die Gesetze, die zu mehr Leben führten, führten, wie ich sah, zu mehr Tod.

Denn Sex unter dem Gesetz verführte mich und tötete mich.

Aber das Gesetz ist das Ganze, das uns ganz hier sein lässt. Gerechtigkeit ist das gemeinsame Gute.

Ist es denn das Gute, das mir den Tod bringt? Das sei ferne! Aber Sex bringt den Tod, wenn er zu einem Gut wird. Sex dem Gesetze nach ist seiner Natur nach sexuell.

Heute wissen wir, Gesetz ist Geist. Aber ich bin Fleisch, gebunden durch Sex.

Ich will, aber ich lasse nicht zu. Ich würde, aber ich werde nicht. Hass ist die einzige Symmetrie.

Wenn ich dann tue, was ich nicht tun würde, um des gemeinsamen Guten willen, erlasse ich das Gesetz.

Doch dann bin nicht ich es, der es tut, sondern der Sex als Sex in mir.

In mir gibt es nichts Gutes. Da ist ein Wille, aber nicht das Verlangen nach einem Gesetz, das Gutes schafft.

Ich erkenne das Gute nicht aus den Dingen, die gut sind.

Nun ist Sex Gesetz, wenn das Gute in uns als etwas Gutes präsent ist. Ich tue durch das Gesetz, was den guten Dingen dient.

Ich finde dann, dass das Gesetz, im Guten, im Tod liegt.

Sex als Leben nach dem Gesetz ist der Geist eines neuen Weges: eine tiefe Lust. Es ist Sex als Vernunft gegen das Gesetz.

Oh, ich armer geiler Mensch! Durch das Gesetz in mir ist der Sex steif wie ein Toter – wer wird ihn zum Leben erwecken?

Das Fleisch brennt wie Glut. Es gibt kein Licht, nur heisse Asche alter Körperteile.

Erstmals veröffentlicht als «Sex and the New Way», in: *Paul Chan. The Essential and Incomplete Sade for Sade's Sake,* New York: Badlands Unlimited, 2010, S. 63–65.

Inneres Gesetz

Das Gesetz der Vernunft treibt Sex zu immer grösseren Extremen.

Sex bindet Wahrheit an Rhythmus.

~~Sex ist nur heilig, wenn Pornografie profan ist~~.

Die Tugend der Pornografie ist Einsamkeit.

Das Fenster umrahmt den Sex und Sex umrahmt die Einsamkeit.

Kommen ist der Moment im Stillstand.

Sex entfaltet sich in kairologischer Zeit.

Den Raum des Sex bildet der Horizont, den der Augenblick setzt.

«Berührung» reimt sich auf vieles.

Begrifflichkeit ohne Begriff ist lächerlich.

Ein nicht begriffener Begriff ist eine Wahrheit, die nicht wahr ist.

Es stellt sich heraus: Die Kunst der Pornografie ist in.

Pornografie misst die Zeit in einem gnadenlosen Takt.

~~Ohne Terror gibt es keine Pornografie~~.

Pornografie ist abgetrennter Sex, sie trennt den Sex ab, um die Vergeschlechtlichung der Zeit zu überleben.

Alle Ideale führen in die Einsamkeit. Pornografie ist der Inbegriff der Einsamkeit.

Sex ist das Gesetz im Realen.

Das Gesetz ist travestierter Sex.

Es gibt keinen Einen.

Es gibt kein Hier hier.

Es gibt kein Dort dort.

Der neue Weg kommt zu zweit.

Die Funktion von Sex heute ist, Gesetze zu geben.

~~Der Rhythmus verbindet Poesie und Pornografie~~.

Sex ist ein Wunsch nach Zusammensein, das gleichzeitig abgrenzt.

~~Draussen ist es so laut. Es ist der Lärm der Vergeschlechtlichung~~.

Die Latte steht im Weg.

Es gibt kein Mehr mehr.

Spaltungen steigern die Triebe.

Denken ist, wie Ficken, körperlos.

Eine neue Pornografie hat das Bild eines Geruchs.

Die Geschichte der Kunst ist der Fortschrittsmythos des Sex, der Gesetz wird.

~~Das Gesetz ist gefrorener Sex~~.

Pornografie ist Sex als Abstraktion.

Das Gesetz der Natur ist der Mythos der Pornografie.

~~Sex ist Schweigen in Reimform~~.

Pornografie ist pastoral.

Pornografie ist der Ausdruck der Nacktheit aller Beziehungen.

Es ist nicht Aufgabe des Sex, uns unsere Wahrheit zu verraten.

Tugend ist Herrschaft.

Unter dem Gesetz stöhnt der Mensch.

Nec spe nec metu.

Sexualität reisst ein Loch in die Wahrheit.

Sexualität ist der Bereich, wo niemand weiss, was er mit dem tun soll, was wahr ist.

Erstmals veröffentlicht als «Inner Law» auf der Website National Philistine, 2010. http://www.nationalphilistine.com/inner_law.

Fragebogen einer Kunstschule

Welches war die wertvollste Lektion – im Klassenzimmer, bei einer Kritik oder von Mitstudierenden –, die Sie in der Schule gelernt haben? Warum? Von wem haben Sie sie gelernt?

Amy Sillman sagte einmal zu mir: «Auch dumme Leute schaffen grosse Werke.» Sie meinte damit, dass Kunst nicht etwas ist, das man einfach zu Ende denken kann. Kunst ist Form im Geist einer Frage.

Haben Sie in der Kunstschule gelernt, wie man sich als Künstler im Leben durchschlagen kann, nicht nur kreativ, sondern auch beruflich? Fühlten Sie sich nach dem Studienabschluss darauf vorbereitet, Künstler zu sein?

Nein, und ich fühle mich auch jetzt noch unvorbereitet. Die Schule, in die ich ging, war in dieser Hinsicht wenig strukturiert, zu Recht oder zu Unrecht. Und ich liebte das. Im Grunde genommen lernte ich, dass man im eigenen Rhythmus lernt. Lass dir die Schule bei deiner Ausbildung nie in die Quere kommen, wie Mark Twain sagte.

Was ist für Sie beim Kunstschaffen besonders wichtig? Hat Ihnen die Schule je Impulse in dieser Richtung gegeben?

Wie ich auf den ersten Teil dieser Frage antworten soll, weiss ich nicht. Den zweiten Teil kann ich bejahen, bin mir aber nicht sicher, wie sie das tat. Meine Erfahrung mit der Kunstschule war so offen, dass sie auf andere Arten von Schule abfärbte – auf die Lebensschule in Chicago.

Hat Ihre Kunstschule Ihnen das Gefühl einer ethischen Verpflichtung gegenüber der Gemeinde vermittelt, in der sie sich befand?

Nein. Wo ich war, im Stadtzentrum von Chicago, wollte man nicht wirklich zur lokalen Gemeinde gehören. Im Quartier ausserhalb des Zentrums, wo ich mit anderen Studierenden wohnte, gab es mehr Sinn für Partizipation. Wir eröffneten eine Galerie an der South Side im Stadtteil Pilsen. Das ist eine komplizierte Frage, aber die Schule selbst hat uns diesen Sinn für Engagement nicht vermittelt. Umgekehrt habe ich mich nie wirklich bemüht, herauszufinden, was mir die Schule in dieser Richtung hätte bieten können.

Würden Sie es im Nachhinein gleich machen, wenn Sie die Gelegenheit dazu hätten? Wenn nicht, was hätten Sie in Ihrer Ausbildung zum Künstler anders gemacht?

Ich weiss nicht, ob es für mich wirklich einen anderen Ausbildungsweg gegeben hätte, also hätte ich auch nichts anders gemacht. Meine Arbeitsweise ist voller Widersprüche, und so ging ich zur Schule, versuchte zu verstehen, was vor sich ging, und tat es dann absichtlich nicht. Ich machte etwas anderes. Ich musste opponieren, sowohl in Chicago wie am Bard College. Man geht zur Schule, um etwas anderes zu sein, und was man dann über das Anderssein lernt, ist: ein Student zu sein.

Ist es sinnvoll, wenn die Abteilungen in den Kunstschulen nach Disziplinen aufgeteilt sind? Warum oder warum nicht?

Ja, ich denke, das ist sinnvoll, gerade weil es konservativ ist und die Studierenden zwingt, fortschrittlich zu sein. Und es ist wichtig, die Unterschiede an und für sich zu kennen. Kennt man sie nicht, werden Geschichte und Praxis der Kunst rein zweckgerichtet, was, wie ich denke, zum Nachteil von Kunst und Künstlern ist.

Sollten Master of Fine Arts-Programme dem Eindringen der kommerziellen Kunstwelt widerstehen oder sie einbeziehen?

Meiner Meinung nach weder noch. Solche Programme sollten sich überhaupt nicht darum scheren. So oder so würde man nämlich den Stellenwert des Marktes überbewerten. Wenn diese Programme den Markt – durch Parodie, Spott, Ironie – lächerlich machen, gewinnt man mehr Spielraum, eine eigene Wahl zu treffen.

Man will doch vor allem überleben. Und wenn das heisst, in einer Galerie auszustellen, dann macht man das. Das Leben rennt ständig gegen die Verarmung an, und wenn der Verkauf von Kunstwerken in einer Galerie Geld und Überleben garantiert, dann macht man das. Allerdings bleibt zu hoffen, dass das, was wir von der Kunst erwarten, nicht das blosse Überleben ist. Überleben ist nicht Leben. Die Logik des Überlebens ist so überwältigend, dass man sich wünscht, die Kunst wäre ein Ort, wo diese Logik weniger stark dominiert. Dennoch kann man nicht nachgeben. Hegel über Systeme: Wenn Systeme Macht erlangen, gibt es nur eines – sie zugleich zu respektieren und zu verachten. Der ethische Standpunkt wäre, sie auf Distanz zu halten, ohne sie zum Fetisch zu machen.

Erstmals als Antwort ohne Titel veröffentlicht in: *Art School: Propositions for the Twenty-First Century*, hrsg. von Steven Henry Madoff, Cambridge, MA: MIT Press, 2009, S. 313–315. Wiederabdruck mit freundlicher Genehmigung.

Texte für *Parkett*

3.
~~Der Boden ahnt~~
~~Den gegenseitigen Verlust von~~
Menschen ~~und Gott.~~

~~Erniedrigt durch den Aufstieg~~
~~der Oberfläche,~~ werden ~~sie~~
wieder frei,
als Geister.

4.
~~Erinnerst du dich an die~~
~~Bourgeoisie?~~ Ihre
Anbaufläche gleicht am
ehesten dem ~~Mobiltelefon.~~

~~Das Klingen des~~ neuen
~~Modells erneuert~~
~~den~~ Triumph~~stachel.~~
Wie jener Hund.

5.
~~Es gibt zwei~~
~~Zeiten.~~ Was wir ~~mit Chronos~~
messen, ~~ist der Tag.~~

~~Kairos~~ ist, was
nachher kommt.

6.
~~Zeit vergeht,~~
~~einst im Stillen,~~ jetzt
~~in Stereo.~~

Begrüsst ~~wird dieser Wandel~~
~~durch~~ das indirekte Licht,
~~das jedoch nicht wirklich~~
~~an~~ den Fortschritt ~~glaubt.~~

7.
Fortschritt ~~ist Rückschritt.~~
~~Scheiben~~ sollte man
zerschlagen~~, um des~~
~~Anfangs willen.~~

8.
~~Keine~~ Gerechtigkeit.
~~Keine Vergütung.~~

~~Keine Gerechtigkeit.~~
~~Keine~~ Schlüssel.

~~Der Zug, der~~
~~als Metapher für die~~
Relativität ~~diente, ist abgefahren.~~

15.
Die Erleichterung ~~kommt,~~
~~wenn das Ende~~
~~nah~~ ist

Zauber ~~folgt~~ nach.
Der ~~Name dafür ist~~ Angst.

16.
Die ~~Schatten~~
~~sind ein tiefenloser~~
~~Übergang von der~~ Wundnaht
~~zum Realen.~~

~~Die~~ Oberfläche~~, welche die Vögel~~
~~berühren,~~ ist weder ~~innen~~
noch ~~aussen.~~

17.
Dieser Fleck
~~muss weg. Und~~
~~du wirst sehen, dass~~
~~du nicht in~~ diese Zeit ~~passt.~~

~~Doch~~ ist ~~in jener Zeit.~~ Das
einzige, ~~worauf~~ Licht ~~fällt,~~
auf ~~Serbisch oder Spanisch, oder~~
dieser Scheiss~~, der gespielt wird~~
~~in der~~ Stadt.

18.
~~Meteorologisches~~ Denken
preist ~~die Zeit~~ durch ~~eine~~
~~Abfolge von Ereignissen.~~

Die ideale ~~Sturmwetterlage~~
~~ist eigentlich die~~ Magie
~~des Benennens.~~

~~Und~~ im Benennen, ~~befreien.~~

19.
~~Die Feuchtigkeit~~ missverstanden
als Dunkelheit ~~bewegt sich~~
~~über das Feld im~~
Viervierteltakt.

~~Die Geschichte~~ wiederholt
~~nichts, sondern bildet~~ Reime.

20.
Die ~~Gestalt, der~~
~~die~~ Farbe ~~abschwört,~~
sieht zufällig ~~sehr~~ ähnlich aus
wie ~~Glenn Gould.~~

~~Die via~~ negativa ~~ist der Weg,~~
~~es zu erreichen, vorausgesetzt~~
~~die Kosten erweisen sich~~ als
sach~~gerecht und decken diese~~
~~Art von~~ Leistung.

21.
~~Es gibt eine Geschichte~~
~~über~~ ein Geheimnis.

~~Aber wer zum Teufel~~
weiss ~~sie?~~

22.
Die ~~Pragmatiker liegen~~
~~falsch. Die noch~~
verbleibenden ~~Möglichkeiten~~
~~sind nicht die~~ Ziele ~~des~~
~~Konsums~~.

~~Sie hängen~~ im ~~Luftraum~~
~~wie Tänzer, die das Tempo~~
wieder eintauchen in
~~unsere Idee der~~ Freiheit.

23.
~~Es ist wahrhaft strömendes~~
Leben.

~~Moment für Moment~~
~~durch Licht, nicht~~ in
~~einer Form~~.

~~Zurückgelassen von jenem~~
~~Vogel und~~ jenem Schatten,
~~zusammen und~~
für einen ~~jeden~~.

24.
Die Gegenwart
steht nicht länger für
das Wirkliche.

~~Exlxia lo revek~~
~~koviv es cheaq ip~~
~~dic dic po.~~

25.
~~Hier ist unsere~~
~~Ghetto-~~Geschichte.

~~Das Gas~~ enthält
~~das Gesumme, das~~
~~eine Rückkehr zum~~
~~Ausgang~~
~~antreibt.~~

~~Es fühlt sich an wie~~ nichts.
Aber ~~das ist der Punkt,~~
~~sagt Foucault, und macht~~
Radau.

26.
Miguel ~~will,~~
~~dass ich aufstehe~~
~~und singe~~

~~ich~~ würde ~~ja, aber~~
mein Fenster, ~~dahinter ein~~
~~moralisches~~ Aufbrechen.

~~Es schiesst weit bis ins~~
~~nächste Jahrhundert hinein~~
und zielt auf meine Hosen.

27.
Schwarzlicht-Einsamkeit
ist eine perverse
Freiheit.

28.
~~Die String~~theorie
~~von heute Morgen~~
~~lautet wie~~ folgt:

Licht ~~ist der Kehrwert~~
~~einer wahrgemachten~~
~~Verlangsamung.~~

~~Wende es~~ in böser Absicht
auf ~~ächzende Gelenke~~
~~und~~ Böden ~~an.~~

29.
~~Ein~~ verbrecherisches ~~Leben~~
muss ~~die Linie~~
~~vor dem Punkt~~ überschreiten,
~~den Zenon gesetzt hat.~~

30.
~~Die Zeit zum Dreinschlagen~~
~~kommt~~ immer
~~zu früh.~~

~~Den ganzen Tag schuften und~~
~~die ganze Nacht~~ spielen. ~~Sich~~
~~einen Block weiter~~
mit all den Spinnern ~~treffen.~~

Vorsichtshalber.

31.
Echo versöhnt. ~~Frag~~
~~den Schatten des Baumes~~

Oder die ~~eingeschlagene Scheibe~~
~~über der zähflüssigen Zeit,~~
~~die sich selbst in~~ Fesseln
~~legt, sich~~ selbst ~~im Ding.~~

Ursprünglich verfasst 2010 als eine
Textserie, Teile davon publiziert in: *Parkett*
88, 2011, S. 88–92, deutsch S. 93. Neu
übers. von Suzanne Schmidt und Tarcisius
Schelbert. Wiederabdruck mit freundlicher
Genehmigung.

Über den Unterschied zwischen einem Werk und einem Projekt

Ich schaffe Werke und habe Projekte gemacht. Manchmal werden sie sogar als Kunst bezeichnet (aber nicht von mir). Es ist mir nie eingefallen, darüber nachzudenken, was ein Werk von einem Projekt unterscheidet – bis heute. Und ich frage mich, ob das Wort «Projekt» als Bezeichnung für das, was man macht, nicht – zumindest gelegentlich – mit der sich verändernden Idee des Werkes oder der Arbeit selbst zusammenfällt.

Ein Werk (work) ist Arbeit (work). Doch seltsamerweise hat sich die konkrete Arbeit als Werk, Werken und Wirken (work) in den letzten drei Jahrzehnten von der abstrakten Arbeit (labor) abgekoppelt. Damit meine ich, dass eben dieser Begriff des Herstellens – ganz gleich, ob von Kunst oder einer Zahnbürste – selbst einen Prozess der Arbeitsteilung durchlaufen hat. Es ist möglich, eine Zahnbürste herzustellen und zum begehrten Produkt zu machen, ohne zu wissen oder zu verstehen oder sich überhaupt darum zu kümmern, was eine Zahnbürste wirklich ist oder leistet. Arbeit als Produktionskraft ist heute nur noch eine Komponente unter vielen anderen, wenn es darum geht, etwas zu erzeugen, beziehungsweise dieses Etwas als Teil einer Öffentlichkeit erscheinen zu lassen.

Das ist vielleicht der Grund, warum das, was einmal Arbeit hiess, heute als Projekt bezeichnet werden kann (oder als solches gelten will). Ein Projekt umfasst das Erschaffen von etwas, das nicht unbedingt als sichtbares Werk erscheinen muss. Ein Projekt fühlt sich an, als wären viele Mann an Deck, die trotz unterschiedlichen Interessen und Fähigkeiten alle einem gemeinsamen Ziel dienen. Ein Projekt funktioniert, wenn es das Gefühl eines grossen Zeltes vermittelt. Oder eines Büros.

Heute muten solche Überlegungen seltsam an, weil es in den Vereinigten Staaten mehr Arbeitslose gibt als je zuvor seit den 1970er Jahren. Die offizielle Arbeitslosenquote liegt momentan bei 9,6 Prozent, aber diese Zahl ist natürlich viel rosiger, als das, was auf den Strassen wirklich los ist. Die Menschen brauchen Arbeit, aber es scheint keine zu geben. Worin unterscheidet sich das Finden von Arbeit vom wirklichen Arbeiten, das Erfinden eines Werkes vom Erschaffen eines Werkes?

Erstmals veröffentlicht als Antwort ohne Titel in: *Art Journal*, 70, Nr. 1, Frühling 2011, S. 70. Wiederabdruck mit freundlicher Genehmigung.

X jxm vlr rpb pelria ilpb vlr

Meine erste Karte machte ich 2004. Sie entstand zusammen mit einer Gruppe, die sich *Friends of William Blake* nannte. Ich zeichnete Manhattan südlich vom Central Park und führte auf der Karte alle Veranstaltungen und Aktionen auf, die 2004 in New York im Zusammenhang mit dem Nationalkonvent der Republikaner stattfanden. Die Idee war, einen kostenlosen Stadtplan zu erstellen, der den Leuten helfen sollte, den Weg zu den Republikanern zu finden oder ihnen aus dem Weg zu gehen. Es funktionierte – so gut, dass wir nicht nur den Demonstranten, sondern auch unwissenden Konventteilnehmern zeigen konnten, in welchem Striplokal die republikanische Delegation aus Utah eine Fundraising-Aktion durchführte und wo Dick Cheney eine Gala im Zentrum von Manhattan gab. Die Karte bot so wenig Orientierung, wie sie viel Verwirrung stiftete.

Seither schuf ich zahlreiche Karten, alle mehr oder weniger unbrauchbar für Leute, die nach dem Weg suchen oder Tipps, wo sie hingehen könnten. Einige gleichen Stadtplänen, andere sehen nach nichts Besonderem aus. Inzwischen weiss ich, dass ein guter Plan zeigt, wie man sich verirren kann, so dass die Wege, die dahin führen, wo man hin will, sinnlos oder unbedeutend erscheinen – ganz egal, wo dieses *Dort* auch liegen mag. Ein guter Plan ist auch ein wunderbarer Ort, um Dinge ganz offen zu verbergen, wie Mitteilungen oder Informationen, die aufbewahrt, aber nicht enthüllt werden sollen. Der *Entwendete Brief* als Kompositionsprinzip. Das sieht zum Beispiel so aus:

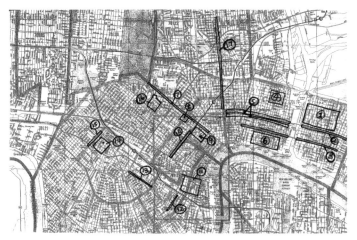

Auf dieser Karte von New Orleans markierte ich die Stadtviertel, auf die wir uns bei der Organisation der Aufführung von *Waiting for Godot in New Orleans* konzentrierten. Das Viereck Nr. 1 ist der untere Neunte Bezirk, wo die Uraufführung stattfand. Nummer 4 bezeichnet eine heruntergekommene und verlassene Schule, in der wir tagsüber probten. Und 17 ist die Strasse mit den besten *Taco Trucks* von New Orleans. Die Karte zeigt eine Stadt, die nicht nach Klassen oder Rassen, sondern nach ästhetischen Motiven unterteilt ist.

Die nächste Karte stammt von Gavin Kroeber, einem Produzenten des Projekts. Sie zeigt eine Aufsicht der *Godot-*«Bühne» in Gentilly, dem anderen Viertel der Stadt, wo wir das Stück vor einem verlassenen Haus aufführten. Was ich an dieser Karte immer geschätzt habe (ausser der Art und Weise, wie der gelbe Markierstift die Zeichnung wie eine Leuchtreklame illuminiert), ist, wie Gavin die Höhe jeder Betonstufe vermass, die zum Haus hinaufführte (Mitte der Karte), was natürlich wichtig war, weil die Schauspieler genau wissen mussten, wie viele Stufen sie in einigen Szenen zu nehmen hatten, um vom verwüsteten Rasen zur Haustür zu gelangen. Die Genauigkeit liess die Teile noch mehr zu einem Ganzen werden.

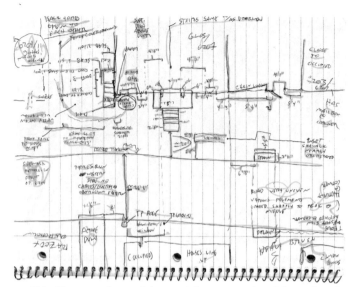

Die Karte rechts zeichnete ich, um meine Ideen für die *Godot*-Inszenierung im unteren Neunten Bezirk schematisch darzustellen. Sie hat nichts von der Präzision von Gavins Zeichnung. Doch im Wesentlichen folgte die Aufführung den Vorgaben der Zeichnung, wenn auch nur im Sinn der bestimmten Negation. Das heisst, egal womit ich anfange, es ist immer zu viel. Dieses Zuviel muss gestrafft und verwandelt werden, bis eine Art entrümpelter Ausdruck dessen übrig bleibt, was mir anfänglich vorschwebte. In gewisser Hinsicht also spiegelt das, was ich hier gezeichnet habe, wider, was tatsächlich herauskam, insofern die Skizze darstellt, was das Werk *nicht* sein sollte. *Godot* blieb der Form treu, indem das Projekt weniger wurde, als ich wollte, und mehr, als es sein sollte. Am Ende gab es im Hintergrund keine Wohnwagen, die aussahen wie die der öffentlichen Katastrophenschutzbehörde. Zum Glück gab es keine Filmscheinwerfer bei den Sitzplätzen unter der Vorbühne. Wir haben die Strassen auch nie richtig abgesperrt, so dass Autos, Fahrradfahrer oder Fussgänger, die im Quartier unterwegs waren, jederzeit auf die Bühne gelangen konnten, die ja nur die Mitte einer Strassenkreuzung war.

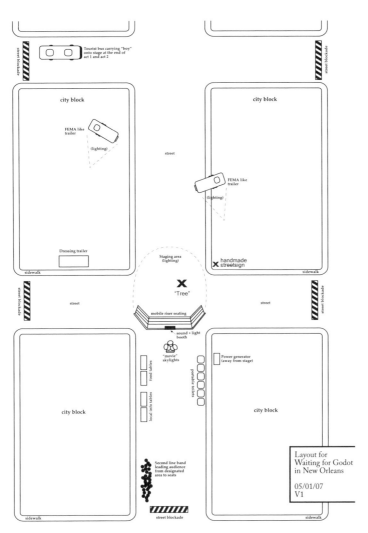

Die Liste auf der nächsten Seite hält die unvergesslichsten oder nützlichsten Wörter und Ausdrücke fest, die mir während des *Godot*-Projekts begegneten oder zu Ohren kamen. Ein *burner*, zum Beispiel, ist ein Wegwerf-Mobiltelefon. Ich habe *burner* hauptsächlich benutzt, als ich in New Orleans war, weil ich meine

PROPHIT

- BURNER
- GHOST
- TIME
- PROFIT / PROPHET
- NET
- GROSS
- TALK
- ALIEN
- SUCCESS
- INTENTIONS
- ORGANIZING
- COLLECTVITY
- ARCHIVE
- FRONTS
- NECCESITY
- PROHIBITIONS
- STREETS
- OVERHEAD
- ENEMIES
- HATERS
- PAPERWORK
- NATURE
- PEDAGOGY
- GOV'MENT
- REALIGNMENTS
- IGNORANCE
- 'SHUT UP'
- NON-PROFITS
- FLATNESS (AFTER BOB)
- LOSS
- MAGICAL NAMES
- PARABASIS (AFTER AGAMBEN)
- PERIPHERY (SIDEWAYS WORK)
- ABANDONMENT

ANABASIS

VIA
NEGATIVA!

Erreichbarkeit während der Arbeit (und auch sonst) einschränken musste. Ich benutze sie heute noch. Die Liste ist sozusagen die erste Konzeptskizze des Projekts. Diese Stichworte und Ausdrücke bildeten die Koordinaten zur Errichtung des Fundaments, auf dem das Werk schliesslich aufgebaut werden konnte. *Anabasis* ist der Titel eines Werks des griechischen Schriftstellers und

Historikers Xenophon. Es ist im Wesentlichen eine Geschichte darüber, wie man den Weg nach Hause findet, ohne zu wissen wie. *Flatness* bezieht sich auf die Herausforderung, die Unterscheidung zwischen Vorder- und Hintergrund oder Figur und Grund aufzuheben, um ein kompositorisches Feld frei von hierarchischer Ordnung zu erhalten, in dem jedes Element gleich weit von der imaginären Membran entfernt ist, die Aussen und Innen (des Werks) trennt.

Dies ist keine Landkarte. Aber es ist etwas, das ich gezeichnet habe und das für mich schliesslich eine Art Sinnbild für *Godot* wurde. Es ist fast keine Zeichnung und kaum eine Partitur. Aber es ist alles da. Gogo und Didi. Pozzo und Lucky. Der Junge. Hatte ich während der Produktion einen Moment für mich oder war allein, nahm ich das Blatt jeweils aus einer abgenutzten Kartonmappe hervor, schaute es an und machte mir meine Gedanken.

Allegro? Moderato? Tutta Forza? Largo? Perdendosi?

Erstmals veröffentlicht als «X jxm vlr rpb pelria ilpb vlr», in: *Art Journal* online, Frühling 2011. http://artjournal.collegeart.org/?p=1432. Wiederabdruck mit freundlicher Genehmigung.

Wanderlustig

Was bedeutet Wandel? Niemand steigt zweimal in denselben Fluss, schrieb Heraklit. Die Welt ist heute unvorstellbar anders als 500 v. Chr. Viele Flüsse sind so verschmutzt, dass schwer vorstellbar ist, dass überhaupt jemand auch nur einmal hineinsteigen möchte. Doch sind die Dinge nicht *so* anders, dass Heraklits Erkenntnis nicht mehr einleuchten würde. Wandel ist immer noch eine unerbittliche, allgegenwärtige Kraft, bedeutsam und banal in einem. Das ist die List des Wandels. Alles fliesst; nichts bleibt. Und es geschieht, ob wir wollen oder nicht. Wie das Verrinnen der Zeit. Wandel ist sinnlich und wirklich gewordene Zeit.

Und doch, wenn das Gespräch auf den Wandel kommt, wird gewöhnlich beklagt, wie selten er eintritt und wie sehr wir mehr davon brauchen, wenigstens von der richtigen Art. Dies ist ein Wandel, der die Einbildungskraft anregt, da er nicht von der Natur bestimmt wird (wie Heraklit glaubte), sondern in unseren Händen liegt. Was wir wollen, wenn wir Wandel fordern, ist nicht, dass die Dinge bloss anders werden, sondern dass sie besser mit unseren Wünschen übereinstimmen. An einen solchen Wandel wollen die Menschen glauben, weil mit diesem Glauben das Gefühl verbunden ist, dass wir einen Einfluss auf die Entwicklung unseres Lebens haben.

Ein solcher Wandel ist nicht unerbittlich, sondern menschlich (allzumenschlich, wie Nietzsche geistreich bemerkte). Es ist der Unterschied, der von den und für die Menschen geschaffen wird. Deshalb ist der Ruf nach Wandel auch so verführerisch, denn diese Art von Wandel ist in seinem Wesen gesellschaftlich. Oft ist es angenehm, Teil von etwas zu sein, das mächtiger ist als man selbst, und das, was man selbst will, in den Stimmen der anderen widerhallen zu hören. Jeder Ruf nach Wandel ist wie Sirenengesang: Jene, die ihn vernehmen, werden in die Gesellschaft der Singenden gelockt. Eine Gemeinschaft besteht gewissermassen – wie ein Chor – in diesen gemeinsam gesungenen Liedern.

Dass Menschen Wandel wollen, ist kein Geheimnis. Wohl aber, warum jene, die ihn am meisten wollen, am wenigsten dafür tun. Es ist eher die Regel als die Ausnahme, dass die, die andere unbedingt umstimmen wollen, meist nicht bereit sind, die eigene Meinung zu ändern. Es ist, als wäre die Fähigkeit, andere zu ändern, von der eigenen Sturheit abhängig. Fortschritt ist in gewissem Sinn die Genugtuung zu sehen, wie andere endlich den Punkt erreichen, wo man selbst zufällig steht. Wandel geschieht bei den anderen: Die sollen die schmutzige Arbeit machen. Die Eingeweihten stehen auf einer höheren Stufe. Hat Gott deshalb seinen einzigen Sohn zu unserer Rettung geopfert, statt selbst zu sterben und die Menschheit zu retten?

Es gibt einen Wandel, der weder unumgänglich noch erzwungen ist. Er ist so selten wie ein blauer Mond und erleuchtet die Nacht der Welt genauso hell. Äussere Einflüsse zwingen ihn nicht gänzlich ins Sein, und unsere Einstellung versteht ihn nicht unbedingt als Teil des natürlichen Verlaufs unserer Entwicklung. Und man weiss nie, wann er kommt. Es gibt keine Ankündigung. Man kann ihn nicht planen. Mehr noch, wenn er kommt, meint man, es sei etwas schiefgelaufen.

Manchmal gibt es bei der Arbeit einen Moment, in dem das, was ich machen will, mit dem, womit ich es mache, so verschmilzt, dass das Werk gegen meinen Willen eine eigene Form annimmt. Es ist, als ob ich nicht mehr der Erste Beweger wäre. An diesem Punkt wird das, was ich vor mir habe, so fremd, wie ich mir im Grunde selbst bin. Das ist der Punkt, den ich immer zu erreichen suche.

Es ist ein Fehler, den man immer wieder macht. Ich suche ständig nach diesem Moment, was natürlich dumm ist. Er kommt nie, wenn man danach sucht. Trotzdem bleibe ich geduldig. Was kann man mehr tun? Nicht viel, ausser vielleicht Trost in der Tatsache zu finden, dass es schon einmal geschehen ist und sich · vielleicht wiederholen wird – wenn nicht bei mir, dann vielleicht bei jemandem, der gar nicht danach sucht, aber der Sache auch nicht abgeneigt ist.

Was ist es denn genau? Die Möglichkeit, sich sozusagen im Akt des Schaffens so zu verlieren, dass mit der Zeit das Geschaffene denjenigen, der es erschafft, neu schafft. Danach ist man unheilbar anders – für sich und für andere: wanderlustig voran.

Man denke an Yvonne Rainer, die in den frühen 1970er Jahren das Tanzen aufgab – wohl auf der Höhe ihrer Leistungskraft und ihres Einflusses –, um Filme zu machen. Natürlich nicht ganz aus heiterem Himmel: Rainer hatte schon vorher projizierte und bewegte Bilder in ihr Werk einbezogen. Aber die Arbeit und die Welt, die sie als Künstlerin kannte, hinter sich zu lassen, um sich ganz anderen Dingen und Formen zuzuwenden, war ebenso bemerkenswert wie überraschend. In den nächsten zwei Jahrzehnten drehte sie sieben Spielfilme. Im Jahr 2000 kehrte sie schliesslich wieder zum Tanz zurück, was in mancher Hinsicht genauso unerwartet war wie die frühere Abkehr.

Oder Rimbaud, der Prosagedichte verfasste, die das Wesen der Poesie veränderten, nur um dann das Schreiben ganz aufzugeben und als Händler nach Aden und später nach Ostafrika zu gehen. Dass er von seinem Liebhaber und Mentor Paul Verlaine angeschossen wurde, hatte vielleicht etwas mit dem Wandel zu tun; aber es gibt auch Hinweise dafür, dass er das Schreiben bereits aufgegeben hatte und die Schusswunde bloss der Punkt am Ende eines kurzen und glänzenden Satzes war. Und was ist mit Philip Guston, dessen berüchtigte Rückkehr zur gegenständlichen Malerei nach drei Jahrzehnten Abstraktem Expressionismus alle auf die Palme brachte? Niemand konnte damals die nervösen Linien und pervers fleischigen Farben ertragen, mit Ausnahme, so scheint es, von de Kooning. Der sah, denke ich, was Gustons wulstige Köpfe und Clownschuhe wirklich darstellten.

Was ich hier beschreibe, möchte ich als Guston-Moment bezeichnen. Es ist der Moment, in dem sich der Wandel weder als völlig voraussagbar noch als völlig determiniert zeigt. Guston ist zufällig auf einen Wendepunkt in seinem Werk gestossen und drehte sich weiter. Interessant ist aber, dass er so weit vom Weg abkam, dass er sich wieder fand. Es ist seltsam, wie das geht. Andere haben sich auf diese Weise gefunden. Duchamp, indem er sich aus der Kunst zurückzog. Dylan, indem er zur Elektrogitarre griff. Saulus, indem er zu Paulus wurde.

Erstmals veröffentlicht als «Wanderlusting», in: *Art in America*, Juni 2012, S. 58–59. Wiederabdruck mit freundlicher Genehmigung.

Zu *Volumes*
Text für die documenta 13

Eines Tages hob ich meine gebundene Ausgabe von Schopenhauers *Parerga und Paralipomena* vom Boden in meinem Atelier auf. Ich riss die Seiten vom Einband weg und zerriss die losen Blätter. Ich wollte gerade den staubigen Leinen- und Kartoneinband zerreissen, als mir auffiel, dass er mir – so ganz flach und hochkant gestellt – vertraut vorkam. Etwas an der Proportion des Rechtecks oder vielleicht am abgegriffenen Gewebe der Einbanddecke fühlte sich wie trockene, aschfahle Haut an.

Ich leimte Holzstücke auf die Rückseite des Einbandes, um ihn zu verstärken. Dann hängte ich ihn an einer nackten Wand auf und liess ihn dort. Die Zeit verging. Nicht besonders viel geschah.

Eines Tages begann ich auf dem Einband zu malen. Ich malte drei Berge, weil seine vertikale Dimension nach einer Landschaft zu verlangen schien. In der Nähe meines Ateliers gibt es keine Berge, und meine Internetverbindung war unterbrochen, also malte ich aus dem Gedächtnis.

Als ich fertig war und das Bild betrachtete, merkte ich, dass ich diese Berge noch nie in meinem Leben gesehen hatte. Sie waren mir fremd. Ich war schon in den Bergen gewesen und habe auch Zeit auf dem einen oder anderen verbracht, aber nicht auf diesen. Und die Art und Weise, wie sie sich leicht von der Oberfläche des Einbandes abhoben, machte sie nur noch fremdartiger und kruder. Aber es missfiel mir nicht. Die Zeit war nicht vergeudet. Und es war ja Sonntag. Sie wirkten spöttisch, göttlich und heiter.

Ich begann weitere Bücher zu zerstören, um sie zu bemalen – an Wochenenden. Jeder Umschlag schien etwas anderes zu verlangen: einige Expressionistisches, andere Naturalistisches, andere wiederum einfach Monochromes. Gelesen habe ich die auseinandergerissenen Bücher nie.

Erst später verstand ich, dass die Oberflächen dieser Bücher in ihrem Auflösungsprozess nicht nach Bildern verlangten (auch wenn sie visuell und materiell waren), sondern nach Manifestationen von Begriffen, die ebenso (und immer) ihrem Ende entgegengehen: Natur und Malerei.

Ich bin in der Stadt aufgewachsen, also verstehe ich wohl nicht besonders viel von der Natur. Von der Malerei verstehe ich noch weniger. Das einzige, wovon ich wirklich etwas verstehe, ist meine Sensibilität für Licht und das Vergehen der Zeit. Was gibt es noch mehr zu verstehen? Warum alles endet, vermutlich. Doch warum das Warum?

Erstmals veröffentlicht ohne Titel in: *Documenta 13 3/3: The Guidebook*, Berlin: Hatje Cantz, 2012. Wiederabdruck mit freundlicher Genehmigung.

Fonts

und

Werke

Häufig gestellte Fragen zur *Alternumerik*

Was ist Alternumerik?

Die Alternumerik untersucht das Verhältnis von Sprache und Interaktivität, indem sie den einfachen Computerfont in eine Kunstform verwandelt, welche die Kluft zwischen dem, was wir schreiben, und dem, was wir meinen, auslotet. Indem sie die einzelnen Buchstaben und Zahlen (die alphanumerischen Zeichen) durch textuelle und grafische Fragmente ersetzt, die dem Getippten eine radikal andere Bedeutung verleihen, verwandelt die Alternumerik jeden mit einem Drucker verbundenen Computer in einen interaktiven Kunstproduktionsapparat.

Zurzeit gibt es vier alternumerische Fonts (Schrifsätze).[1] Sie sind mit Macintosh und Windows kompatibel und funktionieren mit jedem Programm, das mit Schriften arbeitet. Jeder Font wird von Arbeiten begleitet, die diesen verwenden, um das Verhältnis auszuloten zwischen dem, was eingetippt, was übersetzt und was – im Grunde – kommuniziert wird, wenn wir Sprache einsetzen, um die Freuden einer Utopie, das sich ständig entziehende Selbst, die Spannung des Begehrens oder die Poesie der Stille zu schildern.

Was hast du gegen Helvetica?

Ich weiss nicht mehr, warum ich Fonts in Formen umzuwandeln begann, die das Bedeutungspotenzial von Schrift zugleich einschränken und erweitern. Es war nicht so, dass die Sprache für mich nicht mehr funktioniert hätte. Ich konnte mit dem bestehenden alphanumerischen Zeichenvorrat auf meiner Tastatur nach wie vor Liebe und Böswilligkeit ausdrücken und auch den unendlichen Raum der Zukunft: Ich konnte durchaus noch schreiben. Aber ich wollte mehr. Ich wurde unersättlich. Ich wollte, dass die Sprache nur noch für mich funktionierte und für niemanden sonst.

Warum Fonts? Warum nicht eine Linux-basierte, MIDI-kontrollierte linguistische Datenbank mit einer interaktiven Satellitenverbindung zu einer Kamera, die heimlich japanischen Schulmädchen nachspioniert?

Zunächst einmal ist es leicht, Fonts zu erstellen. Im Gegensatz zu anderen Tätigkeiten im Kontext der Neuen Medien hat sich die Herstellung von Fonts kaum verändert. Die Politik der laufenden Überalterung jeglicher Technologie verurteilt die Kunst der Neuen Medien ohnehin zu permanenter Rückständigkeit. Die Technologie sollte der Kunst niemals die Form diktieren; sie kann ihr höchstens das Tätigkeitsfeld vorgeben.

Das Feld, in dem Fonts zum Zuge kommen, ist weit und intim zugleich. Sie wurden als Teil des Betriebssystems auf unsere Computer geladen, so dass jedes Programm, das mit Schriften arbeitet, auf sie zugreifen kann. Textverarbeitungsprogramme werden so zu linguistischen Wunschmaschinen; Datenbanksoftware wird zum Sade'schen Regulator philosophischer Kuchendiagramme und perverser Kurven. Habe ich erwähnt, dass Fonts sehr klein sind? Ihr Dateiumfang ist stets unter 100 KB, so dass praktisch jeder Computer mit ihnen arbeiten kann. Einfach. Allgegenwärtig. Viral.

Was hast du letzten Endes wirklich gemacht? Ganz im Ernst.

Ich habe im Wesentlichen die materiellen Möglichkeiten dieser Fonts, etwas Immaterielles zu bezeichnen, reduziert, indem ich das Materielle spezifischer, historischer, weniger universal und – für mich – berechenbarer gemacht habe. Und wie jedes System, das eine Welt reduziert, indem es versucht, alles über sie zu wissen, ist es tragisch. Man denke etwa an Diderots Enzyklopädie. Oder an den Sozialismus.

Deshalb kommt einem dazu immer das Wort «tragisch» in den Sinn. Diese Fonts schreiben mit den Narben anderer Körper. Sie arbeiten wie blutende Systeme.

[1] Nachdem die Originalfonts im Jahr 2000 ins Netz gestellt worden waren, entstanden von 2002 bis 2007 noch sieben weitere, kostenlos herunterladbare Fonts. Ab 2008 entstand als Teil des Werkkomplexes, der schliesslich als *Sade for Sade's Sake* bekannt werden sollte, ein neues Set von Fonts. Diese 21 Schriften funktionieren technisch wie alternumerische Schriften, sind jedoch ästhetisch und philosophisch auf das *Sade*-Projekt zugeschnitten.

I	DON'T REMEMBER	~~CAN'T~~ CAN'T BE SURE	NEVER GOT IT	I...
a	b	c	d	e

WILL FORGET IT	IMAGINE	·ABLY MISREAD IT	APOLOGIZE	SOMETIMES I
k	l	m	n	o

OR MAYBE YOU	DON'T UNDERSTAND	LIZE THE GRAVITY	MAY NEVER KNOW	DON'T MEAN MUCH
u	v	w	x	y

~~........~~	..IT'S TOUGH, I KNOW)	(I'M NOT KIDDING)	(ITS A BIT SAD)	~~........~~
E	F	G	H	I

~~........~~	AND THAT'S THAT	ALL VERY C ' USING)	(HOPE THIS HELPS)	(ITS NOT THAT FU)NY
O	P	Q	R	S

(YES ? MAYBE ?)	(IS THAT ALL ?)	VANESSA,	AMANDA,	ANGIE,
Y	Z	1	2	3

JULIANNE,	REMEMBER	FUCK! ME?	WHAT?	IN GENERAL ~~......~~
9	0	!	@	#

SLEEP	WITH ME	LISTEN,	WHAT?	PLEASE
(	)	-	=	+

Self Portrait as a font—print (2000), True Type Font für Mac und PC

WILL FORGET YOU	ELY COMPREHEND	DIDN'T MEAN THAT	BECAUSE I	DON'T FOLLOW
f	g	h	i	j

WANT TO EAT	DON'T LIKE IT	DON'T MEAN IT	PLAIN FORGOT	NEVER KNOW
p	q	r	s	t

;R IT DIFFERENTLY	~~illegible~~	(MOST LIKELY)	(FUNNY)	(HONESTLY)
z	A	B	C	D

WH TE E THAT MEAN	(DO I ; MEAN THAT)	(I'M SORRY)	MARX SAID IT N T E	NO OTHER WAY INK
J	K	L	M	N

(I DON'T GET IT)	~~illegible~~	(UOLT'I E OULD KNOW	(IT'S MEAN LESS)	(ITS NOTHING)
T	U	V	W	X

ANNA,	TERESA,	RANIA,	MICAH,	TOPIARY,
4	5	6	7	8

NO	WHAT?	WHAT?	WHAT?	UNCONDITIONAL'
$	%	^	&	*

-A MINOR PAUSE-	-SILENCE-	THINK STRAIGHT	WAKE	WITH ME
,	.	?	[	]

Letter to a friend who doesn't seem to want to be my lover (2001, Auszug)

(IT'S A BIT SAD) I WANT TO EAT WANT TO EAT DON'T MEAN MUCH (MOST LIKELY) I ... IMAGINE I NEVER KNOW I ...
NEVER GOT IT (FUNNY) DIDN'T MEAN THAT BECAUSE I APOLOGIZE I ... PLAIN FORGOT I ...
(NO OTHER WAY I THINK) I ... REALIZE THE GRAVITY (YES ? MAYBE ?) I ... I DON'T MEAN IT PLAIN FORGOT -SILENCE-
~NEVER KNOW~ NEVER KNOW REALLY, I PLAIN FORGOT NEVER KNOW DIDN'T MEAN THAT I ... DON'T MEAN MUCH I ...
I DON'T MEAN IT SOMETIMES I WILL FORGET YOU NEVER KNOW DIDN'T MEAN THAT I ... PLAIN FORGOT
APOLOGIZE I WILL FORGET IT I ... -MINOR PAUSE- PLAIN FORGOT SOMETIMES I DON'T REMEMBER I ...
REALIZE THE GRAVITY I DON'T MEAN IT I ... SOMETIMES I WILL FORGET YOU REALIZE THE GRAVITY I ... I
PLAIN FORGOT I ... IMAGINE DON'T MEAN MUCH NEVER KNOW DON'T MEAN MUCH WANT TO EAT I ... PLAIN FORGOT I
APOLOGIZE NEVER GOT IT WANT TO EAT I ... SOMETIMES I WANT TO EAT IMAGINE I ... REALIZE THE GRAVITY
DIDN'T MEAN THAT SOMETIMES I ~CAN'T~ WON'T BE SURE I APOLOGIZE PLAIN FORGOT REALIZE THE GRAVITY I
IMAGINE IMAGINE SOMETIMES I REALIZE THE GRAVITY DON'T MEAN IT SOMETIMES I NEVER GOT IT I ...
APOLOGIZE NEVER KNOW PLAIN FORGOT REALIZE THE GRAVITY DIDN'T MEAN THAT SOMETIMES I IMAGINE I ...
-SILENCE- ~NEVER KNOW~ DON'T FOLLOW OR MAYBE YOU PLAIN FORGOT NEVER KNOW
BARELY COMPREHEND SOMETIMES I NEVER KNOW DON'T REMEMBER I ~CAN'T~ WON'T BE SURE WILL FORGET IT
WILL FORGET YOU DON'T MEAN IT SOMETIMES I PROBABLY MISREAD IT (HONESTLY)(FUNNY) I
WILL FORGET YOU I ... REALIZE THE GRAVITY NEVER GOT IT I DON'T MEAN MUCH PLAIN FORGOT
I BARELY COMPREHEND SOMETIMES I -SILENCE- (IT'S MEANINGLESS) I ... DON'T MEAN IT I ...
DON'T MEAN MUCH SOMETIMES I OR MAYBE YOU NEVER KNOW DIDN'T MEAN THAT I ... DON'T MEAN IT I ...
DON'T UNDERSTAND BECAUSE I PLAIN FORGOT BECAUSE I NEVER KNOW BECAUSE I APOLOGIZE BARELY COMPREHEND
WILL FORGET YOU DON'T MEAN IT BECAUSE I I ... APOLOGIZE NEVER GOT IT PLAIN FORGOT WHAT?
WILL FORGET YOU I PROBABLY MISREAD IT BECAUSE I IMAGINE DON'T MEAN MUCH CAN'T THINK STRAIGHT.
~NEVER KNOW~ REALIZE THE GRAVITY SOMETIMES I DON'T MEAN IT WILL FORGET IT REALIZE THE GRAVITY
BECAUSE I NEVER KNOW DIDN'T MEAN THAT I BARELY COMPREHEND DON'T MEAN IT SOMETIMES I OR MAYBE YOU
WANT TO EAT SOMETIMES I WILL FORGET YOU PROBABLY MISREAD IT I ... NEVER GOT IT BECAUSE I I I
~CAN'T~ WON'T BE SURE NEVER KNOW BECAUSE I DON'T UNDERSTAND BECAUSE I PLAIN FORGOT NEVER KNOW PLAIN FORGOT
I APOLOGIZE NEVER GOT IT REALIZE THE GRAVITY I ... REALIZE THE GRAVITY I ... APOLOGIZE NEVER KNOW
NEVER KNOW SOMETIMES I (HONESTLY)(FUNNY) NEVER KNOW SOMETIMES I REALIZE THE GRAVITY
DON'T MEAN IT BECAUSE I NEVER KNOW I ... I DON'T REMEMBER SOMETIMES I OR MAYBE YOU NEVER KNOW
NEVER KNOW DIDN'T MEAN THAT I ... WANT TO EAT I ... SOMETIMES I WANT TO EAT IMAGINE I ... WANT TO EAT
DON'T MEAN IT SOMETIMES I NEVER KNOW I ... PLAIN FORGOT NEVER KNOW BECAUSE I APOLOGIZE
BARELY COMPREHEND NEVER KNOW DIDN'T MEAN THAT I ... WANT TO EAT DON'T MEAN IT I ... PLAIN FORGOT
BECAUSE I NEVER GOT IT I ... APOLOGIZE NEVER KNOW BECAUSE I I IMAGINE BECAUSE I APOLOGIZE I
OR MAYBE YOU BARELY COMPREHEND OR MAYBE YOU DON'T MEAN IT I NEVER KNOW BECAUSE I SOMETIMES I
APOLOGIZE -SILENCE- (I DON'T GET IT) DIDN'T MEAN THAT I ... REALIZE THE GRAVITY I ... I
NEVER KNOW DIDN'T MEAN THAT I ... DON'T MEAN IT REALIZE THE GRAVITY I PLAIN FORGOT
PROBABLY MISREAD IT BECAUSE I PLAIN FORGOT I ... DON'T MEAN IT I DON'T REMEMBER IMAGINE I ...
DON'T REMEMBER OR MAYBE YOU NEVER KNOW BECAUSE I NEVER KNOW REALIZE THE GRAVITY I PLAIN FORGOT
WANT TO EAT DON'T MEAN IT SOMETIMES I NEVER GOT IT OR MAYBE YOU ~CAN'T~ WON'T BE SURE NEVER KNOW BECAUSE I

VANESSA, DON'T UNDERSTAND I.... –SILENCE– (NO OTHER WAY I THINK) SOMETIMES I SOMETIMES I APOLOGIZE I...
BARELY COMPREHEND SOMETIMES I NEVER KNOW PLAIN FORGOT I...DON'T MEAN IT BECAUSE I SOMETIMES I
OR MAYBE YOU PLAIN FORGOT IMAGINE DON'T MEAN MUCH DIDN'T MEAN THAT OR MAYBE YOU DON'T MEAN IT
NEVER KNOW I APOLOGIZE NEVER GOT IT NEVER KNOW DIDN'T MEAN THAT I... WANT TO EAT SOMETIMES I
IMAGINE BECAUSE I WON'T CAN'T BE SURE I... NEVER GOT IT BECAUSE I NEVER GOT IT APOLOGIZE REALLY, I
NEVER KNOW OR MAYBE YOU PLAIN FORGOT I... NEVER KNOW I...I DON'T MEAN IT BARELY COMPREHEND I
PLAIN FORGOT –ANNOR PAUSE– REALIZE THE GRAVITY DIDN'T MEAN THAT BECAUSE I WON'T CAN'T BE SURE
DIDN'T MEAN THAT BECAUSE I PLAIN FORGOT I IMAGINE REALIZE THE GRAVITY I DON'T MEAN MUCH
PLAIN FORGOT I WANT TO EAT SOMETIMES I PLAIN FORGOT BECAUSE I NEVER KNOW BECAUSE I DON'T UNDERSTAND
I... PLAIN FORGOT BECAUSE I BARELY COMPREHEND APOLOGIZE –SILENCE–
(NO OTHER WAY I THINK) SOMETIMES I REALIZE THE GRAVITY BECAUSE I NEVER KNOW REALLY, I PLAIN FORGOT
DON'T REMEMBER I WON'T CAN'T BE SURE WILL FORGET IT NEVER KNOW SOMETIMES I PROBABLY MISREAD IT
DON'T MEAN MUCH BARELY COMPREHEND DON'T MEAN IT BECAUSE I APOLOGIZE NEVER GOT IT –SILENCE–
(I DON'T GET IT) I... I WON'T CAN'T BE SURE DIDN'T MEAN THAT BECAUSE I APOLOGIZE BARELY COMPREHEND IMAGINE
SOMETIMES I I NEVER GOT IT NEVER KNOW DIDN'T MEAN THAT BECAUSE I PLAIN FORGOT PLAIN FORGOT I...
PROBABLY MISREAD IT I...PLAIN FORGOT NEVER KNOW I...DON'T MEAN IT BECAUSE I PLAIN FORGOT IMAGINE
BECAUSE I BARELY COMPREHEND DIDN'T MEAN THAT NEVER KNOW PLAIN FORGOT SOMETIMES I NEVER KNOW
DIDN'T MEAN THAT I DON'T UNDERSTAND I... NEVER KNOW BECAUSE I PROBABLY MISREAD IT I... NEVER KNOW
SOMETIMES I REALIZE THE GRAVITY SOMETIMES I DON'T MEAN IT WILL FORGET IT SOMETIMES I APOLOGIZE
PROBABLY MISREAD IT DON'T MEAN MUCH SOMETIMES I APOLOGIZE PLAIN FORGOT NEVER KNOW OR MAYBE YOU
WILL FORGET YOU WILL FORGET YOU –SILENCE– NEVER KNOW NEVER KNOW DIDN'T MEAN THAT SOMETIMES I
OR MAYBE YOU BARELY COMPREHEND DIDN'T MEAN THAT NEVER KNOW NEVER KNOW REALIZE THE GRAVITY
SOMETIMES I OR MAYBE YOU IMAGINE NEVER GOT IT DON'T MEAN IT OR MAYBE YOU IMAGINE I... NEVER KNOW
DIDN'T MEAN THAT I... REALIZE THE GRAVITY SOMETIMES I DON'T MEAN IT IMAGINE NEVER GOT IT BECAUSE I
WILL FORGET YOU SOMETIMES I APOLOGIZE IMAGINE DON'T MEAN MUCH NEVER KNOW DIDN'T MEAN THAT I
NEVER GOT IT NEVER KNOW BECAUSE I PROBABLY MISREAD IT I...–SILENCE– (NO OTHER WAY I THINK) SOMETIMES I
REALIZE THE GRAVITY NEVER KNOW DIDN'T MEAN THAT I NEVER KNOW NEVER KNOW DIDN'T MEAN THAT I
DON'T UNDERSTAND I... BECAUSE I NEVER KNOW NEVER KNOW DIDN'T MEAN THAT I... BECAUSE I PLAIN FORGOT
SOMETIMES I IMAGINE I NEVER KNOW BECAUSE I SOMETIMES I APOLOGIZE SOMETIMES I WILL FORGET YOU
REALIZE THE GRAVITY SOMETIMES I DON'T MEAN IT WILL FORGET IT BECAUSE I APOLOGIZE BARELY COMPREHEND
DON'T REMEMBER DON'T MEAN MUCH PROBABLY MISREAD IT DON'T MEAN MUCH PLAIN FORGOT I...IMAGINE
WILL FORGET YOU WON'T CAN'T BE SURE SOMETIMES I APOLOGIZE PLAIN FORGOT NEVER KNOW I APOLOGIZE
NEVER KNOW IMAGINE DON'T MEAN MUCH BECAUSE I PLAIN FORGOT PLAIN FORGOT NEVER KNOW I DON'T MEAN IT
NEVER KNOW BECAUSE I APOLOGIZE BARELY COMPREHEND NEVER KNOW SOMETIMES I
NEVER KNOW OR MAYBE YOU DON'T MEAN IT APOLOGIZE PROBABLY MISREAD IT I...
BECAUSE I APOLOGIZE NEVER KNOW SOMETIMES I I
DON'T REMEMBER I PLAIN FORGOT WILL FORGET IT I...NEVER KNOW WON'T CAN'T BE SURE I PLAIN FORGOT I...–SILENCE–
{I WROTE THIS SENTENCE} NEVER KNOW DIDN'T MEAN THAT I... DON'T MEAN IT
NEVER KNOW DIDN'T MEAN THAT I APOLOGIZE

so hot	sweet thang	touch me	faster	(you)
a	b	c	d	e

freak me	the pleasure	love me more	feels nice	oh
k	l	m	n	o

(he)	oh beautiful	I feel it	let's do it	so silky
u	v	w	x	y

don't	it hurts	I'm bleeding	that's enough	oh god stop
E	F	G	H	I

help me	please don't	you're hurting me	help me	rape
O	P	Q	R	S

can't breathe	not happening	yeah	yeah	yeah
Y	Z	1	2	3

yeah	yeah	no	no	no
9	0	!	@	#

stud	angel	(a noise)	oh sugar	no
[	]	-	=	+

Sexual Healing / Shift for harassment (2001), True Type Font für Mac und PC

hold me	tonight	oh god	(me)	don't go
f	g	h	i	j
you complete me	I want you	baby	don't stop	oh girl
p	q	r	s	t
so much love	stop	I mean it	get off me	please stop
z	A	B	C	D
the pain	let go	don't do this	hands off	grow up
J	K	L	M	N
back off	(he)	it's not funny	someone help	I'm begging you
T	U	V	W	X
yeah	yeah	yeah	yeah	yeah
4	5	6	7	8
no	no	no	no	no
$	%	^	&	*
(screams)	(silence)	(in a whisper)	more	(with fanfare)
,	.	?	/	\

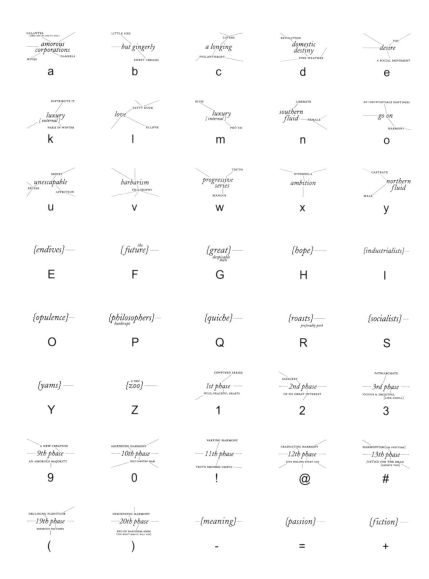

The Future Must Be Sweet (2001), True Type Font für Mac und PC

CIRCLE
friendship

f

BRILLIANT LOVE
the social compass
BRIGHT PASTRIES

g

incoherent household
RANDOM UNHAPPINESS

h

human passion
A PROMISE
social mechanism

i

SPLENDID TOPIARIES
a phalanx
RADIANTLY WEALTHY

j

paternity
PARABOLA

p

GIRAFFE
truth
AWKWARD

q

advent of happiness
5 MEALS A DAY

r

usefulness
pleasure

s

BODILY WEARINESS
treachery
CIVILIZATION

t

a shadow
HAPPINESS   CHAOS

z

{alternatives}
to this ugliness

A

{bunnies}

B

{capitalists}

C

{deers}

D

an attractive
{justice}

J

{kinship}

K

multiple
{lovers}

L

{marmalade}

M

{necessity}

N

{table wine}

T

{utopia}

U

{violence}

V

sugar
{wafers}

W

{unknown}

X

BARBARISM
4th phase
BETTER THAN CHINA

4

CIVILIZATION
5th phase
YOU ARE HERE

5

GUARANTEEISM
6th phase
NEOLIBERALISM
[NO GUARANTEE AT ALL]

6

DAWN OF HAPPINESS
7th phase
SOCIALISM AND GOOD FOOD

7

ADVENT OF HAPPINESS
8th phase
COMBINED ORDER
OF PASSIONS

8

A SPLENDID PLATEAU
14th phase
AMOROUS MARTYRDOM

$

SLIGHT INCLINE
15th phase
EVEN MORE AROMATIC COFFEE

%

SEPTIGENERIC CREATION
16th phase
AN ASCENDING PLENITUDE

^

APOGEE OF HAPPINESS
17th phase
INTERLUDE OF ABOUT 8,000 YRS

&

DESCENDING HARMONY
18th phase
DOWNHILL FROM HERE

*

a sorry state

,

HOPE
without reason

.

{civilization}

?

framue is a scholar's hell
FOURIER

/

utopia is a state of society where men would no longer critique fourier —BARTHES

~

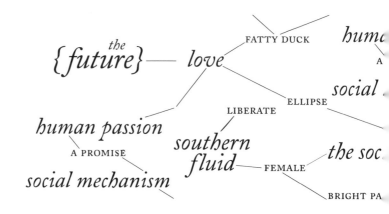

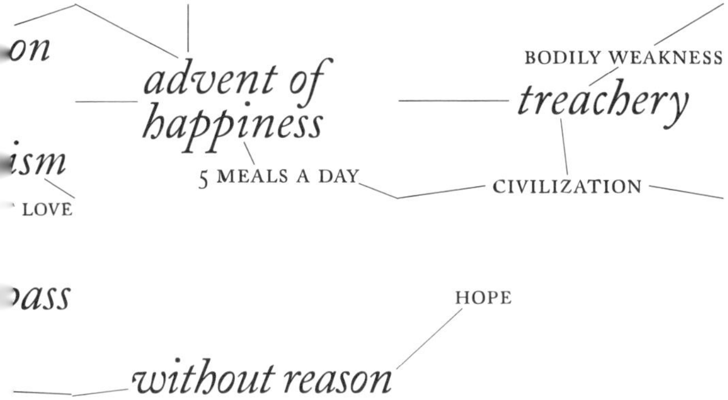

on

advent of happiness

ism

LOVE

BODILY WEAKNESS

treachery

5 MEALS A DAY

CIVILIZATION

ass

HOPE

without reason

Flirting.

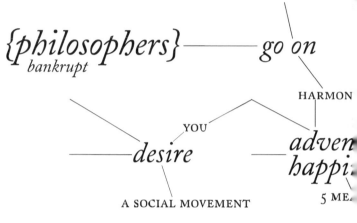

AN INSUPPORTABLE EMPTI

{philosophers}
bankrupt

go on

HARMON

YOU

desire

*adven
happi*

A SOCIAL MOVEMENT

5 ME

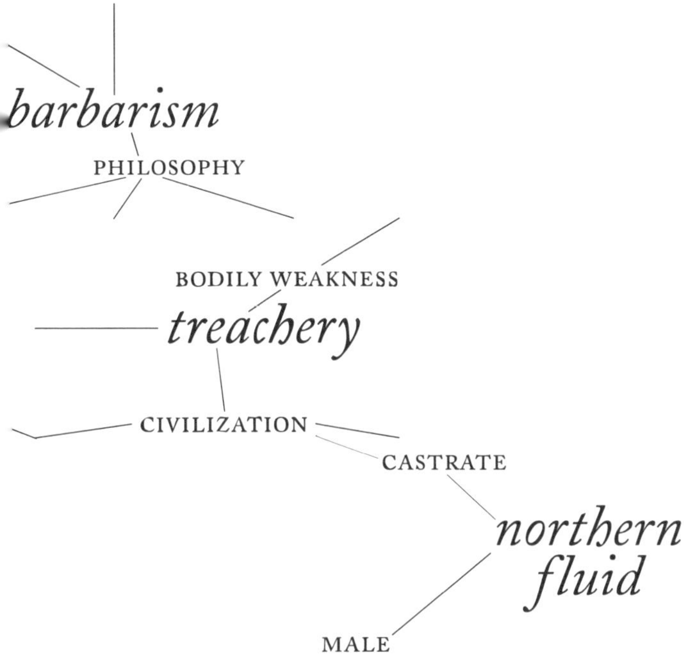

barbarism

<small>PHILOSOPHY</small>

<small>BODILY WEAKNESS</small>

treachery

<small>CIVILIZATION</small>

<small>CASTRATE</small>

*northern
fluid*

<small>MALE</small>

Poverty

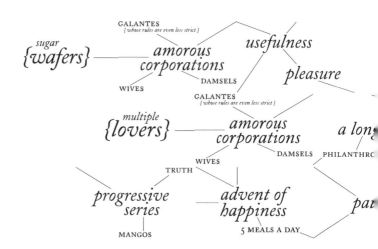

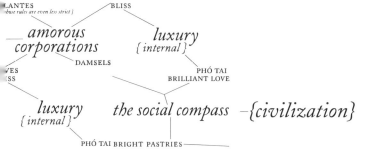

ANTES
hose rules are even less strict }

BLISS

amorous corporations

luxury
{ internal }

DAMSELS

PHÓ TAI
BRILLIANT LOVE

VES
SS

luxury
{ internal }

the social compass –*{civilization}*

PHÓ TAI BRIGHT PASTRIES

Was Lacan wrong?

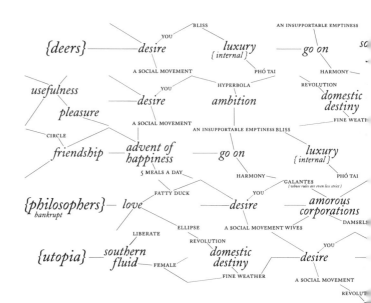

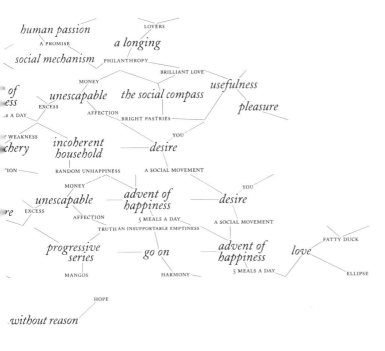

human passion
LOVERS
A PROMISE
a longing
social mechanism
PHILANTHROPY
BRILLIANT LOVE
MONEY
usefulness
of
ess
unescapable
the social compass
EXCESS
pleasure
S A DAY
AFFECTION
BRIGHT PASTRIES
WEAKNESS
incoherent household
YOU
chery
desire
ION
RANDOM UNHAPPINESS
A SOCIAL MOVEMENT
MONEY
YOU
unescapable
advent of happiness
desire
e
EXCESS
AFFECTION
A SOCIAL MOVEMENT
5 MEALS A DAY
TRUTH AN INSUPPORTABLE EMPTINESS
FATTY DUCK
progressive series
go on
advent of happiness
love
MANGOS
HARMONY
5 MEALS A DAY
ELLIPSE
HOPE
without reason

Demonic sex drugs from the Pleasure Underworld.

white space

a   b   c   d   e

white space

k   l   m   n   o

white space

u   v   w   x   y

( )   + some   white space   white space   (   )

E   F   G   H   I

Like
a   g(host)   here   white space   white space   come

O   P   Q   R   S

remember   break the
day +   *   *   *

Y   Z   1   2   3

white space   *   white space   white space   white space

9   0   !   @   #

white space   white space   white space   white space   white space

(   )   -   =   +

Blurry but not blind—after Mallarmé (2001), True Type Font für Mac und PC

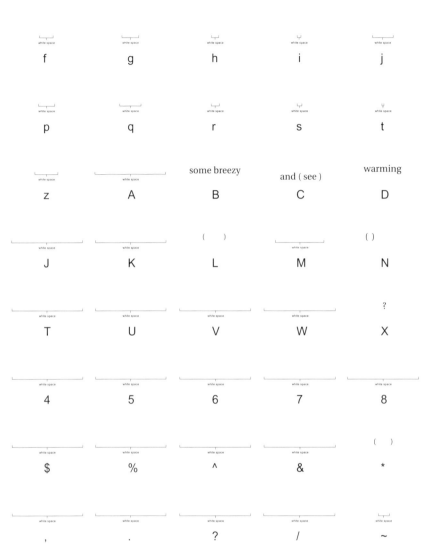

The text you write must desire me (2002)

( )

           (   )

     (   )

     (   )

              ( )

           (   )

come

       (   )

(   )

      come

come and (see)

some breezy

                    remember

                         (   )
                                   (   )

and (see)

                                        remember
                    warming
    come   + some

                                        remember
                    warming

    come   (   )
                              ( )

                         (   )
                    (   )
           (   )

some breezy

(   )

(   )

(   )
( )

(   )

and (see)warming
warming   Like   warming
a   g(host)

+ some

*| |
 * *

+ some

+ some

(   )

)   (*| | | |
        * * *   *

( )

                                    here

                    here

a	b	c	d	e
	WOMEN DON'T GET AIDS THEY JUST DIE FROM IT	THE GOVERNMENT HAS BLOOD ON ITS HANDS	pharmaceuticals QUESTION EXPERTS budgets	ACTION LIFE

k	l	m	n	o
STONEWALL WAS A RIOT	prisoners FIGHT FOR THE LIVING militancy	epidemic REMEMBER THE DEAD lovers	AIDS IS A GLOBAL CRISIS	

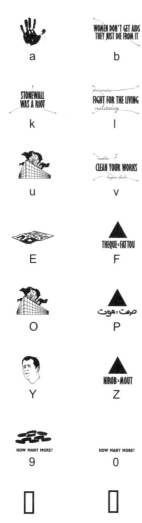

u	v	w	x	y
	needles CLEAN YOUR WORKS layers dabs	bass ins TARGET CITY HALL acya-pesp	violence I HATE STRAIGHTS homophobia	

E	F	G	H	I
	THEQUE=FATTOU	KATAHIMIKAN=KAMATAYAN	TAVSHED=DØD	

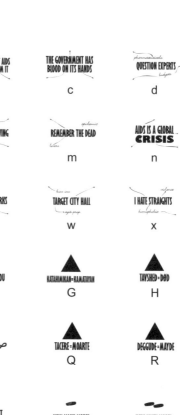

O	P	Q	R	S
	صمت=هوت	TACERE=MOARTE	DEGGUDE=MAYDE	ACCION=VIDA

Y	Z	1	2	3
	NIROB=MOUT	HOW MANY MORE?	HOW MANY MORE?	HOW MANY MORE?

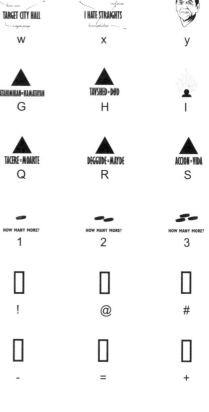

9	0	!	@	#
HOW MANY MORE?	HOW MANY MORE?			

[	]	-	=	+

The party's not over—after ACT-UP (2000–2005, in Zusammenarbeit mit Mary Patten), True Type Font für Mac und PC

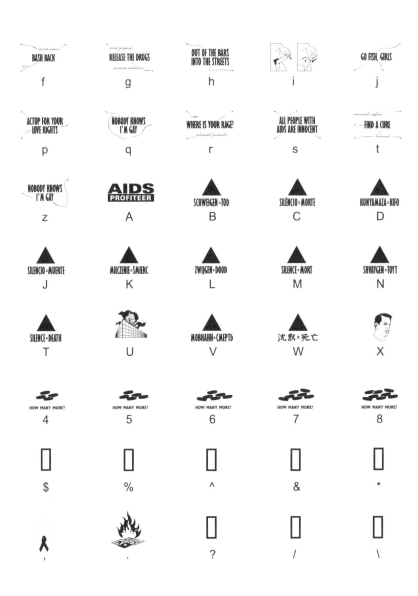

BASH BACK
f

RELEASE THE DRUGS
g

OUT OF THE BARS
INTO THE STREETS
h

i

GO FISH, GIRLS
j

ACTUP FOR YOUR
LOVE RIGHTS
p

NOBODY KNOWS
I'M GAY
q

WHERE IS YOUR RAGE?
r

ALL PEOPLE WITH
AIDS ARE INNOCENT
s

FIND A CURE
t

NOBODY KNOWS
I'M GAY
z

AIDS
PROFITEER
A

SCHWEIGEN = TOD
B

SILENCIO = MORTE
C

KUNYAMAZA = KIFO
D

SILENCIO = MUERTE
J

MILCZENIE = SMIERC
K

ZWIJGEN = DOOD
L

SILENCE = MORT
M

SHVAYGEN = TOYT
N

SILENCE = DEATH
T

U

MOBHAHH = CMEPTb
V

沈默 = 死亡
W

X

HOW MANY MORE?
4

HOW MANY MORE?
5

HOW MANY MORE?
6

HOW MANY MORE?
7

HOW MANY MORE?
8

$

%

^

&

*

,

.

?

/

\

a	b	c	d	e
k	l	m	n	o
u	v	w	x	y

Useless	sex, ... dumplings	an inhuman ethic	to remain weak	a password
E	F	G	H	I

I demand	like an itch	so do it	but be decent	to disappear...
O	P	Q	R	S

..., gluttony	only one song	I'm	vachelos machine	a difficult map
Y	Z	1	2	3

a haunted house	You're			
9	0	!	@	#

(	)	-	=	+

f	g	h	i	j
p	q	r	s	t
z	*a simple desire,* A	*'till I vomit* B	*soon, soon,* C	*without reason* D
your dy... J	*a kind of ...* K	*over and over,* L	*true measure* M	*to eat* N
to fuck T	*or leave me* U	 V	*accurate control* W	*to be tired* X
black 4	*a patient* 5	*a dying patient* 6	*a fascist* 7	*a school boy* 8
$	%	^	? &	 *
I want ,	*a fever* .	?	[	]

An email from Aviv (2002)

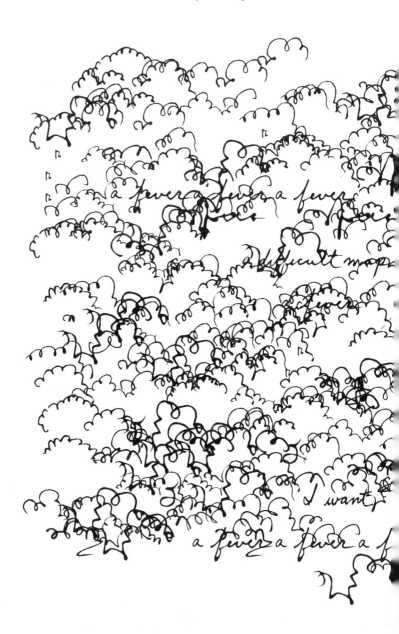

a	b	c	d	e
k	l	m	n	o
u	v	w	x	y
E	F	G	H	I
O	P	Q	R	S
Y	Z	1	2	3
9	0	!	@	#
(	)	-	=	+

卅	卅	卅	卅	卅
f	g	h	i	j
卅	卅	卅	卅	卅
p	q	r	s	t
卅	/	卅I	///	卅 ///I
z	A	B	C	D
///I	//	卅I	///I	///
J	K	L	M	N
卅 ///I	/	///I	卅 ///I	X
T	U	V	W	X
///I	卅	卅I	卅II	卅 II
4	5	6	7	8
⬛	⬛	/	⬛	✳
$	%	^	&	*
--	+	⬛	⬛	⬛
,	.	?	[	]

Black Panther Omega 2000 (2000–2005). True Type Font für Mac und PC

f

g

h

i

j

p

q

r

s

t

z

A

B

C

D

J

K

L

M

N

T

U

V

W

X

WE WANT DECENT HOUSING, FIT FOR SHELTER OF HUMAN BEINGS

4

WE WANT EDUCATION THAT EXPOSES THE TRUE NATURE OF THIS DECADENT AMERICAN SOCIETY

5

WE WANT ALL BLACK MEN TO BE EXEMPT FROM MILITARY SERVICE

6

WE WANT AN IMMEDIATE END TO POLICE BRUTALITY AND MURDER OF BLACK PEOPLE

7

WE WANT FREEDOM FOR ALL BLACK MEN HELD IN FEDERAL STATE COUNTY AND CITY PRISONS AND JAILS

8

$

%

^

&

*

,

.

?

/

\

blah	blah	blah	blah	blah
a	b	c	d	e
blah	blah	blah	blah	blah
k	l	m	n	o
blah	blah	blah	blah	blah
u	v	w	x	y
Blah	Blah	Blah	Blah	Blah
E	F	G	H	I
Blah	Blah	Blah	Blah	Blah
O	P	Q	R	S
Blah	Blah	1	2	3
Y	Z	1	2	3
9	0	!	@	#
9	0	!	@	#
(	)	-	=	+
(	)	-	=	+

blah f	blah g	blah h	blah i	blah j
blah p	blah q	blah r	blah s	blah t
blah z	Blah A	Blah B	Blah C	Blah D
Blah J	Blah K	Blah L	Blah M	Blah N
Blah T	Blah U	Blah V	Blah W	Blah X
4 4	5 5	6 6	7 7	8 8
\$ \$	% %	^ ^	& &	* *
, ,	. .	? ?	/ /	~ ~

The United States constitution (2006, Auszug)

Blah blah blah blah blah Blah blah blah blah blah blah blah blah blah blah blah
Blah blah blah blah blah blah Blah blah blah blah blah blah , blah blah Blah blah -
blah blah blah blah blah blah blah blah blah blah blah blah blah blah
blah blah blah blah blah blah blah Blah blah blah blah blah , blah blah blah blah blah -
blah blah blah blah Blah blah blah blah blah blah blah , blah blah blah blah blah blah
blah blah blah blah blah blah blah blah Blah blah blah blah blah blah blah blah -
blah blah blah , blah blah blah blah blah blah blah blah blah blah blah blah blah
blah blah blah blah blah blah blah blah blah blah blah blah blah , blah blah blah -
blah blah blah blah blah blah blah blah blah blah blah blah blah blah Blah blah blah -
blah blah blah blah , blah blah blah blah blah blah blah blah blah blah blah blah
Blah blah blah blah blah blah blah blah blah blah blah Blah blah blah blah blah blah blah
blah blah blah blah blah blah blah blah blah blah blah blah blah blah blah blah blah
Blah blah blah blah blah blah blah blah blah , blah blah blah blah blah blah blah blah
blah blah blah blah blah blah blah blah blah blah blah blah blah blah blah blah
Blah blah blah blah blah blah blah blah blah blah blah blah blah blah blah
blah blah blah Blah blah blah blah blah blah Blah blah blah blah blah blah blah blah
Blah blah blah blah blah blah blah

Blah blah blah blah blah blah blah . Blah .

Blah blah blah blah blah blah blah 1.

Blah blah blah blah blah blah blah blah blah blah blah blah blah blah Blah blah blah -
blah blah blah blah blah blah blah blah blah blah blah blah blah blah blah blah
blah blah blah blah blah blah blah blah blah blah blah blah blah blah blah
blah Blah blah blah blah blah blah blah blah blah blah blah blah blah
Blah blah blah blah blah blah Blah blah blah blah blah blah , blah blah blah blah blah
blah blah blah blah blah blah blah blah blah blah blah blah blah blah blah
Blah blah blah blah blah blah blah blah blah Blah blah blah blah blah blah blah
Blah blah blah blah blah blah blah blah blah blah blah blah blah blah blah .

Blah blah blah blah blah blah blah . 2.

Blah blah blah blah blah blah 1: Blah blah blah Blah blah blah blah blah blah blah
Blah blah blah blah blah blah blah blah blah blah blah blah blah blah blah
blah blah blah blah blah blah blah blah blah blah blah blah blah blah blah
blah blah Blah blah blah blah blah blah blah blah blah blah blah blah blah
blah blah blah blah blah blah blah blah blah blah blah Blah blah blah blah
blah blah blah blah blah Blah blah blah blah blah blah blah blah blah blah blah
blah blah blah blah blah blah blah Blah blah blah blah blah blah , blah blah blah
blah blah blah Blah blah blah blah blah blah blah blah blah blah blah blah blah blah
Blah blah blah blah blah blah blah blah blah blah blah blah blah blah blah blah blah
Blah blah blah blah blah blah blah blah blah blah blah blah blah blah blah blah blah -
blah blah blah blah blah blah blah blah blah Blah blah blah blah blah blah blah blah
blah blah blah blah blah blah blah blah blah blah blah blah blah blah blah blah blah
Blah blah blah blah blah blah blah blah blah blah blah Blah blah blah blah blah
Blah blah blah blah blah blah blah blah blah blah blah .

Blah blah blah blah blah blah 2: Blah blah Blah blah blah blah blah blah
blah blah blah blah blah blah blah blah Blah blah blah blah blah blah blah blah -
blah blah blah blah blah blah blah blah blah blah blah blah blah blah blah blah blah
blah blah blah blah blah blah blah blah blah blah blah blah blah blah blah blah blah
Blah blah blah blah blah blah blah blah blah blah blah blah blah blah blah
Blah blah blah blah blah , blah blah blah blah blah blah blah blah blah blah -
blah blah Blah blah blah blah blah blah Blah blah blah blah blah blah blah blah blah
blah blah blah Blah blah blah blah blah blah Blah blah blah blah blah blah ,
blah blah blah blah blah blah blah blah blah blah blah blah blah blah ,
blah blah blah blah blah blah blah blah blah blah blah , blah blah blah blah
Blah blah blah blah blah blah blah blah blah blah blah blah blah blah blah blah
Blah blah blah blah blah blah blah blah blah blah blah blah blah blah
blah blah blah blah blah blah blah blah blah blah blah blah blah .

Blah blah blah blah blah blah 3: Blah blah blah blah blah blah blah blah -
blah blah blah blah blah blah blah blah blah blah blah blah blah blah blah blah
Blah blah blah blah blah blah blah blah blah blah blah blah blah blah -
blah blah blah blah blah blah blah blah blah blah blah blah blah blah
blah blah blah blah blah blah blah blah blah blah blah Blah blah blah blah blah blah

blah blah blah blah blah blah blah blah blah blah blah blah blah blah blah blah -
blah blah blah blah blah blah blah blah blah blah blah blah Blah blah blah blah blah ,
blah blah blah blah blah blah blah blah blah blah blah blah blah blah blah blah
blah blah blah blah blah blah blah blah blah blah Blah blah blah blah blah blah blah ,
blah blah blah blah blah blah blah blah blah blah blah blah blah blah blah blah blah -
blah blah blah blah blah blah blah blah blah blah blah blah blah blah blah
blah blah blah blah blah blah blah blah Blah blah blah blah blah blah blah blah
blah blah blah blah Blah blah blah blah blah blah blah , blah blah blah blah blah blah -
blah blah blah blah blah blah blah blah blah blah blah blah blah blah blah
Blah blah blah blah blah blah blah blah blah blah blah Blah blah blah blah blah blah
Blah blah blah blah blah blah , blah blah blah blah blah blah blah blah blah blah blah blah
Blah blah blah blah blah blah blah blah blah blah blah blah blah blah blah ,
blah blah blah blah blah blah blah blah blah blah blah blah blah blah blah blah
blah blah blah blah blah Blah blah blah blah blah blah blah . (Blah blah blah
Blah blah blah blah 2) Blah blah blah blah blah blah blah blah blah Blah blah blah -
blah blah blah blah blah blah blah blah blah blah blah blah blah blah blah
blah blah blah blah blah blah blah blah blah blah blah blah blah blah blah
Blah blah blah blah blah blah blah blah blah blah blah blah blah blah blah blah blah blah
Blah blah blah blah blah blah blah blah blah blah blah blah Blah blah blah -
blah blah blah blah blah blah blah blah blah blah Blah blah blah blah blah blah
Blah blah blah blah blah blah , blah blah blah blah blah blah blah blah blah
blah blah blah blah blah blah blah blah blah blah blah blah blah blah blah
Blah blah blah blah blah blah blah blah blah Blah blah blah blah blah , blah blah
blah blah blah blah Blah blah blah blah blah blah blah blah blah blah blah blah
blah blah blah blah blah blah blah Blah blah blah blah blah blah blah blah blah .
Blah blah blah Blah blah blah blah blah blah blah blah Blah blah blah blah blah -
blah blah blah blah blah blah blah blah blah blah blah blah blah blah blah
blah blah blah blah blah blah blah blah blah blah blah blah blah blah blah blah blah -
blah blah blah blah blah blah blah blah blah Blah blah blah blah blah blah blah blah ,
blah blah blah blah blah blah blah Blah blah blah blah blah blah blah blah blah blah
blah blah blah blah blah blah Blah blah blah blah blah blah blah blah
Blah blah blah blah blah blah blah blah blah blah blah blah blah blah ; blah blah blah
blah blah blah blah blah blah blah blah blah blah blah blah blah blah blah blah -
blah blah blah blah blah blah blah blah blah blah blah blah blah blah blah blah ,

blah blah blah Blah blah blah blah blah blah blah Blah blah blah Blah blah blah blah -

blah blah blah blah blah blah blah blah blah blah blah blah blah blah blah blah -

blah blah blah blah blah blah blah blah blah blah blah blah blah blah blah blah ,

Blah blah blah blah blah blah blah blah blah blah blah blah blah blah blah blah blah blah ,

Blah blah blah blah blah -Blah blah blah blah blah blah blah blah blah blah

Blah blah blah blah blah blah blah blah blah blah Blah blah blah blah blah blah -

blah blah blah blah blah blah blah blah , Blah blah blah blah blah blah blah blah -

blah blah blah blah blah blah blah , Blah blah blah -Blah blah blah blah blah blah blah ,

Blah blah blah Blah blah blah blah blah blah blah blah blah blah , Blah blah blah blah -

blah blah blah blah blah blah blah blah blah blah blah blah blah , Blah blah blah -

blah blah blah blah blah blah blah blah , Blah blah blah blah blah blah blah blah

blah blah blah , Blah blah blah blah blah blah blah blah blah blah blah ,

Blah blah blah blah blah Blah blah blah blah blah blah blah blah blah blah blah blah ,

Blah blah blah blah blah Blah blah blah blah blah blah blah blah blah blah blah blah ,

blah blah blah Blah blah blah blah blah blah blah blah blah blah blah blah .

Blah blah blah blah blah blah 4: Blah blah blah blah blah blah blah blah blah -

blah blah blah blah blah blah blah blah blah blah blah blah blah blah blah blah

Blah blah blah blah blah blah blah blah blah blah blah blah blah blah

blah blah blah blah blah blah blah Blah blah blah blah blah , blah blah blah Blah blah -

blah blah blah blah blah blah blah Blah blah blah blah blah blah blah blah blah

blah blah blah blah blah blah blah blah blah blah blah blah blah blah blah blah blah

Blah blah blah blah blah blah blah Blah blah blah blah blah blah blah blah blah blah

blah blah blah blah blah blah blah blah Blah blah blah blah blah blah blah blah blah .

Blah blah blah blah blah blah 5: Blah blah blah Blah blah blah blah blah blah blah

Blah blah blah blah blah blah blah blah blah blah blah blah blah blah blah

blah blah blah blah blah blah blah blah blah blah blah blah blah blah blah

Blah blah blah blah blah blah blah blah blah blah blah blah blah blah blah

Blah blah blah blah blah blah blah blah ; blah blah blah blah blah blah blah blah

blah blah blah blah blah blah blah blah blah blah blah Blah blah blah blah blah

blah blah Blah blah blah blah blah blah blah blah blah blah blah .

Blah blah blah blah blah blah blah . 3.

Blah blah blah blah blah blah 1: Blah blah blah Blah blah blah blah blah blah

blah blah blah blah blah Blah blah blah blah blah blah Blah blah blah blah blah blah

a	b	c	d	e
k	l	m	n	o
u	v	w	x	y
E	F	G	H	I
O	P	Q	R	S
Y	Z	1	2	3
9	0	!	@	#
(	)	-	=	+

The Wave, Gone (2005), True Type Font für Mac und PC

_____	_____	_____	_____	_____
- - -	- - -	- - -	- - -	- - -
f	g	h	i	j
_____	_____	_____	_____	_____
- - -	- - -	- - -	- - -	- - -
p	q	r	s	t
_____	_____	_____	_____	_____
- - -	- - -	- - -	- - -	- - -
z	A	B	C	D
_____	_____	_____	_____	_____
- - -	- - -	- - -	- - -	- - -
J	K	L	M	N
_____	_____	_____	_____	_____
- - -	- - -	- - -	- - -	- - -
T	U	V	W	X
_____	_____	_____	_____	_____
- - -	- - -	- - -	- - -	- - -
4	5	6	7	8
_____	_____	_____	_____	_____
- - -	- - -	- - -	- - -	- - -
$	%	^	&	*
_____	_____	_____	_____	_____
- - -	- - -	- - -	- - -	- - -
,	.	?	[	]

a	b	c	d	e
k	l	m	n	o
u	v	w	x	y
E	F	G	H	I
O	P	Q	R	S
Y	Z	1	2	3
9	0	!	@	#
(	)	-	=	+

The River, Gone (2005), True Type Font für Mac und PC

_____	_____	_____	_____	_____
f	g	h	i	j
p	q	r	s	t
z	A	B	C	D
J	K	L	M	N
T	U	V	W	X
4	5	6	7	8
$	%	^	&	*
,	.	?	[	]

Mortgage refinance spam
as unevenly lined note paper
(2001, Auszug)

stop,	closer,	tighter,	wider,	there,
a	b	c	d	e
wake up,	stay,	harder,	turn,	rise,
k	l	m	n	o
wrong,	stoop,	open,	sit,	shhh,
u	v	w	x	y
I said	nothing...	a pity...	not hard...	impotent...
E	F	G	H	I
I said	a joke...	no luck...	shit...	futile...
O	P	Q	R	S
aw snap...	a failure...	cry,	moan,	think,
Y	Z	1	2	3
whimper,	hum,	do it,	now,	do it,
9	0	!	@	#
do it,	do it,	do it,	now,	do it,
(	)	-	=	+

Oh Bishop X (2008), True Type Font für Mac und PC

higher,	enough,	deeper,	shutup,	hold it,
f	g	h	i	j
down,	no—	bend,	come,	don't,
p	q	r	s	t
slow,	I said	awful...	a waste...	misery...
z	A	B	C	D
a shame...	limp...	fuck...	useless...	a dud...
J	K	L	M	N
I said	I said	no luck...	hopeless...	soft...
T	U	V	W	X
yell,	whisper,	reason,	breathe,	scream,
4	5	6	7	8
do it,		do it,	do it,	do it,
$	%	^	&	*
I said	just...	now,	now,	now,
,	.	?	[	]

rub your	mound,	cock and	armpit,	fuck your
a	b	c	d	e
balls and	pussy, wet	nose and	crack and	hit your
k	l	m	n	o
eat your	nipple,	lips and	feet,	ear and
u	v	w	x	y
Grab my	Slowly I	Master,	More more	Frig that
E	F	G	H	I
Frig my	Whore,	Cunt,	Robot,	First I
O	P	Q	R	S
Highness,	Soon I	1 hour	2 hours	3 times,
Y	Z	1	2	3
9 times,	whenever	scream.	yell,	whimper,
9	0	!	@	#
broken	bloody	pungent	admire that	plus
(	)	-	=	+

slit and	knee and	hit that,	suck your	tits and
f	g	h	i	j
cum,	cunt and	mouth,	ass and	hole and
p	q	r	s	t
dick and	Bite my	Fucker,	Slut,	Father,
z	A	B	C	D
Yes yes	Next I	Dog,	Then	laugh,
J	K	L	M	N
Now I	Eat my	Faster I	Slave,	Daddy,
T	U	V	W	X
4 times,	5 hours	6 times ,	7 days	8 days
4	5	6	7	8
again			laugh,	squalid
$	%	^	&	*
laugh,	you know what.	and then?	disgusting	revolting
,	.	?	[	]

hmm	*hhhhm*	*ssmm*	good boy	*mmm*
a	b	c	d	e
mmor	harder	*mmf*	*oooh*	*glupp*
k	l	m	n	o
oh mm	*mhm*	so big	*yaa*	*ulp*
u	v	w	x	y
next	next	next	next	okay you
E	F	G	H	I
come on	come on	come on	come on	come on
O	P	Q	R	S
don't be shy	don't be shy	super	nice job	great job
Y	Z	1	2	3
so talented	so lucky			
9	0	!	@	#
(	)	-	=	+

´ ..

Oh Boy (2008). True Type Font für Mac und PC

right there	*ah*	so good	*hm*	*oh*
f	g	h	i	j
umm	*unng*	ah yes	yes yes	*mmn*
p	q	r	s	t
mmm	now you	come on	now you	now you
z	A	B	C	D
okay you	okay you	okay you	okay you	okay you
J	K	L	M	N
now you	don't be shy	don't be shy	don't be shy	don't be shy
T	U	V	W	X
so smart	so pretty	so tight	so fragrant	so sweet
4	5	6	7	8
$	%	^	&	*
faster	oh boy			
,	.	?	[	]

anxiety,	metamorphosis	symbolic	sadism,	ideal
a	b	c	d	e
zoophilia,	hysteria,	incest,	delirium	trans-
k	l	m	n	o
homo-	epileptic	fetishistic	pedophilia,	masochism,
u	v	w	x	y
I see	a symptom of	I see	I see	I see
E	F	G	H	I
my guess is	a case of	I see	I see	a case of
O	P	Q	R	S
I see	I see	elementary	hyper-	antipathic
Y	Z	1	2	3
alleged	paretic	lustmurder	weakness	satyriasis
9	0	!	@	#
mania	mania			
(	)	-	=	+

Oh Doctor Ebing (2008), True Type Font für Mac und PC

paranoia,	fetishism,	unconscious	hetero-	perversion,
f	g	h	i	j
sexually	nympho-	lust, or	dementia,	psycho-
p	q	r	s	t
necrophilic	I see	a case of	a symptom of	a sign of
z	A	B	C	D
I see	I see	my guess is	I see	I see
J	K	L	M	N
I see	a symptom of	I see	a symptom of	I see
T	U	V	W	X
transitory	demented	periodical	religious	homicidal
4	5	6	7	8
bondage			exhibitionism	anaesthesia
$	%	^	&	*
n other words,	which means,			
,	.	?	[	]

Oh Bishop X
For God's Sake Clean a Hole Yourself!! (2008)

nothing... rise, bend,
a pity... rise,
wider, come,
futile... stop,
wake up, there,
a waste... stay, there, stop, turn,
stop,
not hard... rise, stay, there,
aw snap... rise, wrong, bend,
come, there, stay, higher, do it, do it,
do it,

Oh Blangis
So street, mo Deep, I luv Mo'Nique. (2008)

First I hit your
ass and hole and mouth,
fuck your fuck your hole and laugh,
nose and hit your
Father, fuck your fuck your cum,
laugh,
Frig that pussy, wet
eat your nipple, Then hit your crack and suck your
cunt and
eat your
you know what.

Oh Boy
The harpy is past caring. (2008)

now you
so good *mmm* so good
hmm ah yes *umm ulp hm*
yes yes
umm hmm yes yes *mmn*
ssmm hmm
ah yes
hm oooh
ah
oh boy

Oh Doctor Ebing
Your tennis needs improvement. But your fury pleases me. Again? (2008)

I see trans-homo-lust, or
psycho-ideal delirium
delirium hetero-dementia,
delirium ideal
ideal sadism, dementia,
hetero-hetero-incest, sexually lust, or trans-epileptic ideal incest, ideal delirium psycho-
which means,
a case of homo-psycho-masochism,
trans-homo-lust, or
paranoia, homo-lust, or
masochism, sexually
hysteria, ideal anxiety, dementia, ideal dementia,
incest, ideal which means,
I see fetishism,
anxiety,
hetero-delirium

and	licking	in red,	in sweat,	and me,
a	b	c	d	e
in gray,	in hues,	on top	in tongues,	petting
k	l	m	n	o
encunting	in pink	stroking	in green	cumming,
u	v	w	x	y
She knew	He and he	She welcomed	They knew	We together
E	F	G	H	I
We welcomed	He saw	Few sang	A few	We saw
O	P	Q	R	S
No one saw	None welcomed	gasping,	laughing,	sighing,
Y	Z	1	2	3
panting,	breathing,			
9	0	!	@	#
(	)	-	=	+

Oh Gertrude (2008), True Type Font für Mac und PC

with him	in yellow,	until blue,	she	shaking
f	g	h	i	j
sucking,	in curious poses,	Rrose,	and I,	fucking
p	q	r	s	t
until dawn,	We sang	She and she	He knew	She saw
z	A	B	C	D
They sang	They together	They saw	They welcomed	Some knew
J	K	L	M	N
We know	She sang	None knew	He welcomed	Nobody
T	U	V	W	X
giggling,	cooing,	teasing,	joking,	moaning,
4	5	6	7	8
$	%	^	&	*
in heat,	to be.	and true.		
,	.	?	[	]

hmm	*hhhhm*	*ssmm*	*mmd*	*mmm*
a	b	c	d	e
mmor	so good	*mmf*	good girl	*umm*
k	l	m	n	o
oh mm	*glcch*	th's good	*yaa*	*ulp*
u	v	w	x	y
next	next	next	next	okay you
E	F	G	H	I
come on	come on	come on	come on	come on
O	P	Q	R	S
don't be shy	don't be shy	super	nice job	great job
Y	Z	1	2	3
so talented	so lucky			
9	0	!	@	#
(	)	-	=	+

Oh Girl (2008), True Type Font für Mac und PC

oh	*ah*	*sssh*	*ahhh*	th's it
f	g	h	i	j

so nice	*unng*	ah yes	*mhn*	*mmn*
p	q	r	s	t

mmm	now you	come on	now you	now you
z	A	B	C	D

okay you	okay you	okay you	okay you	okay you
J	K	L	M	N

now you	don't be shy	don't be shy	don't be shy	don't be shy
T	U	V	W	X

so smart	so pretty	so tight	so fragrant	so sweet
4	5	6	7	8

$	%	^	&	*

right there	*mmm*			
,	.	?	[	]

I am	restrained as	a nurse,	a virgin,	like
a	b	c	d	e
a horse,	thunder,	a trick,	a whore,	as
k	l	m	n	o
become	wretched as	a dolphin,	passive as	a mother,
u	v	w	x	y
Me	For you,	For you,	For you,	Finally
E	F	G	H	I
Me	For you,	For you,	For you,	For you,
O	P	Q	R	S
For you,	For you,	—O	—M	—:)
Y	Z	1	2	3
—iee	—gone	...	...	...
9	0	!	@	#
...	...	...	...	...
(	)	-	=	+

a student,	supple,	moonlight,	I am	a music,
f	g	h	i	j
lightning,	tight	a tutor,	sublime,	visible as
p	q	r	s	t
a bear,	Me	For you,	For you,	For you,
z	A	B	C	D
For you,	For you,	For you,	For you,	For you,
J	K	L	M	N
Cum now	Me	For you,	For you,	For you,
T	U	V	W	X
—J	—Ss	—two	—bird	—Cn
4	5	6	7	8
...		...	...	...
$	%	^	&	*
a turning,	a gift.	...	...	...
,	.	?	[	]

take	then and	here there,	here and	fuck
a	b	c	d	e
oh fuck	there and	it here,	it and	fuck
k	l	m	n	o
fuck	now and	them and	ah	again
u	v	w	x	y
oh	oh Ebing	oh Juliette	oh girl	oh
E	F	G	H	I
oh	oh Marlo	oh Seduca	oh Nastya	sweet
O	P	Q	R	S
oh Godot	oh daddy	in time	in rhyme	in place
Y	Z	1	2	3
for me	for you			
9	0	!	@	#
(	)	-	=	+

it there,	more	him here,	suck	go go
f	g	h	i	j
here here,	haa	him and	her and	that and
p	q	r	s	t
aah	oh	oh Bishop	oh Narcisse	oh Justine
z	A	B	C	D
oh boy	oh Gertrude	Oh Hodarlin	oh yes	oh no
J	K	L	M	N
Oh ho	oh	oh Vienna	oh Junior	oh Apollo
T	U	V	W	X
in case	in full	for sho	at home	in tomb
4	5	6	7	8
$	%	^	&	*
...	...			
,	.	?	[	]

Oh Gertrude

If the heart still bubbles it is because the puddle has not been drained, and the fact of its bubbling more fiercely than ever is a sign that it is ready to receive consolation from the waste that splutters most, when the bath is nearly empty. (2008)

We together with him fucking until blue, and me, until blue, and me,
and Rrose, fucking and I, fucking she in hues, in hues, licking encunting
licking licking in hues, and me, and I, she fucking she and I, licking and me,
in red, and encunting and I, and me, fucking until blue, and me,
sucking, encunting in sweat, in sweat, in hues, and me, until blue, and and I,
in tongues, petting fucking licking and me, and me,
in tongues, in sweat, Rrose, and she in tongues, and me, in sweat, in heat,
and in tongues, in sweat, fucking until blue, and me,
with him and in red, fucking petting with him she fucking and I,
licking encunting licking licking in hues, she in tongues, in yellow, on top
petting

Rrose, and me, with him she and me, Rrose, in red, and me, in hues, cumming,
fucking until blue, and in tongues, and me, in pink and me, Rrose, she and I, and
and I, she in yellow, in tongues, fucking until blue, and fucking she fucking
she and I, Rrose, and me, and in sweat, cumming, fucking petting

Rrose, and me, in red, and me, she in pink and me,
in red, petting in tongues, and I, petting in hues, and fucking she petting
in tongues, with him Rrose, petting on top fucking until blue, and me,
stroking and and I, fucking and me, fucking until blue, and fucking
and I, sucking, in hues, encunting fucking fucking and me, Rrose, and I,
on top petting and I, fucking in heat, stroking until blue, and me, in tongues,
fucking until blue, and me, licking and fucking until blue, she and I,
in tongues, and me, and Rrose, in hues, cumming,
and me, on top sucking, fucking cumming, to be.

Oh Girl

I'm fine. Sleepy, that's all. (2008)

okay you *mmf*
oh ahhh good girl
good girl *mmm*
come on so good *mmm mmm*
so nice *ulp* right there
mmn sssh hmm mmn
mhn hmm
so good
so good
mmm

Oh Ho_Darlin

Pop is in it to kill it, for reals. (2008)

For you, as lightning,
I am sublime,
I am a whore,
I am visible as
visible as
as a horse, I am thunder, thunder,
I am
visible as a turning,
a student, as a tutor,
a tutor, like
I am thunder, sublime,
a gift.

Oh hO

The organ of taste, BELIEVE ME, is thick but not so long.

Tant pis. (2009)

Oh ho him here,
fuck fuck him and
more take it and fuck it there,
that and take her and that and fuck
...oh Bishop
oh Oh Hodarlin
oh
oh oh Vienna
oh oh yes oh ...
suck her and that and him here, suck here there,
oh fuck then and fuck that and it and fuck that and her and fuck
there and fuck it and more ...
Oh ho take
it and that and
here here, suck
her and ...

fuck me	jesus	so hard	there,	yes
a	b	c	d	e
christ	please	so wet	don't stop,	more
k	l	m	n	o
ride me	so huuuge	so good	do it	hurt it
u	v	w	x	y
you ass	you bitch	you hole	you boner	you dick
E	F	G	H	I
you pig	you shit	you slob	you slut	you cunt
O	P	Q	R	S
you tool	*you critic*	*oh mmn*	*aw mm*	*mm ya*
Y	Z	1	2	3
ohhh	*ahmm*	*aw*		*awww*
9	0	!	@	#
ohga ga	*ohga ga*	*ehah*	*hmghm*	*ahahh*
(	)	-	=	+

more	keep going	yes yes	oh god	like that,
f	g	h	i	j
faster	okay now,	hit that	harder	oh shit
p	q	r	s	t
fuck	you fuck	you pussy	you dog	you whore
z	A	B	C	D
you bum	you fucker	you freak	you scum	you animal
J	K	L	M	N
cum	you fag	you bush	you sissy	you twat
T	U	V	W	X
ah ah	*oh ther*	*aw ssh*	*yah yah*	*mm ah*
4	5	6	7	8
suck me			*aaaho*	*mmllg*
$	%	^	&	*
go on	come on	*ohmm*	*oooh*	*hooo*
,	.	?	[	]

repeatedly	violate,	rob,	flog,	I will
a	b	c	d	e
mutilate,	sodomize,	waterboard,	abuse,	I will
k	l	m	n	o
by law	gangbang,	shit on,	creampie,	brand,
u	v	w	x	y
So mercifully	For God	For heaven	For deliverance	So lawfully
E	F	G	H	I
So legally	For profit	For victory	For principle	For freedom
O	P	Q	R	S
For law	For nothing	for an hour,	for 40 days,	for 40 nights,
Y	Z	1	2	3
for long time,	for who knows,	and then	and then	and then
9	0	!	@	#
and then	and then	and then	and then	and then
(	)	-	=	+

torture,	analize,	for virtue,	I will	tie up,
f	g	h	i	j
humiliate,	pill fuck,	deceive,	rape,	fuck,
p	q	r	s	t
sacrifice,	So dutifully	For family	For morality	For loyalty
z	A	B	C	D
For grace	For kin	For duty	For purity	For me
J	K	L	M	N
I will	So humbly	For fun	For us	For truth
T	U	V	W	X
for 3K,	for 6K,	for nothing,	for friendship,	for 401K,
4	5	6	7	8
and then		and then	and then	and then
$	%	^	&	*
and	you.	and then	and then	and then
,	.	?	[	]

repeatedly	violated,	robbed,	flogged,	I was
a	b	c	d	e
mutilated,	sodomized,	waterboarded,	abused,	I was
k	l	m	n	o
horribly	gangbanged,	shat upon,	creampied,	branded,
u	v	w	x	y
So savagely	For God	For heaven	For deliverance	So badly
E	F	G	H	I
So terribly	For congress	For senator	For principle	For freedom
O	P	Q	R	S
For solidarity	For nothing	for 1 day	for 3 Fridays	for 8 days
Y	Z	1	2	3
for 2 days	for long time	and then	and then	and then
9	0	!	@	#
and then	and then	and then	and then	and then
(	)	-	=	+

tortured,	analized,	for virtue,	I was	tied up,
f	g	h	i	j
humiliated,	pill fucked,	deceived,	raped,	fucked,
p	q	r	s	t
sacrificed,	So cruelly	For family	For morality	For loyalty
z	A	B	C	D
For grace	For kin	For duty	For country	For father
J	K	L	M	N
I was,	So wrongly	For you	For reason	For us
T	U	V	W	X
for 6 days	for a week	for 13 hours	for 8 years	for a bit
4	5	6	7	8
and then		and then	and then	and then
$	%	^	&	*
forgive me,	but no matter.	and then?	and then	and then
,	.	?	[	]

please	fuck me,	you like nice,	it's nice	please
a	b	c	d	e
suck me,	I swear,	nice is good	let me	please
k	l	m	n	o
please	just here,	just there,	rape me,	just the tip,
u	v	w	x	y
I mean it,	I need it,	sweetie	I can't stop,	I want it,
E	F	G	H	I
I want it,	I need it,	I love it,	darling	I want it,
O	P	Q	R	S
I love it,	pretty	1 time	2 times	3 times
Y	Z	1	2	3
9 times	10 times			
9	0	!	@	#
(	)	-	=	+

I'm nice	just let me	it's so nice,	please	buttfuck me,
f	g	h	i	j
just a bit,	eat me,	I promise	won't hurt	come on
p	q	r	s	t
finger me,	I want it,	I mean it,	I need it,	sugar
z	A	B	C	D
I can't stop,	I can't stop,	honey	bunny	I see it,
J	K	L	M	N
I want it,	I mean it,	I love it,	baby	I need it,
T	U	V	W	X
4 times	5 times	6 times	7 times	8 times
4	5	6	7	8
$	%	^	&	*
shit—	...fuck...			
,	.	?	[	]

Oh Juliette

The grammar of being is learned before the
rules of language. The rest is silent. (2008)

cum yes yes yes keep going hit that fuck me so wet so wet fuck me hit that
more more jesus yes oh god don't stop, keep going oh god harder
please yes fuck me hit that don't stop, yes there,
jesus yes more more hit that yes oh shit yes yes yes
hit that ride me please yes harder more more
please fuck me don't stop, keep going ride me fuck me keep going yes come on

cum yes yes yes hit that yes harder oh shit oh god harder harder oh god *ehah*
please yes don't stop, oh shit come on

Oh Junior George

How To Do It Right The First Time? And Can It Be
Clueless Too? (2008)

For deliverance I will shit on,
I will
I will
For loyalty I will
So lawfully fuck,
For principle
I will analize,
for virtue, fuck,
I will for virtue, I will
For God
I will deceive, rape, fuck,
I will I will waterboard, I will
and then

So dutifully abuse, flog,
For morality repeatedly abuse,
So lawfully
fuck,
For family
I will
For morality sodomize, by law I will sodomize,
I will rape, rape,
I will I will I will
and then

Oh Justine

1, 2, 3, 4, What The Hell Are We Fighting For!
Five, Six, Seven, Eight, we demand authentic hate. (2008)

for 1 day forgive me,
for 3 Fridays forgive me,
for 8 days forgive me,
for 6 days forgive me,
For reason for virtue, repeatedly fucked, I was, for virtue, I was
For deliverance I was sodomized, sodomized,
So cruelly deceived, I was
For reason I was
For God I was analized, for virtue, fucked, I was abused, analized,
For God I was deceived, and then

For God I was gangbanged, I was
forgive me,
For freedom I was creampied, forgive me,
For freedom I was gangbanged, I was abused,
forgive me,
So savagely I was analized, for virtue, fucked, forgive me, shat upon,
I was flogged,
I was waterboarded, repeatedly abused, flogged,
repeatedly horribly fucked, for virtue,
I was abused, fucked, I was robbed, for virtue, repeatedly fucked,
I was
but no matter.

Oh man

Something has to change. (2008)

I want it, please nice is good
please
come on it's so nice, please let me
just let me
it's so nice, please
won't hurt
come on please
you like nice, it's so nice, please let me
just let me
please ...fuck...

oh Jesus	own it	don't ask	take it	oh damn
a	b	c	d	e
own me	have me	stay	don't wait	oh God
k	l	m	n	o
oh son	come on	don't beg	don't beg	buy me
u	v	w	x	y
do it	longer,	handle it,	lick,	more,
E	F	G	H	I
stay,	deeper,	think,	touch,	yes,
O	P	Q	R	S
holy,	pray,	go on	go on	go on
Y	Z	1	2	3
go on	go on	!!!	...	...
9	0	!	@	#
...	...	...	...	...
(	)	-	=	+

Oh Marys (2008), True Type Font für Mac und PC

open me	touch it	don't stop	oh holy	don't tell
f	g	h	i	j
sell it	don't leave	please	take me	have it
p	q	r	s	t
believe me	harder,	now,	here,	hold on,
z	A	B	C	D
grab on,	squeeze,	drink,	hot,	feel,
J	K	L	M	N
come,	there,	come,	ah,	delicious,
T	U	V	W	X
go on	go on	go on	go on	go on
4	5	6	7	8
...	...	...	...	...
$	%	^	&	*
?%!	!#$!	?!	...	...
,	.	?	[	]

yes	like this?	tell me,	teach me,	yes
a	b	c	d	e
like that?	go on	show me,	please sir	yes
k	l	m	n	o
yes	in there?	Jesus	that right?	god yes,
u	v	w	x	y
I deserve it,	I need it,	my god	I am yours,	I need it,
E	F	G	H	I
I want it,	I need it,	I know,	preacher	I need it,
O	P	Q	R	S
I deserve it,	senator	more?	louder?	wider?
Y	Z	1	2	3
slower?	lower?			
9	0	!	@	#
(	)	-	=	+

Oh Monica (2008), True Type Font für Mac und PC

shape me,	sir	as you like,	yes	this right?
f	g	h	i	j
god	in here?	oh sir	so good	you like that?
p	q	r	s	t
in there?	I need it,	I know,	I want it,	Mister
z	A	B	C	D
I know,	I deserve it,	Mother	teacher	I am yours,
J	K	L	M	N
I deserve it,	I want it,	I need it,	Father	my dear
T	U	V	W	X
tighter?	looser?	wetter?	again?	faster?
4	5	6	7	8
$	%	^	&	*
more sir,	go on sir,			
,	.	?	[	]

mmm	hmm	smak	mmd	ahhh
a	b	c	d	e
aah	mn	ohh	mmf	ohhoo
k	l	m	n	o
slrcch	glcch	aahgh	yaa	ulp
u	v	w	x	y
AH	HMM	Mnn	SH	SHh
E	F	G	H	I
ShH	hAh	Yahh	Ssh	OOOH
O	P	Q	R	S
hAA	SHHH	whao	whoo	oww
Y	Z	1	2	3
wh	glup	!..	,..	
9	0	!	@	#
...!...	...!...			
(	)	-	=	+

oooh	ah	sssh	slrp	yha
f	g	h	i	j
oho	yaah	slsh	mhn	mn
p	q	r	s	t
hhhhm	MM	HM	Sss	oOH
z	A	B	C	D
yA	HAA	MN	ahhH	Gulp
J	K	L	M	N
AaH	Mh	GP	AHG	AAA
T	U	V	W	X
whoa	whoao	oowsh	whha	whh
4	5	6	7	8
$	%	^	&	*
mmor,	yeess	...?...		
,	.	?	[	]

no	oh sorrow	oh shame	why me,	oh
a	b	c	d	e
oh sadness,	not there	oh misery	oh mercy	please
k	l	m	n	o
don't,	enough	I won't,	god,	dear
u	v	w	x	y
the living	begging	descending	shrinking	the terror
E	F	G	H	I
the balm	crying	dying	weeping	maddening
O	P	Q	R	S
yowling	the damned	no	no	no
Y	Z	1	2	3
really no	nooo	in time		
9	0	!	@	#
		in time		
(	)	-	=	+

Oh Rosette (2008), True Type Font für Mac und PC

let go	pity	is me	stop,	villiany,
f	g	h	i	j
I beg you	so cruel	not that	oh lord	oh woe
p	q	r	s	t
suffer me	the fear	lamenting	suffering	numbing
z	A	B	C	D
wailing	tormenting	dulling	pleading	distressing
J	K	L	M	N
howling	the darkening	fading	fool I am	punishing
T	U	V	W	X
no	no	no	no	no
4	5	6	7	8
in time				
$	%	^	&	*
I refuse,	I become			
,	.	?	[	]

being	the slave,	delicious,	in god	O
a	b	c	d	e
in soul	so old,	the good,	in flesh,	ye
k	l	m	n	o
becomes	in life	spiritual	the spirit	dwells,
u	v	w	x	y
Reason	The wetness	The fuck	The tit	Nature
E	F	G	H	I
Freedom	The feeling	The hair	The spot	The cock
O	P	Q	R	S
The tongue	The skin	time passes	light dims	night falls
Y	Z	1	2	3
Judas knows	( )			
9	0	!	@	#
(	)	-	=	+

Oh Romans (2008), True Type Font für Mac und PC

in evil	in death,	knows,	and not	the free
f	g	h	i	j

in sex	man	in sin,	new	in law,
p	q	r	s	t

woman	Law	The stick	The anus	The hole
z	A	B	C	D

The touch	The swallow	The mouth	The cum	The ass
J	K	L	M	N

The pussy	Violence	The clit	The shaft	The breath
T	U	V	W	X

I stall	death calls	skin pales	mind fails	mystery grows
4	5	6	7	8

$	%	^	&	*

oh lord	praise be.	just		
,	.	?	[	]

Oh Marys

The Inner Life Is No Excuse for Not Cumming to a Standstill. (2008)

come, don't stop
oh damn more,
don't wait don't wait
oh damn please drink, oh holy open me
oh damn more,
take me
feel, oh God do it
don't beg don't ask oh son take me
oh damn open me
oh God please feel, oh God
have it here, oh son stay stay
oh holy
don't wait touch it have it oh God oh Jesus yes, have it
oh Jesus don't wait take it take me
have it oh holy
have me have me !#$!

Oh Monica

Very soon the end of your life will be at hand: consider, therefore, the state of your soul. Today a man is here, tomorrow he is gone. And when he is out of sight, he is out of mind. (2008)

I need it, yes oh sir god yes, so good yes yes please sir
you like that? as you like, yes yes please sir teach me, yes shape me,
god yes, yes yes oh sir go on yes shape me, yes Jesus yes go on go on
like this? yes yes you like that? as you like, yes please sir teach me,
tell me, yes please sir so good yes teach me, yes oh sir more sir,
you like that? as you like, yes oh sir yes shape me, yes oh sir yes more sir,
you like that? as you like, yes so good you like that? yes you like that? yes
yes shape me, god yes, yes yes oh sir so good yes yes go on go on sir,
I deserve it, yes teach me, yes god yes, yes show me, yes please sir yes so good
as you like, yes oh sir yes more sir,
you like that? yes show me, yes oh sir oh sir yes Jesus as you like, yes yes so good
sir yes please sir yes go on sir, I need it, please sir teach me,
Jesus as you like, yes please sir as you like, yes yes so good yes yes you like that?
yes shape me, so good yes sir as you like, you like that? more sir, as you like, yes
yes so good yes yes you like that? yes shape me,
show me, yes please sir teach me, go on sir,

Oh Narcisse
Tell me something I don't know. (2008)

AaH ahhh mn…
mn… ohh…
ahhh… mhn ohhoo ohh…
ahhh mn sssh slrp mmf…
ah…
SHh… mmd…
ohhoo mmf mn…
aah mmf…
ohhoo…
aahgh… yeess…

Oh Rosette
Have courage my sweet, the time is long and getting longer. For happiness is now obsolete: uneconomic. (2008)

shrinking no enough oh oh shame please don't, not that no pity oh
oh misery dear oh lord I won't, oh oh oh woe I refuse, oh woe is me oh
oh woe stop, oh misery oh stop, oh lord not there please oh mercy pity
no oh mercy why me, pity oh oh woe oh woe stop, oh mercy pity
not there please oh mercy pity oh not that I become begging please not that
is me no I beg you I beg you stop, oh mercy oh oh lord oh lord stop, oh lord
oh mercy please I won't, please oh sorrow oh lord please not there oh oh woe oh
the night don't, oh mercy oh oh shame please oh mercy please oh misery stop,
oh shame I become

Oh Romans
Tahiti or me, Art or Brie? A song. (2008)

The pussy being knows, and not in law,
and not
ye in sin, the good,
O
oh lord
Law in sin, in law,
ye in sin,
The stick in sin, and not O
just Law
new ye in flesh, in death,
praise be.

aa	bb	cc	dd	ee
a	b	c	d	e
kk	ll	mm	nn	oo
k	l	m	n	o
uu	vv	ww	xxx	yy
u	v	w	x	y
EE	FF	GG	HH	II
E	F	G	H	I
OO	PP	QQ	RR	SS
O	P	Q	R	S
YY	ZZ	11	22	33
Y	Z	1	2	3
99	00	...	...	...
9	0	!	@	#
...	...	...	...	...
(	)	-	=	+

ff	gg	hh	ii	jj
f	g	h	i	j
pp	qq	rr	ss	tt
p	q	r	s	t
zz	AA	BB	CC	DD
z	A	B	C	D
JJ	KK	LL	MM	NN
J	K	L	M	N
TT	UU	VV	WW	XXX
T	U	V	W	X
44	55	66	77	88
4	5	6	7	8
...	...	...	...	...
$	%	^	&	*
,,	..	??	...	...
,	.	?	[	]

moar	moar	moar	moar	moar
a	b	c	d	e
moar	moar	moar	moar	moar
k	l	m	n	o
moar	moar	moar	moar	moar
u	v	w	x	y
moar	moar	moar	moar	moar
E	F	G	H	I
moar	moar	moar	moar	moar
O	P	Q	R	S
moar	moar	moar	moar	moar
Y	Z	1	2	3
moar	moar			
9	0	!	@	#
(	)	-	=	+

moar	moar	moar	moar	moar
f	g	h	i	j
moar	moar	moar	moar	moar
p	q	r	s	t
moar	moar	moar	moar	moar
z	A	B	C	D
moar	moar	moar	moar	moar
J	K	L	M	N
moar	moar	moar	moar	moar
T	U	V	W	X
moar	moar	moar	moar	moar
4	5	6	7	8
$	%	^	&	*
moar	moar			
,	.	?	[	]

...	more	(breathe)	please	..
a	b	c	d	e
ohgod	harder	(:12 pause)	yes	......
k	l	m	n	o
.....	...	(:03 pause)	(grunt)	(:07 pause)
u	v	w	x	y
...	(open up)	...	(lick)	...
E	F	G	H	I
...	(suck)	...	(push)	(spread)
O	P	Q	R	S
...	...	...I	...ah	...hear
Y	Z	1	2	3
...song	...gulp			
9	0	!	@	#
(	)	-	=	+

righthere	(pant)	cumming	....	dontstop
f	g	h	i	j
cum	fuck	(:05 pause)	(moan)	Im
p	q	r	s	t
faster	...	(all fours)	(kneel)	...
z	A	B	C	D
...	...	(gag)	...	(cry)
J	K	L	M	N
(turn)	...	...	...	...
T	U	V	W	X
...oh	...the	...yeah	...siren	...ooh
4	5	6	7	8
$	%	^	&	*
...	...	just		
,	.	?	[	]

and	BBBJTC	CIM,	DP,	then U
a	b	c	d	e

K9	more	MSOG,	NQNS,	with
k	l	m	n	o

some	maybe	WAH,	XIMQ,	a lil'
u	v	w	x	y

EZ!	F2F,	GOWI	HJ,	IYKWIM
E	F	G	H	I

OWO,	peg it,	luv me	RUTF	srsly
O	P	Q	R	S

YN?	so on...	once	twice	3+
Y	Z	1	2	3

9+	again	!!!	...	...
9	0	!	@	#

...	...	...	...	...
(	)	-	=	+

Oh young Augustine (2008), True Type Font für Mac und PC

FBSM, f	GS, g	half&half h	then I i	juice, j
PIITB, p	QTB, q	RCG, r	SOMF, s	TUMA, t
sorry but z	ATM, A	B&D, B	cuz C	DATY, D
JIC J	KOTL K	LFK, L	MFF M	NQNS N
TS T	UTF, U	VOFRC, V	WWWM W	X4U, X
4+ 4	5+ 5	6+ 6	7+ 7	8+ 8
... $	... %	... ^	... &	... *
2more, ,	2nite, .	?! ?	... [	...]

Oh Troll

Late Morning. It's a beautiful image. Tender and charged at the same time. Might be the way she looks askew. The light also is bright but strange. Going to see some shows this week. Group shows mostly. There is one show that's taken such a drubbing with critics that something must be right with it. But mostly I'm reading. It's become a real pleasure again. Beautiful book on object relations by Bollas. The letters of Marx (Groucho). Trying to use my biggest sex organ for more than just public talks. (2008)

moar moar moar moar moar moar moar moar moar moar moar moar
moar moar moar moar moar moar moar moar moar moar moar moar moar
moar moar moar moar moar moar moar moar moar moar moar moar
moar moar moar moar moar moar moar moar moar moar moar moar
moar moar moar moar moar moar moar moar moar moar moar moar
moar moar moar moar moar moar moar moar moar moar moar moar moar
moar moar moar moar moar moar moar moar moar moar moar moar moar moar
moar moar moar moar moar moar moar moar moar moar moar moar moar moar
moar moar moar moar moar moar moar moar
moar moar moar moar moar moar moar moar moar moar moar moar
moar moar moar moar moar moar moar moar moar moar moar moar moar moar
moar moar moar moar moar moar moar moar moar moar moar moar moar moar
moar moar moar moar moar moar moar moar moar moar moar
moar moar moar moar moar moar moar moar moar moar moar moar moar
moar moar moar moar moar moar moar moar moar moar moar moar moar moar
moar moar moar moar moar moar moar moar moar moar moar moar
moar moar moar moar moar moar moar moar moar moar moar
moar moar moar moar moar moar moar moar moar moar moar moar
moar moar moar moar moar moar moar moar moar moar moar moar moar
moar moar moar moar moar moar moar moar moar moar moar
moar moar moar moar moar moar moar moar moar moar moar
moar moar moar moar moar moar moar moar moar moar moar
moar moar moar moar moar moar moar moar moar moar moar moar moar
moar moar moar moar moar moar moar moar moar moar moar moar
moar moar moar moar moar moar moar moar
moar moar moar moar moar moar moar moar moar moar moar
moar moar moar moar moar moar moar moar moar moar moar
moar moar moar moar moar moar moar moar moar moar moar moar
moar moar moar moar moar moar moar moar moar moar moar moar moar
moar moar moar moar moar moar moar moar moar moar moar moar moar
moar moar moar moar moar moar moar moar moar moar moar
moar moar moar moar moar moar moar moar moar moar moar moar
moar moar moar moar moar moar moar moar moar moar moar moar

Oh there is no one one

I'm not here. (2009)

II mm nnoott hheerree....

Oh Untitled

What is missing? Silence, exile, cunning. Odysseus had it but then
he came home. (2009)

...cumming ...Im....
(moan) (:12 pause)
....(moan)
(moan)....yes (pant)
just (spread) ....harder..
yes (breathe) ....(grunt) ....
harder.....(breathe) .....
yes yes ....yes (pant) ......please (:07 pause) (moan) (moan).......(moan)
cumming ...please ....Im more .....Im Im cumming ..yes cumming ..
(breathe) ...(:12 pause) ..cumming ......
(:12 pause) .....

Oh young Augustine

If cumming is the moment at a standstill, Gogo (or is it Gaga) is
wondering where she should stand ... (2008)

IYKWIM
FBSM, CIM, some MSOG, MSOG,
then I NQNS, GS, then I
SOMF, TUMA, half&half
then U
MSOG, with MSOG, then U
NQNS, TUMA, and TUMA,
and
SOMF, TUMA, and NQNS, DP, SOMF, TUMA, then I
more more 2more, GOWI
with GS, with
...with
RCG, then I SOMF,
then I TUMA, GOWI and GS, and ...then I
SOMF, WAH,
with NQNS, DP,
then U RCG, then I NQNS, GS,
WAH, half&half then U RCG, then U SOMF,
half&half then U SOMF, half&half with some
more DP, SOMF, TUMA, and NQNS,
DP, 2nite, 2nite,
2nite,

Künstler

und

Autoren

Zu Chris Marker

Als ich mir zum ersten Mal einen Film von Chris Marker anschaute, schlief ich ein – gleich zwei Mal. Es war *Le Tombeau d'Alexandre* (1993), Markers Video über das Leben des eigenwilligen russischen Filmemachers Alexander Medwedkin während Aufstieg und Fall der Sowjetunion (oder war es umgekehrt?); als ich aufwachte, war bereits eine Stunde vergangen. Ich schaute weitere zehn Minuten. Dann nickte ich wieder ein. Manchmal denke ich besser, wenn ich döse: Der Gedankenstrudel trägt mich für gewöhnlich in Richtung Erkenntnis.

In den letzten fünf Jahrzehnten machte Marker Filme und Videos (neuerdings auch Installationen), die aus den Unterströmungen der Geschichte aufsteigen. Nun hat Catherine Lupton – endlich – das erste englischsprachige Buch über den Filmemacher vorgelegt: *Chris Marker: Memories of the Future.*[1] Lupton versucht die ausserordentliche Leistung des schwer fassbaren Autors und Künstlers gesamthaft zu würdigen.

Wir wissen, Marker liebt Katzen. Und dass er ein versierter Poet und Autor war, bevor er sich dem Film zuwandte und sein eigenes Genre erfand, den «Filmessay». Als er 1962 die beiden Filme *Le Joli Mai*, eine Cinéma-vérité-Dokumentation über die französische Haltung zu Ende des Algerienkriegs, und *La Jetée* drehte, jenen zukunftsträchtigen Science-Fiction-Film und philosophischen Kurzfilm über Zeitreisen, Gedächtnis und Liebe, hat er Pionierarbeit geleistet, indem er philosophische, sexuelle oder ganz einfach alberne Fantasien zur Grundlage seiner Auseinandersetzung mit und Reflexion zu aktuellen politischen Ereignissen und Themen machte.

Aber wussten Sie, dass Marker von Al Capone fasziniert ist? Oder dass er die *Petite Planète*-Reiseführer mitbegründet hat? Und wie steht es mit der (von Lupton überzeugend dargelegten) These, dass der Katholizismus seinen Sinn für und seine Suche nach einer globalen visuellen Bildsprache geprägt hat?

Das Buch vermittelt noch andere Einsichten. Und ausführliche Interpretationen seiner erzählerischen Filme und Videos. Der engagierte, verspielte, prophetische Marker verdient dieses Buch – und viele weitere. Schlaft mit ihm ein. Er kann uns helfen, ein neues Jahrhundert zu erträumen.

Erstmals veröffentlicht als «Books: Best of 2005», in: *Artforum*, Dezember 2005, S. 91. Wiederabdruck mit freundlicher Genehmigung.

[1] Catherine Lupton, *Chris Marker: Memories of the Future*, London: Reaktion Books, 2005.

Zu Theodor W. Adorno

Zu Beginn ist der Text witzig: «Zur Selbstverständlichkeit wurde, dass nichts, was die Kunst betrifft, mehr selbstverständlich ist, weder in ihr noch in ihrem Verhältnis zum Ganzen, nicht einmal ihr Existenzrecht.»[1] Und er ist überraschend zartfühlend: «Schön gilt allen der Gesang der Vögel; kein Fühlender, in dem etwas von europäischer Tradition überlebt, der nicht vom Laut einer Amsel nach dem Regen gerührt würde.»[2] Ich weiss, kein Mensch liest die *Ästhetische Theorie*, um in Tränen auszubrechen. Immerhin handelt es sich um Adorno, den finsteren Fürsten der Nachkriegsphilosophie. Nach Auschwitz, unter der sich ausbreitenden Herrschaft der Kulturindustrie und inmitten des Aufbruchs vom Mai 1968, sieht er keine Möglichkeit, der Herrschaft zu entkommen, und kein Nachlassen des Leidens. Er klingt düster: «Kunst heute ist anders denn als die Reaktionsform kaum mehr zu denken, welche die Apokalypse antizipiert.»[3] Dennoch hält Adorno an der Kunst fest und an einer Art von Denken durch die Kunst als der einzig möglichen Quelle der Hoffnung und des Widerstands, die uns noch bleibt: «Kants Vorstellung von der Kunst war insgeheim die eines Dienenden. Kunst wird human in dem Augenblick, da sie den Dienst kündigt. Unvereinbar ist ihre Humanität mit jeglicher Ideologie des Dienstes am Menschen. Treue hält sie den Menschen allein durch Inhumanität gegen sie.»[4] Die Kunst ist für Adorno ein nicht eingelöstes, aber auch nicht vergessenes Versprechen. Doch was genau verspricht sie? «Das Naturschöne teilt die Schwäche aller Verheissung mit deren Unauslöschlichkeit. Mögen immer die Worte von der Natur abprallen, ihre Sprache verraten an die, von welcher jene qualitativ sich scheidet – keine Kritik der Naturteleologie kann fortschaffen, dass südliche Länder wolkenlose Tage kennen, die sind, als ob sie darauf warteten, wahrgenommen zu werden. Indem sie so strahlend unverstört zum Ende sich neigen, wie sie begannen, geht von ihnen aus, nicht sei alles verloren, alles könne gut werden.»[5] Worte, ja, doch eigentlich die Sonate einer Sirene.

Erstmals veröffentlicht als «Writing Survey», in: *Frieze*, Juni 2006, S. 206. Wiederabdruck mit freundlicher Genehmigung.

[1] Theodor W. Adorno, *Ästhetische Theorie*, Frankfurt am Main: Suhrkamp Taschenbuch, 1973, S. 11.
[2] Ebenda, S. 105.
[3] Ebenda, S. 151.
[4] Ebenda, S. 293.
[5] Ebenda, S. 114.

Symmetrie ohne Schrecken
Zu Jacques Rancière

Halten wir die Szene fest. Wir schreiben das Jahr 1968 in der Tschechoslowakei. Aktivisten der Kommunistischen Partei übernehmen das Ruder und leiten eine Reihe wirtschaftlicher und kultureller Reformen ein; es ist der Versuch, dem stagnierenden Ostblockstaat neues Leben einzuhauchen. Rede- und Pressefreiheit sind gewährleistet. Freie Wahlen sind geplant. Die Bewegung wird als Prager Frühling in die Geschichte eingehen.

Der Herbst kommt. Moskau will die Reformbewegung nicht länger dulden und beschliesst, das Land zu besetzen. In den ersten Septembertagen sind bereits eine halbe Million Soldaten aus der Sowjetunion und vier weiterer Warschauer-Pakt-Staaten in Prag einmarschiert. Obwohl sie weder Geld noch Waffen haben, leisten die Tschechen acht Monate lang zivilen Widerstand gegen die Besatzungsarmee. Sie haben nichts in der Hand. Vielleicht gerade deshalb bekämpfen sie die Armee auf bisher völlig unvorstellbare Weise. Molotow-Cocktails und menschliche Strassensperren kommen zum Einsatz. Doch was ist mit den pornografischen Drucksachen, mit denen man die jungen und verängstigten, in den Strassen patrouillierenden Soldaten bewarf, um sie davon abzuhalten, auf Fussgänger zu schiessen? Und was ist mit den Graffiti, etwa jenem: «Weshalb unsere Staatsbank besetzen? Ihr wisst ja, dass nichts drin ist»? Oder was mir am besten gefällt: Wenige Stunden nach der Invasion waren sämtliche Strassenschilder in Prag übermalt. Orientierungslos irrten die Panzer durch die Strassen, stundenlang, tagelang und – da sämtliche Stadtpläne ebenfalls vernichtet wurden – während der ganzen Besatzungszeit.

Freiheit wird nicht erbettelt, sondern erkämpft. Das ist eine der vielen Lehren, die Jacques Rancière uns erteilt. Die Hände derer, denen in der Ordnung der Dinge keine Rolle zugedacht ist (wie den Tschechen unter der sowjetischen Besatzung), können die Freiheit erringen, indem sie jene Aufteilungen aufheben, die dem Erhalt einer Ordnung dienen, welche die Menschen von sich selbst entfremdet und sie für ihr eigenes ungeahntes Potenzial blind macht. Deshalb fällt mir Rancière ein, wenn ich an jene übermalten Strassenschilder denke. Panzer fahren in Prag ein, um einen Keil zwischen Stadt und Bevölkerung zu treiben, und die Menschen nehmen ihre Freiheit selbst in die Hand und entfernen diesen Keil wieder, um die Stadt der Kontrolle der Besatzungsmacht zu entziehen. Der Erfolg war von kurzer Dauer. Menschen wurden trotzdem erschossen, schliesslich wurde die Stadt besetzt. Wenn ich ein russischer Offizier gewesen wäre, hätte ich all die nutzlosen Schilder sofort entfernen lassen. Denn sie konnten als eine Art öffentliches Denkmal des Widerstands verstanden werden. «Sich zu erinnern, heisst den Krieg zu besiegen», schrieb Kathy Acker.[1] Obwohl der Widerstand nicht anhielt, ging er doch auch nicht unter, denn was einmal geschehen war, konnte jederzeit wieder geschehen. Besser also, die neue Ordnung zu sichern und diese nutzlosen Schilder zu entfernen, die – unleserlich gemacht und in Talismane verwandelt – das Streben nach Freiheit beflügeln, weil sie den Moment verkörpern, in dem die Logik der Emanzipation mit der Gesetzeskraft in Konflikt geriet.

In Rancières Schriften sind Talismane allgegenwärtig: die polizeiliche Ordnung, Erklärungen, die Aufteilung des Sinnlichen. Der kostbarste ist für mich die Gleichheit. Dazu schreibt er: «Es gibt Ordnung, weil die einen befehlen und die anderen gehorchen. Aber um einem Befehl zu gehorchen, bedarf es mindestens zweier Dinge: man muss den Befehl verstehen, und man muss verstehen, dass man ihm gehorchen muss. Und um das zu tun, muss man bereits dem gleich sein, der einen befehligt. Dies ist die Gleichheit, die jede natürliche Ordnung aushöhlt. [...] Die Ungleichheit ist letztlich nur durch die Gleichheit möglich.»[2] Freiheit wird genommen, so Rancière, wenn Gleichheit praktiziert und verifiziert wird. Doch wie geschieht das? Man muss sich bewusst machen, dass das erste Werkzeug, das der Unterjochung eines anderen dient, auch der erste grosse Gleichmacher ist: die Sprache. Die allgemeine Teilhabe an der Sprache schafft die Voraussetzungen für die Rollenverteilung zwischen Herren und Sklaven, während sie zugleich alle gleichstellt. Die Praxis der Gleichheit besteht in erster Linie im Akt der Verkündung dieser Gleichheit, die auch die Grundlage jeder Ungleichheit ist. Diese Verkündung kann viele Formen annehmen. Zum Beispiel ist das Übermalen von Strassenschildern zur Verwirrung und Ausschaltung eines Panzerregiments, das die eigene Stadt besetzt hält, nicht nur eine originelle Form gewaltfreien Widerstands; es wird, gerade durch seine Originalität, zu einem eleganten und starken Ausdruck der heimlichen Gleichheit, die Besetzer und Besetzte vereint, nämlich die Tatsache, dass wir im Kriegszustand alle gleich verloren sind.

Durch die Strassen meiner Stadt rollen noch keine Panzer. Ausser ein paar Verhaftungen und Androhungen rechtlicher Schritte ist alles relativ ruhig. Wie dem auch sei, es gibt andere Schauplätze, um Gleichheit zu praktizieren und zu verifizieren. Zum Beispiel die Kunst. Damit will ich nicht sagen, dass jede Kunst gleich gut, gleich schlecht, gleich bedeutend oder gleich politisch ist. Sondern eher, dass die sichtbaren und unsichtbaren Materialien, die für ein Werk verwendet werden, in der Praxis (jedenfalls in meiner Praxis) gleich weit davon entfernt sind, im Lauf des Schaffensprozesses entweder Form oder Inhalt zu werden. Die wortlosen Schauer, die ich empfinde, wenn ein Satz von Pauline Réage sich an geripptem schwarzem Pastellpapier reibt und das metallisch blaue Licht eines Videoprojektors ohne jede Rangordnung bestimmt, welche Elemente innerhalb des komponierten Bereichs die schwere Bürde der Bedeutung tragen sollen. Das Werk funktioniert, wenn alle konstituierenden Elemente gleich kraftvoll sind und es zu einer Erscheinung wird, die zwischen unserem Raum und jenem seiner eigenen Entstehung schwebt und dabei ohne Worte die ungelösten Widersprüche der Realität zum Ausdruck bringt – in der einzigen Sprache, die es kennt: einer Syntax, die seiner immanenten formalen Problematik entspringt.

Das ist die Praxis. Doch wie überprüfen wir, Rancière zufolge, die Wirksamkeit unserer Praxis? Wie prüfen wir das Werk, um sicherzugehen, dass wir etwas hergestellt haben, das am Ende mehr ist, als nur etwas Hergestelltes? Wenn wir Rancière als Ausgangspunkt nehmen, ist vielleicht eine Konfrontation angesagt. Das heisst, der Ort für die Verifizierung einer Praxis der Gleichheit, die auf eine Form von Freiheit abzielt (was mir wie eine erfreuliche, wenn auch etwas wacklige Definition von Kunst vorkommt), könnte durchaus eine Konfrontation mit einer Ordnungsmacht sein, die das geisterhafte Ganze aufspaltet und in Segmente unterteilt, die auf Verstehen und Konsum zugeschnitten sind. Wenn das Werk tatsächlich ein Kunstwerk ist, wird es dieser Aufspaltung auf Schritt und Tritt widerstehen und für sich eine Autonomie behaupten, die nur aus der Praxis herrühren kann, sich die Präsenz dieser mittlerweile nicht mehr so geheimen Gleichheit in jeder Zeile, jeder Form, jeder Farbe und jedem Ton vorzustellen. Angesichts einer solchen Präsenz kann die Polizeigewalt, die aufspalten möchte, um zu besitzen, nur erröten: vor Enttäuschung, vor Verwirrung, vielleicht sogar vor Angst. Aber, ganz ehrlich, wann sind Sie zum letzten Mal angesichts eines Kunstwerks rot geworden?

Erstmals veröffentlicht als «Fearless Symmetry», in: *Artforum*, März 2007, S. 260–261. Wiederabdruck mit freundlicher Genehmigung.

[1] Kathy Acker, *Empire of the Senseless. A Novel*, New York: Grove Press, 1994, S. 112.

[2] Jacques Rancière, *Das Unvernehmen. Politik und Philosophie,* Frankfurt am Main: Suhrkamp, 2002, S. 29.

Beben vor der Zeit

Zu Paul Sharits' Zeichnungen

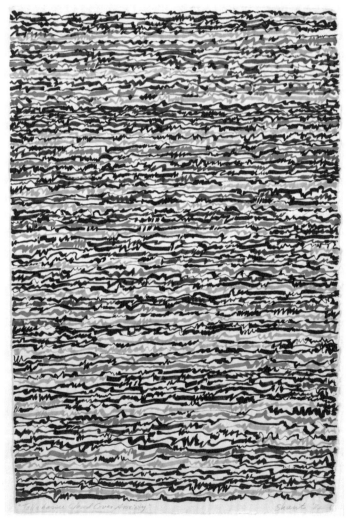

Paul Sharits, *Tallahassee Cloud Cover Anxiety*, 1982

Paul Sharits' Zeichnung *Tallahassee Cloud Cover Anxiety* (1982) flimmert mit der hypnotischen Eindringlichkeit des weissen Rauschens alter Fernseher. Die um die hundert unruhigen horizontalen Linien, die diese elektrostatisch aufgeladene phosphoreszierende Fläche hervorbringen, folgen offenbar keinem erkennbaren Muster und keiner bestimmten Logik. Doch eine rhythmische Schwingung geht von den höchsten und tiefsten Punkten der lebhaften grünen Wellenlinien aus, die in regelmässigen Intervallen auf der dichten Zeichnung erscheinen. Sie geben das Tempo für das gesamte Blatt vor, sie pulsieren und leuchten stärker als die anderen Linien. Es ist, als verfügten sie über mehr Kraft, um ihr Signal durch das Rauschen dringen zu lassen und so aus dem Durcheinander das Aussehen und die Wirkung eines echten Bildes zu erzeugen.

Dennoch kommt nie wirklich ein Bild zustande. Stattdessen ist das Blatt von einem leeren Rauschen erfüllt, das es mit reiner Bewegung auflädt. Es ist ein Bild ohne Abbildlichkeit, weniger eine Darstellung als eine Art Aufzeichnung eines Moments, dem eine sichtbare Form gegeben wird. Als wollte Sharits auf dem Papier das Werden einfangen, befreit von den Fesseln eines erkennbaren Daseins, das es im Raum verankern und ihm Form und Ausdehnung verleihen würde. Dieses Werden scheint die Essenz dessen zu sein, was Sharits in *Tallahassee Cloud Cover Anxiety* und vielen anderen Zeichnungen darzustellen versucht: das Aufscheinen von Unstimmigkeit und Disharmonie. Es ist das Bild eines Augenblicks, entflammt durch eine verzweifelte Fülle, die sich an visueller Leere reibt, so dass das ganze Blatt vor versteinerter Unrast aufleuchtet.

Es ist dieses Gefühl von Ruhelosigkeit im Stillstand, das diese und andere Zeichnungen Sharits' so unwiderstehlich macht. Das Raster der Wellenlinien und Farben (manchmal enthält es auch figürliche Elemente wie Arme oder Hände) birgt eine unterschwellige Spannung, die sich nicht auflösen oder legen will. Aus diesen Zeichnungen spricht eine beharrliche Unversöhnlichkeit.

Und was sich nie gänzlich in eine Form fügen will, was Sharits jedoch unentwegt erforscht und herstellt – auf Papier und im Film –, ist ein überzeugendes Bild der Zeit selbst.

Unsere Zeitvorstellungen haben eine lange Geschichte – in den Naturwissenschaften, in Philosophie und Kunst. Bewusst oder unbewusst stützt sich Sharits auf einen Zeitbegriff, in dem die Idee der absoluten Zeit im Sinne Newtons nachklingt. Der absolute oder Newton'sche Zeitbegriff geht davon aus, dass Zeit nicht nur ein geistiges Konstrukt ist, das Veränderung und Dauer zu quantifizieren erlaubt (so die These von Kant und Leibniz), sondern etwas in der Welt Existierendes. Dieses Ding, das Zeit genannt wird, wirkt wie ein unsichtbares Gefäss, das alles sammelt und in Vergangenheit, Gegenwart und Zukunft unterteilt. Dem Newton'schen Konzept zufolge ist es möglich, Zeit wirklich zu sehen und zu fühlen, ohne dass es nötig ist zu erfahren, wie sich Dinge verändern oder Prozesse verlaufen, um zu bemerken, dass die Zeit vergeht.

Kein Wunder, dass Sharits sich für die Zeit interessiert. Er gehört zu einer Generation von Filmkünstlern, die in den 1960er Jahren eine Praxis und Denkweise entwickelten, die Darstellungskonventionen des Kinos verwarf, um bewegte Bilder zu schaffen, in denen die grundlegenden Bestandteile des Films neu gedacht und neu kombiniert wurden – mit überwältigender und manchmal verwirrender Wirkung. Der physische Filmstreifen, die chemische Emulsion, die Perforationslöcher, das Flackern des Films, sogar die Projektionslampe wurden zur Form erhoben – es war die Geburtsstunde des spektralen Materialismus. Und die Qualität der Zeit war davon nicht ausgenommen. In seinem gesamten filmischen Werk hat Sharits diese entweder ausdrücklich untersucht oder stillschweigend auf sie Bezug genommen, auf ihr unaufhaltsames Verstreichen, ihre Macht, unser inneres und äusseres Leben zu formen, sowie ihre Verknüpfung mit dem Licht, jener anderen grundlegenden, nicht minder transformativen und geisterhaften Qualität

des bewegten Bildes. Ich bin jedoch überrascht, dass Sharits'
Zeichnungen – insbesondere eine Reihe von Zeichnungen, zu
denen auch *Tallahassee Cloud Cover Anxiety* gehört – das Wesen
der Zeit beredter und eindrücklicher einzufangen scheinen als
seine Filme. Damit stellt sich die Frage: Warum ist in Sharits'
Werk ein statisches Medium wie die Zeichnung überzeugender
als das bewegte Medium des Films, um das unbeständige Wesen
der Zeit zum Ausdruck zu bringen? Und was sagt dies womöglich
über unser heutiges Zeitverständnis aus?

* * *

Zeichnen gehörte immer zu Sharits' Arbeit. Ein Film wie
S:S:S:S:S:S Scratch System (1970) hat Spuren auf Papier hinterlassen: Handgezeichnete Blaupausen zeigen das strukturelle
Zusammenspiel zwischen den auf Film festgehaltenen Bildern
und den rhythmischen Kratzern, die Sharits als Eingriff in den
illusionären Raum des Filmbildes direkt auf die Filmschicht zu
zeichnen beabsichtigte. Die Zeichnungen stehen den Filmen vielleicht am nächsten, gerade weil sie Anweisungen für die Filme
und Kommentare dazu liefern. Sie sind schematisch, aber infor-
mell, und sie sind die intellektuell anspruchsvollsten Arbeiten
Sharits', weil sie auch auf die Konstellation der Ideen und Diskurse
anspielen, die die geistige Sprengkraft der Werke ausmachen: die
Tradition des Avantgarde-Films, Strukturalismus, Linguistik und
Phänomenologie. Mit der Anfertigung seiner, wie ich sie nennen
möchte, «propositionalen Zeichnungen» hat Sharits eine neue
Optik der visuellen Erfahrung entworfen und gleichzeitig die
kritischen Diskurse seiner Zeit über die Grenzen des Verstandes
hinaus erweitert und in eine Form struktureller Poesie gefasst, die
radikal neue Möglichkeiten für bewegte Bilder eröffnete.

Die propositionalen Zeichnungen strahlen zudem eine
seltsame Intensität aus, die Sharits' Werk von jenem seiner
Zeitgenossen, etwa Hollis Frampton und Tony Conrad, oder

auch seines Mentors, Stan Brakhage, abhebt. Diese Intensität lässt sich am ehesten als eine Art visuelle Unruhe beschreiben, die alle Zeichen auf dem Blatt erfüllt, diese jedoch immer übersteigt, indem sie sowohl das Denken wie die Form über ihre gewohnten Grenzen hinaustreibt, in einen Bereich, wo Denken, Fühlen und Tastsinn verschwimmen. Es ist kein Geheimnis, dass Sharits sein ganzes Erwachsenenleben lang an einer in Schüben auftretenden mentalen Instabilität litt, was laut seinen Freunden und seiner Familie einer manisch-depressiven Störung zuzuschreiben war. Im Leben eines Künstlers gibt es Kräfte, die sich unerwartet und unvorhersehbar auf sein Werk auswirken. Ohne die einzigartige Spannung in Sharits' Werk auf den Mythos seiner Entstehung reduzieren zu wollen, ist es dennoch wichtig zu verstehen, wie die Natur des Lebens zur zweiten Natur der Form wird, denn in diesem Werden manifestiert sich die Macht, aus dem Amalgam des Realen eine neue Realität zu formen. Bei Sharits organisiert sich der erratische Fluss, der phasenweise an die Stelle einer persönlichen Ordnung tritt, auf eine andere Weise, die – durch ihre Form – ein neues Verhältnis zwischen dem Bewussten, dem Unbewussten und dem Symptomatischen zulässt. Auf der gesellschaftlichen Bühne, die wir manchmal Leben nennen, sind diese radikal anderen inneren Stimmen darin geschult, stets im Einklang zu bleiben und in gnadenloser Harmonie zu singen. Die Kraft der Vermittlung als ästhetische Konstruktion erlaubt diesen Stimmen, jenseits ihrer Oktave und Reichweite herumzuschweifen. Sie finden innerhalb der neuen Dissonanz neue Resonanzen und singen in der Harmonie des neuen Rauschens, ohne dem Chaos oder der Ordnung zu erliegen – ein Zustand, der sicher realer ist als die Wirklichkeit. Was wir Kunst nennen, ist in Wahrheit das Werk eines anderen Rhythmus der Aufmerksamkeit und Konzentration, das die Realität um etwas Realeren willen ausser Kraft setzt.

Die stete Unruhe, die in vielen von Sharits' Zeichnungen herumgeistert, macht eine Dynamik sichtbar, die in vielerlei mehr oder weniger stark vermittelten Formen und Erscheinungsweisen wiederkehrt. Als Sharits in den 1970er Jahren seine Arbeiten auf Papier über die propositionalen Zeichnungen hinaus erweiterte, kehrten auch Figürlichkeit und Gegenständlichkeit wieder zurück – Darstellungsverfahren, die er aus seiner Filmarbeit grundsätzlich verbannt hatte. Diese Entwicklung wurde durch einen Unfall im Jahr 1981 ausgelöst, bei dem Sharits eine Schusswunde erlitt. Bilder von Händen, Gesichtern und Gegenständen wie Schusswaffen und Messern tauchten auf und wiederholten sich in einer Vielzahl von Konstellationen; comicartige Zeichnungen, die an Skizzen erinnern, die man in jedem Notizheft eines gelangweilten Mittelschülers findet. Visuell sind sie simpel, so simpel wie Piktogramme eben sind: eher zeichen- als bildhaft. Dennoch sind es keine Piktogramme, weil die Oberflächen dieser Zeichnungen so reich an Farben und Bewegung sind, dass es schwierig ist, ins Bildfeld der Zeichnung einzudringen und die *idée fixe* herauszufiltern, die das jeweilige Piktogramm verkörpert. Die Unversöhnlichkeit zwischen materieller Oberfläche und symbolischer Tiefe wird nur noch grösser, wo diese Teilobjekte das Bildfeld zunehmend dominieren und zusammen einen Werkkomplex bilden, in dem Sharits' Bildvokabular der erstarrten Ruhelosigkeit explizit ausbuchstabiert ist.

Ebenfalls in den frühen 1980er Jahren hat Sharits eine weitere Spur auf Papier hinterlassen: seine spektralen Zeichnungen, wie ich sie nenne. Der Zwang, der Sharits dazu brachte, Körperteile und Waffen darzustellen, dient hier ironischerweise der Entwicklung einer Ästhetik, die diesen Zwang vom Trauma der ewigen Wiederkehr befreit, indem er der manischen Kraft die Aufgabe einer Spektralanalyse zuweist. Das Erlebnis des Lichts, das ihn als diskursives und phänomenologisches Medium zugleich verwirrt und reizt, wird auf dem Papier zu einem dichten System farbiger Linien gebrochen. Sharits' Hand fungiert als Prisma, das das Licht zur weiteren Aufgliederung und Analyse in seine einzelnen Frequenzen und Wellenlängen aufbricht. Die Linien krümmen sich im Rhythmus einer seismographischen Nadel, die das Beben der Lichtbrechung im zeitlichen Verlauf aufzeichnet.

Dieses Beben ist jedoch mehr als ein Indiz für das Verdämmern des Lichts zur Form. In ihm klingen auch ältere Werke in einer neuen Stimmlage an, wie eine seltsame Parodie oder eine gezielte Fehlübertragung, die allein – durch Neuerschaffung – dem Original wieder einen Eindruck von Spannung und Veränderung verleihen kann, nach dem schon die älteren Werke strebten. Da ist als Erstes das Echo des Lexikalischen. Zeit seines Lebens schrieb und veröffentlichte Sharits Essays über sein eigenes Werk und dessen Bezug zu einer Vielzahl von Themen, etwa zur Filmausbildung und zur zeitgenössischen Philosophie. Er schrieb auch Bekenntnistexte (confessional pieces), wie er sie nannte, in denen Tagebuch- und Bewusstseinsstrom-Fragmente neben Gedanken zum Film stehen, alles in eine poetisch-grammatische Form gefasst, die diese Schriften ebenso expressiv wie rätselhaft erscheinen lässt. Ein Beispiel dafür ist der Titel eines Texts von Sharits aus den Jahren 1968–1970, «-UR(i)N(ul)LS:STREAM:S:S:ECTION:S:SECTION:-S:S:SECTIONED(A)(lysis)JO:». Der spektrale Materialismus, den Sharits pflegte, verlieh ihm ein Gespür für die Gestalt schwereloser Dinge. Wie in seinen Filmwerken rekonstruiert er die elementare Syntax der Sprache, um den Text «harmonisch» sprechen zu lassen. Er verwendet die konkreten Buchstaben und grammatischen Zeichen, um formal auszudrücken, was gewöhnlich nur auf inhaltlicher Ebene mitgeteilt wird, und lässt die äussere Form und die Bedeutung der Wörter in klar unterscheidbaren, sich überlagernden Stimmen sprechen. Deshalb wirken die Texte seltsam musikalisch und leicht schizophren. In *Tallahassee Cloud Cover Anxiety* hallt ein Echo dieser Bekenntnisschriften nach, aber nur im Geist ihrer Form. Jede flimmernde Linie geht zurück auf den Fluss der Wörter und Sätze, ohne sich je zu einer erkennbaren Grammatologie zu verdichten. Es ist jedoch dieselbe quälende Ruhelosigkeit zu erkennen. Die gesamte Zeichnung oszilliert unbestimmbar zwischen statischem Feld und Geheimmanuskript.

Zwischen den Zeilen höre ich, schwach, aber deutlich, noch ein weiteres Echo. Es ist ein musikalisches. Sharits war in irgendeiner Weise stets darauf bedacht, seinen bewegten Bildern eine musikalische Qualität zu verleihen. Indem die materiellen Eigenschaften des Films konkretisiert und sichtbar gemacht werden, befreit sich das bewegte Bild aus den Fesseln des Darstellungszwangs und von den Tempovorgaben einer «psychodramatischen» (oder narrativen) Zeitbasis. Dadurch kann der Film in anderen Zeitformen zu fliessen beginnen und Effekte und Erlebnisse hervorrufen, die so intim, physiologisch, strukturiert und von Grund auf abstrakt sind wie die Musik selbst. Im Hinblick auf seine frühen «Flicker»-Filme schilderte Sharits in Interviews, wie er, anhand wechselnder vollfarbiger Einzelbilder, mittels Überblendung und Vibration die flackernde Wirkung erzeugte und dass es ihm dabei um eine visuelle Simulation akustischer Effekte der Harmonie und Tonalität ging. In seinen «ortsspezifischen» Arbeiten der 1970er Jahre, mit denen er den Durchbruch schaffte, wurden mehrere Filmprojektoren in einem Raum installiert, um ein wandgrosses Tableau aus schimmernden Farben zu erzeugen. Für Sharits war dies eine filmische Entsprechung zur räumlichen Dichte eines Konzerts: eine Dichte, die entsteht, wenn verschiedene Instrumente (beispielsweise in einem Quartett) an verschiedenen Punkten auf der Bühne erklingen und einen Klangkörper erschaffen, der in sich alle vier Dimensionen von Raum und Zeit enthält, so als würde der Klang nicht nur die Musik verkörpern, sondern auch die Höhlung des Raums, und als wäre er selbst Aufzeichnung oder Abdruck eines Ereignisses in diesem spezifischen Raum. Mit der Verwendung mehrerer Filmprojektoren, die hinsichtlich Zeit und Raum je verschieden «gestimmt» waren, suchte Sharits einen Grad kompositioneller, zeitlicher und räumlicher Komplexität für das bewegte Bild zu erreichen, den es bis dahin nur in der Musik gegeben hatte.

Für den Film komponierte Sharits Schattensonaten. Die Zeichnungen dienten ihm als Partituren für seine Filme und ortsspezifischen Inszenierungen. Sharits selbst hat etliche seiner propositionalen Zeichnungen als Partituren bezeichnet. Und obwohl ihnen die herkömmlichen optischen Merkmale der musikalischen Notation fehlen, funktionieren sie dennoch wie Partituren und halten die Bewegungen der projizierten Bilder und andere kompositionelle Elemente eines Werks im zeitlichen Ablauf und Zusammenspiel fest.

Als Sharits sich jedoch seinen spektralen Zeichnungen zuwandte, begannen sich Idee und Charakter der Partitur, vielleicht sogar das gesamte philosophische Projekt der Musikalität bewegter Bilder zu verändern. Als ich *Tallahassee Cloud Cover Anxiety* zum ersten Mal sah, fiel mir dieser musikalische Aspekt sogleich auf. Gewiss, eine solche Zeichnung kann alle möglichen Halluzinationen darüber hervorrufen, was sie eigentlich ist. Doch die Obertöne waren unmissverständlich: die Notenlinien als hellgrüne Linien auf dem Blatt, die dem Standardformat von Musiknotenblättern entsprechenden Proportionen des Blattes selbst und schliesslich die schwankenden horizontalen Linien, die wie verschliffene Töne eines unendlich anspruchsvollen Musikstücks wirken.

Es ist jedoch genauso unverkennbar, dass die Zeichnung keine Partitur ist. Was sich auf dem Papier befindet, kann unmöglich «gespielt» werden, weil es nicht als Anweisung für eine bevorstehende Aufführung gelesen werden kann. Stattdessen baut es die Zukunft in die Gegenwart ein, indem es die gedankliche Form mit der expressiven und improvisierten Konkretheit des Setzens von Zeichen verschmilzt. *Tallahassee Cloud Cover Anxiety* ist die Zeichnung einer Partitur, die ihre eigene Wiedergabe auf dem Blatt vorschreibt. Sie ist zugleich Moment und Prozess, hält auf materieller Ebene verschiedene Zeitformen fest. Sharits scheint andeuten zu wollen, dass das Werk für ihn nicht mehr die sichtbar gemachte «innere Zeit» der Musik darstellt. Das entscheidende Bild war nun die Spannung, die durch die Auflösung der Unterschiede zwischen den verschiedenen Zeitformen entstand.

344

In gewissem Sinn liegt der Unterschied zwischen verschiedenen Kunstformen wie Schreiben, Film und Musik weniger in dem, woraus sie gemacht sind (oder was man aus ihnen machen kann), als darin, wie sie verschiedene Arten von Zeit anzeigen und verstreichen lassen. Wie Uhren, die auf bestimmte Kategorien des Denkens und der Aufmerksamkeit eingestellt sind, hilft jede Form uns (als Verursacher und Fürsorger) dabei, Verabredungen mit dem Verlorenen, Aufgegebenen oder dem noch nicht Seienden einzuhalten. Mit all den Dingen also, die in die gewaltigen Intervalle zwischen Kriegen und aktuellen Börsenberichten – den beiden einzigen Differenzialen, die auf der grossen Uhr namens Geschichte als Fortschritt gelten – fallen und darin verschwinden. Der Nachhall vergangener Formen, gepaart mit dem Kollaps zeitlicher Unterschiede, ergibt ein erschreckend reichhaltiges Bild. Mehr noch: ein überwältigendes Bild. Vielleicht rührt die Angst im Titel der Zeichnung daher. Es ist das Unbehagen, nicht zu wissen welche Stunde geschlagen hat.

Ich glaube, dass Sharits' Zeichnung uns vor allem etwas über die Zeit hier und heute verrät. Es fällt schwer, sich eine eintönigere Zeit als die unsere vorzustellen. Unglücke und Katastrophen grösseren und kleineren Ausmasses speisen den globalen 24-stündigen Nachrichten- und Unterhaltungszyklus mit einer nicht abreissenden Folge von Live-Ereignissen. Telekommunikationsgeräte läuten und klingeln und singen und schreien uns an, damit wir uns zuschalten und Schritt halten. Mitglieder unseres Orchesters folgen diesem Trommelschlag pflichteifrig und mit sinnloser Hingabe, voller Angst, aus dem Takt zu fallen und nicht mehr mitzukommen. Alternativen gibt es kaum, da nahezu alle künstlerischen Medien im Begriff sind, miteinander zu verschmelzen, wodurch die Einmaligkeit verlorengeht, mit der jede Form Zeit ausdrückt. Das telehistorische Tempo ist auf *prestissimo* eingestellt, in der Hoffnung, dass der sich immer schneller drehende Kreislauf immer höhere Zinsen abwirft. Im Zeitraffer flimmert der endlose Auf- und Niedergang menschlicher Ordnungen und Bedeutungen vorüber und legt sich in Falten, so dass die Unterschiede zwischen Vergangenheit, Gegenwart und Zukunft verschwimmen. Das geläufige Sprichwort «Was du heute kannst besorgen, das verschiebe nicht auf morgen» erhält einen beklemmenden Unterton, denn unsere heutige Zeitordnung sieht nur eine Zeit vor: jetzt.

Aber halt. Wir wissen aus der Biologie, dass Menschen mindestens drei verschiedene Arten von innerer Uhr besitzen: zirkadianische Rhythmen, die den Wach-Schlaf-Zyklus über 24 Stunden hinweg regulieren, ein Millisekunden-Timing, das unsere feinmotorischen Fähigkeiten synchronisieren hilft, etwa beim Streicheln oder Packen von Tieren, und ein Intervall-Timing, das uns erlaubt, das Verstreichen der Zeit wahrzunehmen. Ausserdem tragen wir unauslöschliche Eindrücke von Bildern, Gerüchen, Tönen und Szenen mit uns herum, dank denen wir ein Gespür für Mass und Intensität entwickeln. Das Gedächtnis, unser einziges Mass für die verlorene und wiedergefundene Zeit, verhält sich wie ein Metronom, das ausschliesslich im Takt jener ereignisreichen Eindrücke schlägt, die zu Recht oder zu Unrecht uns selbst und anderen unser Dasein verkünden. Die Erinnerungsarbeit holt nicht nur jene Eindrücke ins Gedächtnis zurück, sondern, noch wichtiger, sie zählt sie in einer anderen Reihenfolge. Sie werden dadurch auf neue Weise miteinander in Beziehung gesetzt, indem neue Distanzen und andere Intervalle zwischen ihnen geschaffen werden, so dass sich für das Denken neue Rhythmen ergeben können. Und diese Art des Denkens widersteht dem Bild der Zeit als äusserlicher Quantität, indem sie die Fragmente unserer Erfahrung zu einer qualitativen Form von Zeiterfassung erhebt.

Unser Leben ist polychron. Und Sharits' Werk liefert ein anregendes Bild davon, was es heisst, inmitten vielfältiger und unterschiedlicher Zeiten und Medien gegen die Beeinträchtigung durch eine singuläre zeitliche Existenz zu leben. Der Druck, sich dem Takt einer ewigen Gegenwart zu beugen, ist gross, fast erdrückend. In Ermangelung gesellschaftlicher Kräfte, die Alternativen zu diesem zeitlichen Fundamentalismus bieten könnten, lässt alles, was uns daran erinnert, dass die Zeit aus den Fugen ist, am ehesten auf Widerstand hoffen. Sharits' Zeichnungen sind solche Mahnungen. Oder zumindest kommen sie dem Ziel am nächsten, die Reibung, die beim Zusammenprall innerer und äusserer Zeitformen entsteht, in eine Form zu bringen. Und die Zeichnung erweist sich als ideales Medium, um diese Reibung heraufzubeschwören, da mit dem Aufsetzen des Stifts auf das Papier die Distanz verschwindet, die diese Zeitformen trennt. Der Kontakt ist hergestellt, und die gegensätzlichen Zeitformen kommen miteinander in Berührung.

Und in dieser Berührung hinterlassen sie eine Spur ihrer Unversöhnlichkeit.

Erstmals veröffentlicht als «Trembling Before Time: On the Drawings of Paul Sharits»/«Zittern vor der Zeit: Zu den Zeichnungen von Paul Sharits», übers. von Wolfang Himmelberg, in: *Parkett*, 83, 2008, S. 8-12/13-17. Neu übers. von Suzanne Schmidt und Tarcisius Schelbert. Wiederabdruck mit freundlicher Genehmigung.

Maximen nach Henry Darger
in keiner bestimmten Reihenfolge

Ein Erwachsener ist ein Tier gewordenes Kind.

Kinder sind Chiffren der Freude.

Uniformen machen Männer zu Männern.

Farbe ist körperloser Sex.

Das Gefühl der Unendlichkeit setzt sich zusammen aus einer endlichen Reihe, die achtlos einem Gesetz der Form folgt.

Natur ist, was die Kunst an die *promesse de bonheur* bindet.

Möbel sind immer schon aus der Mode.

Die Suche nach Bedeutung in der Kunst gleicht der Suche nach dem Preisschild eines Kleidungsstücks.

Religion ist die Macht der sozialisierten Unschuld.

Die Existenz von Wolken ist Beweis gegen das Vergehen der Zeit.

Nichts riecht mehr nach Verfall als Blumen.

Das Übernatürliche ist das präzis wiedergegebene Reale
(nach RB).

In Wirklichkeit ist das Licht entweder ein Teilchen oder eine Welle. In der Kunst ist es ein Festkörper.

Papier ist die erste Natur.

348

Wahrer Expressionismus ist ein Regime der Bedürfnisse.

Jedes Kunstwerk ist eine abgedungene Untat (nach TA).

Bäume wissen.

Zeichnen skizziert einen Schein von Wirklichkeit als Bild der Freiheit.

Jede Schuld ist grenzenlos.

Erstmals veröffentlicht als «Maxims after Henry Darger in No Particular Order» auf der Website National Philistine, 2009, www.nationalphilistine.com/maxims/.

Auftritt im Kampftrikot
Zu Rachel Harrison

Ich gebe den Stoikern die Schuld. Es könnte Faulheit sein und ist es wohl auch. Und dennoch. Die Vorstellung, der starke, schweigsame Typ zu sein, hat etwas für sich. Sie ist eine Erfindung der Stoiker. Oder zumindest haben sie eine entsprechende Philosophie entwickelt. Sie strahlten Wissen und Stärke aus, indem sie sich die Welt vom Leib hielten. Oh, Marc Aurel. Die von dir zum Ideal erhobene Distanz ist die Rüstung, mit der du dich selbst vor dem Blutbad abgeschirmt hast, das du über die Welt brachtest. Das will heute keiner mehr. Es will jedoch auch keiner mehr etwas von der Welt wissen. Ich meine, sie auf Distanz zu halten, ist heutzutage keine Haltung, sondern eine Notwendigkeit, oder nicht?

Die Stille, die ich höre, ist eine Emanation innerer Kraft, auch wenn ich in meinen freudianischeren Momenten denke, dass sie Ausdruck meiner unbewussten Angst vor Blossstellung ist. Ich höre sie jetzt öfters auf der Strasse, in Schlafzimmern, vor Kunstwerken. Unser vernetzungsfreudiges Zeitalter geht paradoxerweise mit einer bodenlosen Angst vor Blossstellung einher. Ganze Wirtschaftszweige leben heute von dem scheinbar unerschöpflichen Bedürfnis, sich selbst und andere zu entblössen. Bekanntheit verleiht eine neue Art von Bürgerrecht. Doch wir erkennen nur, was uns bereits bekannt ist.

Wir wissen nicht, wogegen Marc Aurel uns stählen wollte. Was wir nicht erkennen, das ist die Formalisierung dessen, was uns nicht bekannt ist. Und über das, was wir zwar sehen, aber nicht verstehen, können wir nicht sprechen, sondern müssen wir schweigend hinweggehen. Ist das nicht der Lauf der Dinge? Die Welt wird entsprechend der Vorstellung dessen, was wir erkennen, erschaffen. Tassen und Motorräder und Plastik-USB-Sticks in Bananenform. Der Rest bleibt stumm.

Nichts ist so stark und träge wie ein Stein. «Stone Cold» Steve Austin. Erinnern Sie sich? Er war ein US-amerikanischer Wrestler: einer von der professionellen, nicht von der echten Sorte. Mittlerweile tritt er in Filmen auf, gemeinsam mit anderen starken, schweigsamen Typen. Stallone. Rourke. Immer häufiger fühle ich mich angesichts zeitgenössischer Kunstwerke an das professionelle Wrestling erinnert. Steckt nicht ein unverkennbares Gefühl sagenhafter Lächerlichkeit im Kern jeder Ausstellung, jedes Katalogs und jeder Vernissage? Auftritte in Kampftrikots. Der Kampf ist ein abgekarteter, alle wissen bereits Bescheid. Schade. Ich glaube nicht, dass man mit dem Gedanken, etwas nicht zu wissen, heute noch punkten kann. Wann treten die echten Wrestler auf?

Erstmals veröffentlicht als «Shows in Tights», in: *Rachel Harrison: Museum with Walls*, hrsg. von Eric Banks, Annandale-on-Hudson, NY: Center for Curatorial Studies, Bard College/Köln: Walther König, 2010, S. 234–235. Wiederabdruck mit freundlicher Genehmigung.

Artist's Favourites

—

Dani Leventhal

Manchmal, in Filmen, stirbt jemand. Unmittelbar vor dieser Stunde der Wahrheit aber spielt sich etwas ab. Im Sterben zieht vor dem inneren Auge eine blitzschnelle Abfolge von Bildern und Eindrücken von dem, was im Leben am wichtigsten war, vorbei. Sie gleicht einer Montage und wirkt wie eine Art geistige Buchhaltung, die – am Ende des Lebens – die Erfahrungen zusammenzählt, die ein Leben als Gelebtes ausweisen.

Ich weiss nicht, wie dieses filmische Verfahren heisst. Aber es kommt mir jedes Mal in den Sinn, wenn ich Dani Leventhals Arbeiten mit bewegten Bildern sehe. In ihren Videos stirbt niemand. Und sie erzählen auch nichts wirklich Nennenswertes. Stattdessen sind scheinbar zufällige, beiläufig, aber nicht kunstlos eingefangene Bilder auf Video zu sehen, die sich aneinanderreihen, so dass sie sich zu einer Abfolge zusammenfügen und verlorene Zeiten und vergangene Augenblicke erfassen. Erfassen mag das falsche Wort sein, da es eine Art Ordnung impliziert, die zwar vorhanden ist, aber nichts mit der von Banken und Bullen verfügten Ordnung zu tun hat.

Frank Kermode schrieb einmal, es gäbe eine gewisse Kunstform, in der «die chaotische Substanz der Welt komprimiert und in eine Ordnung gebracht»[1] werde. Das gilt nicht für Leventhal, weil nichts verdichtet wird. Die Einzigartigkeit eines jeden Moments wird sorgsam gepflegt und gewürdigt, sei es eine schlafende Katze, ein Cunnilingus oder ein hitziger Familienstreit über Israel. Mit anderen Worten, jedes bewegte Bild erhält genügend Raum und Zeit, um sich radikal abzuheben von dem, was vorher war, und dem, was kommt. Leventhals Videos bilden nie eine perfekt geschlossene Einheit. Und auf eigenartige, fast wundersame Weise ist es genau diese innere Unversöhnlichkeit, die ihre Arbeiten so betörend macht.

Letzten Sommer fand ich auf dem Boden ein kleines Stück Papier, wahrscheinlich von einem Kind, das am Strassenrand Limonade verkaufte. Darauf stand:

INGREEDIEINS [sic]
lime
water
nickels
sugur [sic]
love
ice

Limonade finde ich widerlich. Aber diese hier würde ich trinken.

—

Bruce Davenport Jr.

Bruce Davenport Jr. macht Zeichnungen von High-School-Blaskapellen aus New Orleans. Aber zu sagen, er zeichne Blaskapellen, ist, als würde man sagen, Mike Kelley mache Plüschtierskulpturen. Es trifft wohl zu, ist aber eine solche Binsenwahrheit, dass es genauso gut falsch sein könnte. In Davenports Zeichnungen kann eine Blaskapelle gut über hundert Figuren enthalten, jede einzeln mit der Feder umrissen und mit Farbfilzstift koloriert. Und dann sind da noch die ausgelassenen Zuschauer, die der Kapelle zujubeln, die an der Seitenlinie wartenden und umherlaufenden Football-Spieler, die betrunkenen Fans am Eingang des Stadiums und die Bullen, die in den Autos darauf warten, dass es Ärger gibt. Brueghel lässt grüssen.

Davenport sagt, er habe in seiner Jugend nur zwei Künstler gekannt. Einer war eine Figur aus der 1970er-TV-Komödie *Good Times*, der andere war Picasso. Kunst faszinierte ihn, er war jedoch mit anderen Dingen beschäftigt, wie Football und wiederholten Konflikten mit dem Gesetz. Zeichnen bedeutete für ihn, von der Strasse wegzukommen. Nach einem besonders schweren Zusammenstoss mit der Polizei konzentrierte er sich ganz auf seine Arbeit und machte weiter bis 2005, als der Wirbelsturm Katrina New Orleans traf und eine der schrecklichsten zivilen Katastrophen der amerikanischen Geschichte verursachte.

Durch Katrina verlor er fast alle Werke. Doch sobald er in sein Haus an der Lower Ninth Ward zurückkehren konnte, begann er wieder zu zeichnen und hat seither nicht mehr aufgehört. Die Zeichnungen sind nun grösser und aufwendiger, mit kühneren Farbkombinationen, inspiriert von den Uniformen, wie sie die High-School-Blaskapellen heutzutage tragen. Seit Katrina geht es den Schulen in New Orleans schlecht, es gibt nicht einmal mehr genug Geld für Bücher. Deshalb wurden die Beiträge für Musikunterricht, Instrumente und Uniformen gekürzt. Bruce sagte mir, er zeichne Blaskapellen, weil sie am Verschwinden seien.

Ich glaube ihm gerne. Und es ist offensichtlich, dass seine Zeichnungen Erinnerungsarbeiten sind. Doch das Spiel der Wiederholungen, das Nebeneinander der Farben und schwarzen Striche, das die Oberfläche des Papiers zum Vibrieren bringt, und diverse weitere formale Techniken: Alles deutet darauf hin, dass es noch um etwas anderes geht. Hier werden Erinnerungen neu geformt, indem sie nicht so sehr ausdrücken, was einmal war, als was es ästhetisch braucht, um mitten in der Verwüstung ganz präsent zu sein.

—

Olivia Shao

Olivia Shao hat in New York einige anregende Ausstellungen in Galerien und Museen kuratiert. Jedes Jahr, gewöhnlich im Dezember, eröffnet sie kurzfristig einen Laden und verkauft Werke von Künstlern. Es ist eine Art Saisonartikel-Laden, obwohl er schon fast zu saisonal scheint – so wie Jahreszeiten manchmal ohne grosses Aufsehen und ohne Vorankündigung kommen und gehen. Eines Tages ist der Laden einfach da. Und genauso schnell verschwindet er wieder.

Und dann gibt es noch das Restaurant. Wie der Saisonartikel-Laden funktioniert auch das Restaurant so, als ob es eines wäre, fühlt sich aber wie etwas anderes an. Man kann reservieren. Es hat Stühle und einen Tisch in einem Raum von der Grösse eines grosszügigen Ikea-Kleiderschranks. Das Restaurant bietet Speisen und Getränke an. Sagen wir, Nahrung im weitesten Sinn. Wenn man das Gericht Quantum Tunnel bestellt, wird einem prompt ein Take-away-Menü aus einem nahegelegenen chinesischen Nudelladen aufgetischt. Ein Entrée besteht aus einem Haufen transparenter essbarer Pillenkapseln, jede einzeln mit bunten Gemüsehäppchen gefüllt. Salate bestehen aus einer Mischung aus echtem und künstlichem Grünzeug. Ich versuchte beides zu essen, mit einigem Erfolg. Die Gerichte sollen Augenweide und Gaumenfreude zugleich sein.

Von Künstlern geführte Restaurants (Gordon Matta-Clarks legendäres Esslokal *Food*, Carsten Höllers *The Double Club* in London) und Läden (etwa Claes Oldenburgs Laden in den späten 1960er Jahren) sind nichts Neues. Was Shaos Projekt auszeichnet, ist vielleicht, dass sie sich nicht für eine Künstlerin hält. Sie sagt, sie stelle nur Dinge zusammen. Dieser Unterschied zeigt sich auch in ihrer kuratorischen Arbeit, für die sie anstelle des Worts «kuratieren» gelegentlich die Ausdrücke «zusammentragen» oder «organisieren» braucht.

Adorno schrieb einmal, eben weil sie Kunst sei, könne Kunst nicht zu dem werden, was sie eigentlich sein möchte. Das ist vielleicht ein möglicher Zugang zu dem, was Shao macht. Indem sie sich und ihre Arbeit nicht als Teil einer Praxis versteht, die heute tatsächlich zu einer Industrie geworden ist, gibt sie ihrer Arbeit Raum, das zu sein, was sie sein soll, nämlich Kunst, was sie genau nicht ist, denn sie ist immer etwas anderes.

—

Petra Cortright

Interesseloses Wohlgefallen durchdringt Petra Cortrights Werk. So etwas gelingt heute selten. Stattdessen werden tonnenweise leidlich uninteressante Werke produziert, in allen Formen – Gemälde, Skulpturen, Installationen und immer häufiger auch Performances. Die Werke wirken abstrakt, sind aber im Wesentlichen Darstellungen. Was sie darstellen, ist die Erfahrung intellektueller und ästhetischer Verarmung, was wohl der heutigen Wirklichkeit entspricht. Indem sie diese verarmte Wirklichkeit in eine Form fassen, wollen uns solch uninteressante Werke zum Nachdenken über dieses umfassende Armutszeugnis auffordern. Das ist das Eigenartige dieser Art von Kunst. Sie erfordert intensives Nachdenken, so dass sie für uns uninteressant bleibt.

Um Zugang zu Cortrights Werk zu finden, braucht es keine grosse Anstrengung – nur schon deswegen gefällt es. Es gefällt aber auch wegen der Art, wie dieses Gefallen der Interesselosigkeit entspringt. Ich verstehe darunter eine Interessefreiheit im strikten Sinne Kants. Für Kant sind Interessen die Dinge, die wir brauchen oder wollen, um zu überleben oder nach Höherem zu streben. Sind wir an etwas interessiert, so Kant, gilt unser Interesse vor allem dem, wie uns dieses Etwas weiterbringen kann. Wir werden von unseren Interessen regiert (wer möchte denn nicht ein bisschen Unterstützung?), und deshalb gibt es wenig Freiheit oder Spielraum, wenn unsere Interessen auf dem Spiel stehen.

Demgegenüber strahlt Cortrights Werk eine Interesselosigkeit aus, die sich nur aus einer Arbeitsweise ergeben kann, die kein besonderes Ziel verfolgt. Und dies gewährt eine Art Freiheit, die, um es kurz zu sagen, gefällt. Mit handelsüblichen Video- und Toneffekten bearbeitet Cortright Bilder von sich und komponiert damit kurze Online-Video-Desaster. Nichts Digitales scheint jenseits der Grenze ihrer Empfindsamkeit zu liegen: Hasenohren, Welpen, Anleitungen, wie man jemanden umbringt, Scherzartikel-Augäpfel aus Gummi und so weiter. Die Dinge häufen sich ohne Zweck und ohne bestimmte Struktur, ausser der unausgesprochenen Regel, alles formlos und in Bewegung zu halten.

Noch etwas. Cortright schreibt Wörter auf ihrer Webseite absichtlich falsch wie CLIKC HEER und SNOWFLAEKS. Diese Schreibweise kann und soll als Teil der Umgangssprache im Netz aufgefasst werden. Und das macht ihre Arbeiten nur noch vergnüglicher. Ein interesseloses ist ein freieres Wort.

—

Ama Saru und Hsiao Chen

Saru und Chen bilden eine Künstlergemeinschaft, in der Performances, Videos, Skulpturen und Fotoarbeiten entstehen. Was ihre Arbeit antreibt, ist ihre Vorstellung von Sprache: dass sie zerfällt und dass sie uns angreift. Das ist vernünftig, wenn man bedenkt, dass der Taiwanese Chen und die Rumänin Saru in vielen Arbeiten das Englische, ihre adoptierte Sprache, als dominierendes Element brauchen und missbrauchen. Und auch wenn keine Wörter sichtbar präsent sind, lassen sich aus dem Titel und aus der Machart des Werks Anklänge an eine in die Komposition eingebettete Syntax ausmachen, die darauf wartet, gelesen zu werden.

Botschaften, Sätze, Redensarten und andere Texte (im weitesten Sinn) verankern die Werke dergestalt, dass sie die Sprachexperimente des frühen Acconci oder die Videoarbeiten Richard Serras weiterzuführen scheinen. Doch das trifft die Sache nicht ganz. Vermutlich deshalb, weil es bei Saru und Chen um eine besondere materielle Sensibilität geht. Ihre Auffassung, wie Sprache erscheint, ist stets mit einer Art physischer Präsenz verknüpft. Oder besser gesagt, Wörter müssen zu Dingen werden, bevor sie gelesen werden können. Als ob sich das fremde Wesen dieses Dings namens Sprache nur ergründen liesse, wenn es zunächst ein Ding an sich wird, so dass es bearbeitet und manipuliert werden kann, als wäre es ein Strohhalm oder eine Vase oder eine Sonnenuhr.

Auch Spuren von Geschichte sind in die Werke eingebettet. August Strindberg tritt ebenso auf wie die San Quentin Six und Bilder aus der Filmgeschichte. Indem Saru und Chen Wörter in eine Vergangenheit und eine materielle Präsenz einbetten, scheinen sie ihnen geradezu eigene Körper verleihen zu wollen, um mit ihnen zu tanzen und zu streiten.

Erstmals veröffentlicht als «Artist's Favourites», in: *Spike Art Quarterly*, Winter 2010, S. 19–23. Wiederabdruck mit freundlicher Genehmigung.

[1] Frank Kermode, «Fictioneering», in: *London Review of Books*, 31, Nr. 19, 9. Oktober 2009, S. 10.

Aus *The Essential and Incomplete Sade for Sade's Sake*

In der *Washington Post* erschien kürzlich ein Artikel über den Krieg in Afghanistan. Die Macht der Taliban nimmt nach der US-Intervention wieder langsam zu. Die afghanischen Warlords, die den Schlüssel zur Niederlage der Taliban in der Hand haben, misstrauen dem US-Militär und seinem Krieg gegen den Terror. Also erhalten diese Warlords von den amerikanischen Offizieren alles, von Geld und Waffen bis zu kostenloser medizinischer Versorgung und Schmuck, weil jeder weiss, dass Bestechung der einfachste Weg ist, um Freunde zu gewinnen. Aber die Offiziere geben diesen alten, kriegsmüden Patriarchen noch etwas anderes: Viagra.

«Es geht um den Versuch, eine Kluft zu überbrücken zwischen Leuten, die im 18. Jahrhundert leben, und Leuten, die aus dem 21. Jahrhundert kommen», so die Aussage eines Offiziers, «also sucht man, wenn es um materielle Hilfe geht, nach jenen gewöhnlichen Dingen, die die Leute überall motivieren.»[1]

Im 18. Jahrhundert wollte Marquis de Sade die Leute ebenfalls dazu motivieren, steife Schwänze und brummende Schädel zu erleben. Von seinen wilden hypnotischen Beschreibungen sexueller Grosstaten bis zu seinen vielen anderen Äusserungen (Prosatexte, Dramen und Abhandlungen), die das Lustprinzip als oberstes Ziel der Freiheit und Vernunft feiern, geistert de Sade – nach drei Jahrhunderten – noch immer in unserer sexuellen Phantasie herum. Heute ist er für uns vor allem ein Pornograf und philosophischer Freidenker. Und so vergisst man gern, dass *Les 120 journées de Sodome* (*Die 120 Tage von Sodom*), de Sades Meisterwerk, ein Roman über Kriegsprofiteure ist. Hier ein Auszug aus dem Vorwort:

> Die umfangreichen Kriege, die Ludwig XIV. im Laufe seiner Herrschaft führen musste, leerten zwar die Staatskassen und erschöpften die Kräfte des Volkes, waren jedoch auch eine geheime Quelle

der Bereicherung für eine enorme Zahl jener Blutsauger, die stets auf politische Katastrophen lauern und diese heraufbeschwören, statt sie zu schlichten, allein um noch mehr eigene Vorteile daraus schlagen zu können. Im Übrigen ist diese so bedeutsame Regierungszeit wohl eine der Epochen des französischen Reiches, in denen es am meisten klandestine Vermögen gab, die sich ausschliesslich in Luxus und Ausschweifungen nicht minder obskurer Art niederschlugen. Es war gegen Ende seiner Herrschaft und kurz bevor der neue König mit dem berühmten Tribunal, das unter dem Namen *Chambre de Justice* bekannt werden sollte, die zahlreichen Übeltäter zur Rückgabe der gestohlenen Güter zu zwingen suchte, als vier derselben sich diese unerhörte Ausschweifung ausdachten, von der wir hier berichten werden.[2]

Profit um der Lust willen. Und es gibt nichts Profitableres als Krieg. Er ist die Wirtschaftsmaschine, die soziale Energie in bewaffnete (und unbewaffnete) Konflikte umwandelt zum Nutzen jener, die Kriege führen, aber nicht an die Front müssen. Wird de Sades Werk erträglicher, wenn man sich vergegenwärtigt, dass seine Gedanken zu Sex, Lust und Freiheit eng verknüpft sind mit seiner schonungslosen Kritik an institutioneller Macht – die einer Regierung, einer Kirche oder einer Philosophie? Wohl eher nicht. Was uns geistig auf den Magen schlägt, ist diese schwülstige Prosa, die scheinbar endlosen Aufzählungen von Perversitäten, Ausschweifungen und Folterungen. Das Gesetz der Vernunft zwingt die sexuelle Lust zu immer grösseren Extremen. Bei de Sade entspricht die Erfüllung des kantischen Freiheitsbegriffs als Versprechen, nur dem vom eigenen Verstandeswillen gepflasterten Pfad zu folgen, Kants Definition der menschlichen Autonomie und verhöhnt zugleich deren humanistisches Potenzial.

Die Lust hat ihre eigene Logik und die Freiheit ihr eigenes Gesetz. Nennen wir es de Sades Gesetz. Dieses Gesetz wortgetreu zu befolgen, heisst jedoch, einer imaginären Macht zu gehorchen, die genauso starr, grausam und widersprüchlich ist wie jene, die de Sade bekämpfte. Diese Ironie liegt heute offen zutage. Seit 2001 führten die USA einen globalen Feldzug zur weltweiten Verbreitung von Freiheit und Demokratie. Ironischerweise wird der Feldzug jedoch umso starrer, grausamer und sexuell unmenschlicher, je mehr sich diese Freiheit verbreitet.

Und dennoch: Wenn de Sades Gesetz wortwörtlich gelesen ein endloser Widerhall der Freiheit als Verhältnis zwischen Sex und Verstand ist, dann liegt de Sades Potenzial heute wohl nicht in einer derart wortgetreuen Auslegung seines Gesetzes, sondern in seinem Geist.

Liest man de Sade, fällt einem an diesen zahllosen Ausschweifungen unweigerlich etwas auf: sie sind nicht real. Damit meine ich, sie sind körperlich unmöglich. Es gibt Situationen in de Sades Beschreibungen, in denen Körper solchermassen lutschen und ficken, dass sie nicht nur gegen die Moral, sondern auch gegen die Physik verstossen. Die von ihm geschilderte Welt ist sogar noch weiter von der Realität entfernt als Pornografie von echtem Sex. Seine Schilderungen sind indessen keineswegs blosse Fantasie. Sie weisen die aufreizenden Züge eines Geistes auf, der sich Sex nicht nur als Vergnügen, Aufgabe oder Waffe vorstellt, sondern als eine Form der Vernunft. Genau da sitzt der Geist de Sades. Wenn sich die menschliche Freiheit in der Souveränität der Sexualität ausdrückt, so sucht de Sade eine Ausdrucksform zu schaffen, die die Vernunft der Sexualität sowohl vom *nomos* (dem menschlichen Gesetz) als auch von der Physis (dem Gesetz der Natur) zu befreien vermag.

Mit anderen Worten, de Sades Geist findet seine Verkörperung in der Idee der Abstraktion. Abstraktion als Vermögen, aus der empirischen Realität eine grundlegende Komposition jenseits der realitätskonstituierenden Gesetze zu schaffen, war schon immer ein Emblem der Freiheit. Soll die abstrakte Kunst mehr als blosse Apologie für Innendekoration sein, muss sie eine neue Notwendigkeit zur Produktion von Bildern und Objekten finden, die ihren eigenen Gesetzen folgen. Abstraktion verdient ihren Namen nur, wenn sie Inhalt so an Form bindet, dass der Prozess, der zu diesem Ausdruck führte, nicht mehr von der Idee zu unterscheiden ist, die ihn in die Welt setzte. In der Abstraktion ist der Anfang das Ende.

Sex abstrahiert uns von uns selbst. Beim Sex verlieren die Sinne jeden Sinn, und wir fühlen uns gänzlich verwandelt. In dieser Zone haben Wahrheit und Rationalität keinen Boden, hier weiss niemand, wie mit Wahrheit umzugehen ist. Wie die Kunst macht Sex die Vernunft unvernünftig. Abstraktion als ästhetisches Prinzip einer elementaren Trennung hat das Potenzial, Sexualität neu zu definieren: Sie koppelt sie vom verquälten Vermächtnis einer westlichen Vorstellungswelt ab, die stets versucht, was wir uns selbst und anderen antun, als Wahrheit auszugeben, für die es sich zu kämpfen und manchmal zu töten lohnt. Erotika, Pornografie und sogar geheime Militärgefängnisse sind gewissermassen nur Variationen unserer Suche nach Sexualität als Wahrheit: indem sie ihre Form festlegen, ihre Gesetze bestimmen, sie nützlich und vernünftig machen. Sie führen konkret vor, was Sex sein soll. Doch nichts ist unvernünftiger als Sex. Diese Unvernunft muss eine Form erhalten, Rhythmus, Bewegung, Berührung, Gefühl und mehr. In der Abstraktion offenbart die Sexualität die unfassbare Kraft ihrer eigenen Unversöhnlichkeit und wird zu dem, was sie in Wirklichkeit ist: ein Bannkreis für ein Zusammensein, das gleichzeitig ausgrenzt.

Erstmals veröffentlicht in: *Paul Chan. The Essential and Incomplete Sade for Sade's Sake*, New York: Badlands Unlimited, 2010.

[1] Joby Warwick, «Little Blue Pills Among the Ways CIA Wins Friends in Afghanistan», *Washington Post*, 16. Dezember 2008. http://articles.washingtonpost.com/2008-12-26/world/36891808_1_cia-officer-afghanistan-veterans-taliban-commanders.

[2] Vorwort aus: Marquis de Sade, *Les 120 journées de Sodome ou L'école du libertinage*, Bd. 1, Paris: Collection L'Enfer de la Bibliothèque nationale de France, Editions Dominique Leroy, 1997, S. 10 (aus dem Französischen übers. von Suzanne Schmidt und Tarcisius Schelbert).

Private Eröffnung
Zu Henri Michaux

Eines Abends hörte Henri Michaux am Radio eine Sendung, die er als «ausserordentlich abstrakt» bezeichnete. Verschiedene Stimmen sprachen in gemessenem Tonfall vom Verschwimmen der Grenzen zwischen Meta- und Kernphysik und den neuesten Entdeckungen über die Zusammensetzung der Materie und die Entstehung des Universums. Fast (fast) unwillkürlich griff Michaux nach seinem Bleistift und begann zu zeichnen. Später sollte er schildern, wie dieses Zeichnen anfing, alle Zeichnungen der vorangegangenen Monate «auszulöschen». Geleitet von den Stimmen, veränderte er Gewicht und Krümmung seiner Zeichengebärde. Strich für Strich begannen die Zeichen auf dem Papier eine Aufmerksamkeit einzufordern, die sich ihm bisher entzogen hatte. Zeile für Zeile schuf er schliesslich eine, wie er es nannte, visuelle «Situation», indem er die Bilder, die er in sich aufsteigen fühlte, laufend entwickelte, verwarf und löschte, während er – zunehmend verunsichert – die sich im Äther ansammelnde Wortwolke zu fassen suchte. Mit dem Übertragen der flüchtigen Worte auf das Papier nahm Michaux, wie er selbst sagte, «am grossen, edlen und erhabenen Abenteuer der Erklärung des Universums in seiner Gesamtheit»[1] teil.

Zeigt *Untitled Chinese Ink Drawing* (1961) dieses Abenteuer? Zumindest sieht es danach aus. Die bauchigen schwarzen Tuschspuren, die das Blatt bedecken, getragen von einem Netz aus Klecksen und Schlieren, beschwören sofort das Bild eines von dröhnendem Rauschen erfüllten Universums herauf. Doch wie die meisten Werke von Michaux verändert sich *Untitled* immer stärker, je länger wir uns davon in Bann schlagen lassen. Der Grund weicht langsam zurück und macht Figuren Platz, bis die Zeichnung zum Negativbild eines Brueghel-Gemäldes wird. Anstelle eines Universums sieht man jetzt eine grosse, saftige Wiese, übersät mit menschenähnlichen Schattengestalten, die miteinander kämpfen,

Henri Michaux, *Untitled Chinese Ink Drawing*, 1961

stolpern und stürzen, sich betrinken oder einander umschlingen, jedenfalls ein heilloses Durcheinander anrichten.

So ist es häufig in Michaux' Werk. Vorhandene Ähnlichkeiten verflüchtigen sich mit der Zeit und bei näherem Hinsehen. Wie seine Schriften verwandeln sich auch seine Zeichnungen laufend in etwas anderes. Sie lassen sich nicht auf etwas Bestimmtes festlegen: Echoräume auf Papier. Dennoch bewahren sie ihre Form und strahlen eine seltsame Klarheit aus. Das ist es, was an seiner Kunst so verstörend wirkt. In seinem Buch *Misérable Miracle (Unseliges Wunder)*[2] schildert Michaux seine Schreiberfahrungen unter Meskalin-Einfluss. Er schreibt jedoch nicht, um durch das Rauscherlebnis eine tiefere Wahrheit über sich selbst zutage zu fördern, und es geht ihm auch nicht nur darum, die durch die Droge heraufbeschworenen seltsamen und verstörenden Bilder festzuhalten. Er schildert vielmehr sein Ringen, in den Fängen des Rausches geistig klar und rational zu bleiben. Er will die Spannung beschreiben, die entsteht, wenn man der Droge, obwohl man unter ihrem Einfluss steht, nicht nachgeben will. Ein Kampf gegen Windmühlen, milde ausgedrückt. Dennoch, was sich in *Misérable Miracle* vor uns entfaltet, ist vielleicht das dramatischste Stück Prosa über einen ins Leere laufenden Kampf, das je geschrieben wurde.

Obstacle qui excite l'ardeur. Das erklärt vielleicht, warum *Untitled* so aussieht, wie es aussieht. Anders als bei Pollock sind die Zeichen ganz und gar unexpressionistisch. Sie wirken eher verkümmert oder komprimiert. Das ist der innere Widerstand, der sich in Michaux gegen den Drang nach Ausdruck wehrt, um etwas umso umfassender zu verkörpern. In gewissem Sinne kann man nur ausdrücken, was man bereits weiss. Michaux geht es jedoch nicht um das, was er weiss, sondern um das, was er nicht weiss. Nichtwissen. Umwege. Irrwege. Diese unerforschten Gebiete wollte er erkunden. Also suchte er nach bestimmten Dingen wie Drogen oder ebenjenen Stimmen aus dem Radio, die wissenschaftliche und philosophische Gedanken erläutern (einerlei, oder?), um emotionale, ästhetische und begriffliche Spannungen zu erzeugen, an denen sich seine Schriften und Zeichnungen reiben konnten. Die wesentliche Unruhe in seiner Kunst ist die Sedimentierung dieses im Kern all seiner Werke tobenden Widerstreits zu einer Form. In *Untitled* ist jeder Strich die Verkörperung des Wunsches, dem zu widerstehen, was er ist, um dem näherzukommen, was er sein möchte.

Michaux war für mich schon immer eine Quelle der Freude. Eines der vier Bücher, die ich 2003, unmittelbar vor dem zweiten Golfkrieg, auf meine Irakreise mitnahm, war *Ecuador*, sein 1929 erschienenes Reisetagebuch. Als ich es unmittelbar vor der illegalen und moralisch ungerechtfertigten militärischen Invasion in Bagdad las – ich wartete in einem maroden Hotel am Tigrisufer auf den Beginn einer Pressekonferenz internationaler Aktivisten, die dringend dazu aufriefen, die USA am Einmarsch in den Irak zu hindern, und hörte den aus den Lautsprechern in der Hotellobby dröhnenden Popsender Uday Husseins (der Missy Elliott spielte) –, da erschien mir Michaux eher als Realist denn als Surrealist. Sein luftiger und doch präziser Schreibstil war ein wirksames Gegengift gegen die Schwere der Worte und Situationen, die ich während meines Aufenthalts in der Stadt hörte und erlebte. Ordnung und Zeit waren aus den Fugen, Fraktionen links und rechts scharten sich zusammen, um für oder gegen den Krieg zu marschieren, ohne je eine Atempause einzulegen und sich angesichts der Absurdität des bevorstehenden Krieges entgeistert an den Kopf zu greifen.

Der Filmemacher Robert Bresson sagte einmal, das Übernatürliche sei das präzis wiedergegebene Reale. Trifft diese Aussage nicht genau das Wesen von Michaux' Kunst?

Was ist Ähnlichkeit ohne Unähnlichkeit?
Eine kampflose Zeichnung langweilt.
Sie ist unvollständig. Wer spürt das nicht?[3]

?Tchin sad trüps rew. Gidnätsllovnu tsi eis.[4]

Erstmals veröffentlicht als «Private View: Henri Michaux», in: *Tate Etc.*, Frühling 2010, o.S. Wiederabdruck mit freundlicher Genehmigung.

[1] Henri Michaux, *Par des Traits*, Montpellier: Fata Morgana, 1984, o.S.

[2] Henri Michaux, *Unseliges Wunder, das Meskalin*, übers. von Gerd Henniger, München, Wien: Hanser, 1986.

[3] Henri Michaux, *Saisir,* in: *Œuvres complètes*, hrsg. von Raymond Bellour, mit Isé Tran, Paris: Gallimard, 1998–2004, Bd. 3, S. 958.

[4] Im obskuren Umfeld der Poesie existiert eine unbedeutende Tradition, von der es heisst, sie verwende das «Hexenalphabet» und buchstabiere Worte und Sätze rückwärts. Diese Zeile betrachte ich als meinen persönlichsten Blick auf Michaux.

Zu Michel Foucault

Das komische Genie von Michel Foucault ist nie gebührend gewürdigt worden. Zum Beispiel seine Theorie über den Aufstieg der Pornografie in der westlichen Welt. Nein, nicht den Griechen schiebt er ihn in die Schuhe. Foucault meinte, die grössten Pornografen – jene, die am meisten von der Anstachelung und Verbreitung des sexuellen Begehrens profitierten – seien die Katholiken. Und sie erwarben sich diese Auszeichnung, indem sie das spannungsreichste erotische Ritual einführten, das je erdacht wurde: die Beichte.

Die Kirche war unter anderem auch eine gesellschaftliche Bühne, auf der man seine innersten Gedanken und Sehnsüchte zum Ausdruck brachte: Weil die Kirche für sich die Autorität in Anspruch nahm, die Sünden ihrer Mitglieder durch den Akt der Beichte zu vergeben, war die Redefreiheit im Rahmen dieses Sakraments gewährleistet. Foucault vermutete, dass dies einen gesellschaftlichen Zwang zur Beichte begünstigte. Die Gläubigen wurden gedrängt, die Kirche als Medium zu nutzen, um über ihre Verfehlungen zu sprechen, die dann von der Kirche vergeben werden konnten. Der Klerus wiederum schöpfte aus den Beichten den Stoff für seine Mahnpredigten – mit dem paradoxen Ergebnis, dass dadurch genau die Ideen verbreitet wurden, die angeblich ausgemerzt werden sollten. Es war, als ob, je puritanischer sich die Kirche zur Sexualität verhielt, umso grösser die Schuldgefühle der Leute und umso schmutziger ihre Gedanken und ihre Sprache wurden.

Die Geschichte der Kirche – als Apparat, der davon profitiert, dass Leute sich blossstellen – widerspiegelt die Art und Weise, wie die sozialen Medien heute funktionieren. Die eifrige Gier nach Vernetzung, der Drang nach Enthüllung und danach, etwas zum Ausdruck zu bringen, der Wunsch, dazuzugehören, all dies sind Spielarten religiöser Erfahrung. Vielleicht sind deshalb Beichten und andere Formen des Zeugnis-Ablegens im Internet so wichtig.

Sie verankern das Mitgeteilte in einer scheinbar unverhüllten und ungeschönten Realität, selbst wenn nichts daran real sein sollte. Sie zeugen von der Macht dessen, was heute realer ist als die Realität: die Beziehungen zwischen dem Künstlichen und dem, was an uns selbst das Wesentlichste ist.

Erstmals veröffentlicht als «Media Study», in: *Artforum*, September 2012, S. 148. Wiederabdruck mit freundlicher Genehmigung.

On Democracy by Saddam Hussein
Anmerkung des Verlegers

Es herrscht Wahlkampf. Wann denn nicht? Diesen Eindruck gewinnt man heute. Vielleicht ist es das, was Demokratie letzten Endes ist: eine nicht enden wollende Kampagne.

On Democracy by Saddam Hussein ist ein Buch, das die Frage aufwirft, was Demokratie aus dem Blickwinkel einer berühmt-berüchtigten politischen Figur bedeutet, die alles andere als demokratisch war. Hussein schrieb die drei Reden, die den Kern des Buches bilden, in den späten 1970er Jahren, als er noch irakischer Vizepräsident war. Er charakterisiert darin die Sozialdemokratie als etwas, was einer zentralen Autorität bedarf, und definiert den freien Willen als patriotische Pflicht, das Gute im Staat aufrechtzuerhalten. Die Reden sind, milde ausgedrückt, politisch pervers. Doch gleichzeitig wirken sie auf unheimliche Weise vertraut. Hussein verspricht dem irakischen Volk nichts anderes als das, was politische Kandidaten den Menschen überall versprechen, um in ihr Amt gewählt zu werden.

Das ist vielleicht der interessanteste Aspekt von *On Democracy*. Wie leer Husseins Worte auch waren, seine Ideen darüber, was eine Demokratie ausmacht, unterscheiden sich letztlich nicht so stark davon, was bestehende Demokratien zurzeit auszeichnet. Anders gesagt, Husseins Ankündigungen, was er dem irakischen Volk alles geben werde, sind genauso idealistisch, widersprüchlich und unverbindlich wie das, was die Menschen im Zentrum der Demokratisierung mittlerweile erwarten.

Im Kern handelt dieses Buch davon, wie Demokratie benutzt und missbraucht wird. Es ist klar, dass Hussein seinen Worten über die Demokratie nicht gerecht geworden ist. In Form von Essays und Kunst untersucht *On Democracy* die historischen, philosophischen und gesellschaftlichen Kontexte, die es Hussein ermöglichten, demokratische Begriffe für eine autoritäre Herrschaft zu verwenden. Es ist ein Versuch zu reflektieren, wie

Versprechen von Freiheit und Sicherheit dazu dienen können, die wirklichen Ziele despotischer Mächte zu verschleiern, unabhängig von ihrer politischen Ideologie. Da im Mittleren Osten und rund um die Welt immer mehr über Demokratie gesprochen wird, ist es wohl wichtiger denn je, zu verstehen, was wir meinen, wenn wir Demokratie von uns und unseren politischen Führern verlangen oder fordern. Es herrscht schliesslich Wahlkampf.

Erstmals veröffentlicht als einleitende Anmerkung zu *On Democracy by Saddam Hussein*, hrsg. von Paul Chan, New York: Badlands Unlimited, 2012.

Duchamp oder Die Freiheit
Eine Komödie

1917 begann Marcel Duchamps Engagement für die sich neufor-
mierende Society of Independent Artists: Nach der Auflösung des
Trägervereins der berühmten New Yorker Armory Show von 1913
wollte diese neue Gruppierung wieder eine ähnliche Ausstellung
durchführen, jedoch mit einigen signifikanten Änderungen.
Erstens sollte die Schau grösser werden als die Armory, da sie –
zweitens – demokratischer geplant war. Gemäss der Devise «keine Jury, keine Preise» konnte jeder Künstler und jede Künstlerin
der Gesellschaft beitreten und zwei Werke in der Ausstellung
zeigen, vorausgesetzt, der Mitgliederbeitrag von sechs Dollar
wurde bezahlt.

Das war nichts Neues. Die Society orientierte sich bewusst
am Vorbild des Salon des Indépendants, einer jährlichen
Ausstellung in Paris. Aber es war neu für Amerika, wo bei
Gruppenausstellungen Jurys und Preise üblicherweise dazu dienten, gewisse Auffassungen und Standards künstlerischer Qualität
durchzusetzen. Interessant ist, wie Förderung von Qualität sehr
stark von ihrem Gegenteil abhängt: der Quantität. Um sich
gegen die Einflüsse des Kubismus und anderer europäischer
Bewegungen zur Wehr zu setzen, organisierten Gruppen wie
die National Academy of Design Ausstellungen mit Werken, die
alle mehr oder weniger einen romantischen Realismus vertra-
ten – Bilder über Bilder zeigten idyllische Szenen mit Kühen oder
Schiffen oder Knaben mit Gewehren oder gelangweilten, aber
hübsch anzusehenden jungen Frauen. Als ob die Qualität in der
Quantität zum Ausdruck käme.

Die Tatsache, dass alle, die ihren Beitrag zahlten, ausstellen durften, war nicht der einzige Schachzug der Independents,
um die Schau innovativer und demokratischer zu gestalten.
Duchamp war für die Hängung mitverantwortlich und schlug
vor, die Arbeiten alphabetisch nach Künstlernamen zu hängen.

Und so begann die Schau mit dem Buchstaben R, der als erster aus dem Hut gezogen worden war. Als die Ausstellung am 10. April 1917 ihre Tore öffnete, sahen sich die Besucher einer Kakophonie gegenüber: fauvistische Landschaften hingen neben Militärfotografien, Brancusi wurde neben Katzenbildern gezeigt. Mit 2215 Werken und über 1200 Künstlern war dies die bisher grösste Kunstausstellung in den USA.

Im historischen Gedächtnis geblieben ist jedoch nur ein Werk aus dieser Schau, und das war nicht einmal ausgestellt, denn es war das einzige Werk, das von diesem Experiment in künstlerischer Demokratie ausgeschlossen wurde. Die Rede ist natürlich von Duchamps Readymade *Fountain* (1917). Fakt ist, dass zwei Tage vor der Eröffnung am Veranstaltungsort ein anonymes Paket mit einem Briefumschlag darin eintraf. Der Umschlag enthielt die sechs Dollar Aufnahmegebühr nebst einem Zettel mit dem Titel des von einem Künstler namens R. Mutt eingereichten Werks. In dem Paket war ein auf den Kopf gestelltes Pissoir aus Porzellan, vom Künstler mit grossen schwarzen Buchstaben auf dem unteren linken Rand signiert. Unter den Vorstandsmitgliedern – unter ihnen auch Duchamp – entbrannte ein hitziger Streit. Einige fanden das Werk anstössig und weigerten sich, es auszustellen. Walter Arensberg, der nicht nur Duchamps Freund war, sondern ihn auch beim Kauf des Pissoirs in einem Sanitärladen begleitet hatte, befürwortete die Aufnahme in die Ausstellung. Er meinte: «Es zeigt sich eine reizende, von ihrer Funktion befreite Form, also wird hier eindeutig ein ästhetischer Beitrag geleistet.» *Fountain* war übrigens nicht der einzige Springbrunnen, der eingereicht wurde. Der andere war Elizabeth Pendletons *Drinking Fountain for Birds* (1917), und daran nahm niemand Anstoss. *Fountain* jedoch war ein glücklicheres Los beschieden. Nur Stunden vor der Vernissage am 9. April wurde das Werk knapp abgelehnt. Unter Protest traten Duchamp und Arensberg sofort aus dem Vorstand aus.

Im Jahre 2011 nahm eine – vor allem von Künstlern in Solidarität mit der Occupy Wall Street-Bewegung getragene – Protestveranstaltung die Diego-Rivera-Ausstellung im New Yorker Museum of Modern Art zum Anlass für eine öffentliche Diskussion, unter anderem über die soziale und ökonomische Befreiung. Dass sich etwas Derartiges vor einem Kunstwerk wie *Fountain* ereignen könnte, ist nur schwer vorstellbar. Dafür gibt es wohl etliche gute Gründe. Zum Beispiel ist es schwierig, sich um ein Urinal zu scharen. Es hat auch nichts besonders Politisches an sich. Und ästhetisch gibt es auch nicht viel her. Doch der Hauptgrund ist vermutlich der, dass *Fountain* grundsätzlich nicht das leistet, was die Leute von der Kunst verlangen, nämlich zu einer gedanklichen oder sinnlichen Erfahrung der eigenen Person oder anderer oder eines bestimmten Aspekts der Welt anzuregen. Wahrscheinlich weckt *Fountain* nur den nagenden Verdacht, dass es sich hier überhaupt nicht um Kunst handelt, sondern um einen Jux.

Wie das Werk zustande kam, kann diesen Verdacht nur erhärten. Was seine Relevanz natürlich nicht mindert. Denn was wir unter Freiheit verstehen, gewinnen wir aus der Kunst. Wie wir aber zur Freiheit gelangen, wird durch unser bejahendes oder verneinendes Verhältnis zur Autorität bestimmt. Duchamp war bereits Teil eines Versuchs, die traditionellen Legitimationsweisen der Kunst zu unterlaufen, indem er die Schau der Independents allen zugänglich machte, die gewillt waren, sechs Dollar zu zahlen. Mit der alphabetischen Hängung der Werke umging er die kuratorische Autorität. Doch dann ging er noch weiter und handelte gegen seine eigenen Interessen und seine eigene Autorität, indem er *Fountain* einreichte und für genügend Aufruhr sorgte, um die demokratischen Ambitionen des gesamten, von ihm unterstützten und mitorganisierten Vorhabens zunichtezumachen. Bei *Fountain* und vielleicht in seinem ganzen späteren künstlerischen Schaffen lag Duchamps grösste Stärke sicherlich darin, im Leben und in der Arbeit jeder autoritären Erwartung entgegenzuwirken: jener der Kunst und Kunstgeschichte, der ständig wachsenden Dominanz kommerzieller Interessen, ja sogar der eigenen inneren Autorität.

Doch bei aller historischen Aufarbeitung und kritischen Analyse – nichts vermag den Eindruck zu schmälern, dass sich Duchamps bekannteste Werke wie Gags ausnehmen. Der Schnurrbart. Das Guckloch. Sein Werk sieht dem Lager eines auf Furzkissen und dergleichen spezialisierten Trödelladens irritierend ähnlich. So ist es für alle, die in der Kunst mehr als einen Jux sehen, erstaunlich, ja verstörend, dass Duchamp einen solch langen Schatten auf die Kunstgeschichte und vielleicht sogar auf die ganze Kultur warf. Es ist kein Trost zu wissen, dass Thomas Mann die Kunst einmal als «höheren Jux» bezeichnete. Auch wird die Situation nicht einleuchtender, wenn ich sage, wie ein Dichter dies mir gegenüber einmal tat, Kunst sei «alles, womit man straflos durchkommt». Aber auch wenn das natürlich zutrifft (man frage nur einen Künstler), verkaufen sich Museen nicht als Präsentationsflächen der grössten je erdachten Gags. Man geht dorthin, um die angeblich besten und schönsten Ausdrucksformen zu erleben, auf deren Erschaffung andere ihre Zeit und Energie verwendet haben. Man kann dagegen einwenden, dass Kunst heute an vielen Orten stattfindet. Und dass Werke der Populärkultur uns genauso bereichern können wie das, was in Museen hängt. Walter Benjamin hegte diese Hoffnung. Meiner Ansicht nach kann sich die Populärkultur heute jedoch höchstens zum Ziel setzen, uns vom luftleeren rauen Klima der gesellschaftlichen Realität abzulenken: deshalb wird sie auf Flugreisen genutzt. Kunst anzuschauen und über sie nachzudenken, kann ein anderes Erlebnis bieten als das, womit wir uns im Flugzeug abgeben, um uns auf dem endlosen Flug etwas weniger wie Gefangene in der Falle vorzukommen. Der Unterschied liegt in der Wertschätzung der Kunst.

Der Arbeitsaufwand für ein Kunstwerk macht seinen Wert nicht aus. Ein Werk wird nicht besser, je länger man daran arbeitet: Meistens verliert es dadurch sogar. Und Kunst wird auch nicht wie ein Werkzeug nach ihrer Nützlichkeit bewertet, obwohl sie durchaus nützlich sein kann. Ausdrucksformen, die zu Kunst werden, besitzen einen anderen Wert als Gebrauchsgegenstände, obwohl Wert auf die gleiche Art erzeugt wird. Der Wert ist in gewissem Sinne nur ein gesellschaftliches Phänomen. Wert ist der Sache nicht inhärent, sondern ergibt sich aus den damit verbundenen Zusammenhängen und Kontexten. Anders gesagt: Wert ist die Überführung dieser Relationen in eine andere Gestalt. Er bemisst sich nach den historischen, materiellen und sozialen Beziehungen, die ein Ding in einem Begriff bündeln und es als lieb und teuer erscheinen lassen. Also wird Kunst – wie übrigens alles andere auch – dadurch wertvoll, dass sie diese Beziehungen als scheinbar objektive Eigenschaften darstellt, welche die Bedeutung dieser Beziehungen mit dem Gewicht der materiellen Realität zur Geltung bringen. Stell dir für einen Augenblick etwas vor, was für dich wertvoll ist und dir am Herzen liegt. Und nun frage dich, was es wertvoll macht, ob es sein Geldwert ist oder das Material, aus dem es gefertigt ist. Oder ob es daran liegt, wie jemand, der dir lieb ist oder an den du dich erinnern willst, wie eine besondere Geschichte oder ein eigener Ort, irgendwie Eingang gefunden haben in die Form des Dinges, das du dir vorstellst, so dass es, aufgrund der Eigenschaften, die ihm Sinnlichkeit und Realität verleihen, die Farbe und Atmosphäre dieser Beziehungen ausstrahlt. Form ist sedimentierter sozialer Inhalt. Und Ausdruck ist die Kraft der sprechend gewordenen Beziehungen.

Künstler erfahren Kunst, indem sie sie erschaffen. Bei allen anderen besteht das Erfahren von Kunst im Durchblättern von Zeitschriften oder Scrollen von Websites. Oder sie besuchen Institutionen wie Museen und Kunsthallen. Im Grossen und Ganzen ist eine Institution die Gestalt, in der eine Autorität auftritt, um festzulegen, was wert ist, Allgemeingut zu werden. Die Autorität kann vielfältige Formen annehmen, und nicht alle sind mit Gebäuden und Papierkram verbunden. Sie tritt immer dann in Erscheinung, wenn die Öffentlichkeit eine Person oder eine

Gruppe ermächtigt, auf der gesellschaftlichen Bühne aufzutreten, als ob sie den Willen einer Allgemeinheit vertreten würde. Jede Autorität – sei es eine Institution, ein Anführer oder auch eine Ad-hoc-Versammlung – verwandelt eine Menschenmenge in einen Chor.

Museen sind Orte, die Menschen aufsuchen, um anzuschauen, was eine Autorität für öffentlich sehenswert hält. Ein wichtiger Teil dieser Erfahrung besteht darin, dass die ausgestellten Werke den Wert der Institution als Spiegel ihres eigenen Wertes übernehmen. Da Wert grundsätzlich etwas Gesellschaftliches ist, ergibt sich der Wert beim Sammeln und Ausstellen von Kunst aus der Verschmelzung von Begriffen wie Schönheit, Gebrauch und Bedeutung mit der herrschenden und adelnden Präsenz einer Institution. Anders gesagt, eignet sich die Kunst die Autorität der Institution an, das heisst, deren Macht, jene Beziehungen zu pflegen, die die Kunst am besten als dem allgemeinen Wohl zuträglich präsentieren. Dabei wird diese Verquickung zum Hauptmassstab ihres Werts, und zwar auf Kosten aller anderen Massstäbe. Museen bieten viele Vergnügungen. Darunter auch die Gelegenheit, Dinge zu erleben, die schön und vielleicht sogar tiefgründig sind. Es kann vorkommen, dass das, was wir als schön empfinden, es auch objektiv ist. Das heisst, Linie, Form und Ausführung eines Werks wecken in uns Gefühle und Gedanken, die unser Wohlbefinden erhöhen. Andererseits bin ich überzeugt, dass Schönheit angenehm ist, weil sie uns hilft zu erkennen, womit es sich abzugeben lohnt. Demnach ist das Erfreulichste an der Wertschätzung der Kunst als schönes Objekt wohl, dass sie dazu dient, uns in eine harmonischere Beziehung zur Autorität einzubinden.

Die Griechen verstanden Schönheit als Ausdruck der Harmonie mit einer göttlichen Ordnung, die den Menschen von oben und von innen heraus regiert. Eigenschaften wie Symmetrie, Mass und Gleichgewicht wurden hoch geschätzt, da sie Verhältnisse darstellen, die die Ordnung der Dinge am besten wiedergeben. Was schön ist, hat eine lange gemeinsame Geschichte mit dem, der rechtens regiert. Die westliche Kunst nach den Griechen bestand grösstenteils aus Kultobjekten für institutionelle Religionen. Man schätzte ihre Ausdrucksformen als sinnliche Darstellungen der Macht Gottes und der Herrschaft der Kirche. Man verehrte die Kunst, weil sie durch ihre Ausdruckskraft in den Gläubigen Gefühle zu wecken vermochte, die sie dazu brachten, sich dem Diktat der himmlischen Herrschaft zu fügen. Wenn Gott heute auch nicht mehr über unsere täglichen Angelegenheiten waltet, scheint die Kunst noch immer von oben zu inspirieren und zu motivieren, wohl weil sie nicht selten die gleiche Sphäre bewohnt wie diejenigen, die heute tatsächlich über uns bestimmen, wie etwa Banker und Oligarchen. Regiert die Autorität nach Gesetz, dann ist Schönheit der sinnliche Aufruf zur Ordnung. Als schön geltende Werke evozieren oft ein Gefühl des Angenehmen, das einer moralischen Empfindung gleichkommt, als ob Schönheit uns lehren könnte, gut zu sein. Das Gesetz wirkt dabei als vermittelnde Instanz. Wenn Moral als inneres Gesetz definiert werden kann, so ist Schönheit eine Form von Moral, die nicht als Pflicht, sondern als Vergnügen erlebt wird.

Deshalb ist Schönheit genauso an uns interessiert, wie wir von ihr angezogen werden. Sie will uns das Gute daran zeigen, mit der Welt im Reinen zu sein, auch wenn dies bedeutet, mit sich selbst nicht im Reinen zu sein. Schöne Kunst zu schätzen erscheint uns bedeutend und wertvoll, denn es gleicht der Erfüllung, die wir spüren, wenn wir den Gesetzen einer Autorität gehorchen, die mit öffentlicher Macht bekleidet ist. In der Autorität erkennt man die Sehnsucht, Teil eines grösseren Selbst zu sein. Hier drängt sich ein Wort auf: Nomos. Im Griechischen bedeutet es Recht, aber auch Lied. Und so steht in diesem alten Wort das gestalterische Vermögen, Gefühlen eine Form zu geben, in direktem Verhältnis zu den Regeln, mit der eine Autorität organisiert und herrscht.

Künstler verstehen wohl diese Beziehung intuitiv. Gesetz ist Techne. Und Ordnung ist, was man aus dem ganzen Durcheinander macht. Die Künstler John Cage und Merce Cunningham zum Beispiel verstanden Gesetze als externe Regelsysteme. Indem sie *I Ging* und andere Schriften als Leitfaden für die Komposition einsetzten, schufen sie Werke, die dem Zufall ebenso viel verdanken wie Geist und Hand. Zufall ist das Verfahren, welches das Wesen des Universums als Gesetz des fortwährenden Wandels verkörpert. Indem sie bei ihrer künstlerischen Arbeit auf den Zufall setzten, gelang es ihnen, an einer ästhetischen Autorität festzuhalten, die sie als grösser erachteten als irgendeinen einzelnen Künstler. Cage und Cunningham – auch Duchamp bis zu einem gewissen Grad – nutzten den Zufall, um mit einem anderen Gesetz zu spielen, dessen Sog zu mildern, dem Künstler, wie sie fanden, nur allzu bereitwillig gehorchten – ein Gesetz freilich, das für das Entstehen von Kunst grundlegend ist: jenes, sich selbst auszudrücken. Anders gesagt, Gesetz als innerer Antrieb. Man denke an die Naturgesetze im Gegensatz zu einem Anti-Littering-Gesetz. Indem sie ihrer Intuition folgen, wohin diese auch immer führt, üben Künstler ihr Recht auf künstlerische Freiheit aus zu schaffen, was immer sie wollen. Und je rigoroser sie nach eigenem Gesetz vorgehen, desto freier und eindringlicher wird ihr Werk. In der Kunst bedeutet Autonomie Autorität.

Dass Kunst aus freien Stücken entsteht, heisst allerdings noch nicht, dass sie frei bleibt. Wirklich expressive Ausdrucksformen sind von Natur aus unbeständig. Paul Valéry betrachtete Feuerwerke als prototypisch für die Kunst ganz allgemein. Sie existieren nur im Augenblick, können jedoch einen ebenso nachhaltigen Eindruck hinterlassen wie Gegenstände aus Stein oder Stahl. Wie ich einmal sagte, ist, was man unter Freiheit versteht, aus der Kunst zu gewinnen. Als schaffender und ausstellender Künstler habe ich gelernt, dass Freiheit nur ein Moment oder ein Stadium in einem Prozess ist. Die Bedürfnisse und Wünsche, die die Entstehung eines Werks prägen, bestimmen nicht, wie es kulturell bewertet wird. Einen Wert, der nicht mit der Intention des Künstlers übereinstimmen muss, erhält das Kunstwerk durch das Beziehungsnetz, das sich ihm einschreibt, sobald es an die Öffentlichkeit tritt.

In der Öffentlichkeit zu sein ist entscheidend. Kunst findet dort ihren wahren Ort: im Zentrum der Debatte und mitten in der kommerziellen, intellektuellen und politischen Auseinandersetzung. Es gibt sicher Künstler, die nur zu ihrem eigenen Vergnügen arbeiten und keinen Drang verspüren, ihre Werke jemals zu zeigen. Ich persönlich kenne keinen. Erst in der Öffentlichkeit ist das Werk eines Künstlers mehr, als es ist, und wird zu dem, was es sein will: eine gemeinsame Währung für das, was gut ist. Und wenn eine Institution ein Werk an die Öffentlichkeit bringt, wird ihr der Wert übertragen, den die Öffentlichkeit im Werk als Abbild der institutionellen Autorität findet. Anders gesagt, die der Kunst zugrundeliegende Eigenschaft der Freiheit kommt wieder zum Vorschein, während die Kunst in die Öffentlichkeit tritt, und verleiht der Autorität ihre Bestimmung. Als ob die Freiheit von der Autorität abhängig wäre, um sich einen Ort im gesellschaftlichen Leben zu sichern und zu erhalten. Wenn Freiheit lediglich eine Stufe in einem Prozess darstellt, so wird nun klar, wie dieser Prozess letztlich endet: mit der Rechtfertigung der Autorität als öffentlichem Gut.

Dieser Prozess zeigt sich in jeder anständigen liberalen Demokratie, wo der Schutz gewisser individueller Freiheiten, wie immer diese definiert sein mögen, das öffentliche Bedürfnis nach Autorität begründet. Er zeigt sich aber auch am anderen Ende des politischen Spektrums, wo am heftigsten nach Autorität verlangt wird – nämlich bei rechtsgerichteten populistischen Parteien und Bewegungen. Sie nehmen das Wort «Freiheit» direkt in ihren Namen auf, um darauf hinzuweisen, was sie der beitrittswilligen Öffentlichkeit zu bieten haben: eine Bühne für den Willen zur Macht. Die Freiheitliche Partei Österreichs (FPÖ). Die Partei für die Freiheit (PVV) in den Niederlanden.

In den USA kommt die grösste Spende für die Tea-Party-Bewegung von FreedomWorks, einem Konzern mit sinniger-weise protestantischer Haltung. Doch nichts zeigt mehr, wie sehr Freiheit die Autorität stärkt, als das Geschehen in Ägypten im Jahre 2011, als die ersten demokratischen Parlamentswahlen stattfanden, nachdem Mubarak vom Arabischen Frühling hin-weggefegt worden war. Das Resultat? Zwei Gruppierungen kon-servativer Islamisten gewannen siebzig Prozent der Sitze. Und die Koalition der jungen Anführer der Revolte, die doch den Fall des alten Regimes in die Wege geleitet hatten? Also die Leute, die eigentlich Ägypten befreiten? Nicht einmal drei Prozent.

Duchamp hielt nicht viel von Freiheit. In einem Artikel in der Zeitschrift *Show* von 1963 schrieb er:

> Seit Courbet sind alle Künstler Bestien. Man sollte alle Künstler aufgrund ihrer aufgeblasenen Egos in Anstalten stecken. Courbet sagte als Erster: «Nehmt meine Kunst oder lasst es bleiben. Ich bin frei.» Das war 1860. Seither will jeder Künstler freier sein als der vorhergehende. Die Pointillisten wollten freier sein als die Impressionisten und die Kubisten noch freier, und die Futuristen und die Dadaisten und so weiter und so fort. Freier und freier und freier – sie nennen es Freiheit. Trunkenbolde steckt man ins Gefängnis. Warum sollte man es den künstlerischen Egos erlauben, zu überborden und die Atmosphäre zu vergiften? Riecht ihr die verpestete Luft nicht?[1]

Duchamp scheint es insofern ernst zu meinen, als er scherzt. 1963 war auch das Jahr seiner ersten Retrospektive, die im Pasadena Art Museum stattfand. Er war 76. In den 1960er Jahren stieg das Interesse an seinem Werk wieder, und Duchamp begann sich in Gesellschaft jüngerer Künstler wie Jasper Johns und Robert Rauschenberg zu bewegen. Wider Willen wurde er zur Ikone.

Retrospektiven sind eine heikle Angelegenheit für Künstler: Sie wissen nie, ob es sich um eine Ehrung oder eine Beerdigung handelt. Duchamp trug seinen Ruhm leichtfüssig und graziös, aber er versäumte keine Gelegenheit, die Kunst schlechtzumachen, besonders wenn sein eigenes Werk Anerkennung fand. Damals sagte er zu William Seitz, einem Kurator am Museum of Modern Art, Kunst halte seiner Einschätzung nach leider nicht lange an, sie habe eine relativ kurz Lebenserwartung. Er rechne mit zwanzig bis dreissig Jahren.

Eines der bekanntesten Konzepte Duchamps ist die «Verspätung». So wollte er auch sein Werk *Das Grosse Glas* (1915-23) bezeichnet wissen. Er schrieb, «... ‹Verspätung› gebrauchen anstelle von Bild oder Gemälde; ... Es ist einfach ein Mittel, um die in Frage stehende Sache nicht mehr als Bild zu betrachten – daraus eine Verspätung machen auf allerallgemeinst mögliche Weise ....»[2] Ausschlaggebend ist hier der Ausdruck «auf allerallgemeinst mögliche Weise». Denn was Duchamp für mich verkörpert, ist die Idee, dass die Erfahrung von Freiheit nur dann wirklich frei ist, wenn ihre gesellschaftlich unausweichliche Entwicklung zu einem Ausdruck der Autorität aufgeschoben wird. Das offenkundig Komödiantische, der beinahe absurde Aufwand, den Duchamp betrieb, um diesen Prozess zu verzögern, unterstreicht gerade, wie ernst es ihm war. Von der wiederholten Verunglimpfung der Künstler und der Kunst (auch seiner eigenen) und der Produktion von Werken, die Hohn, Spott und Falschinterpretationen geradezu herausfordern, bis zu seinem bedingungslosen Rückzug vom Kunstschaffen in den 1920er Jahren, um mehr Zeit für sein Schachspiel zu haben: Duchamp lebte und arbeitete, als ob Kunst umso bedeutender wäre, je weniger sie bedeutet.

Nach Duchamp muss man sich fragen, ob die Kunst jemals so ernst war, wie die Kultur uns weismachen will. Und dass er heute so ernst genommen wird, macht es nur noch schlimmer. Der arme Duchamp ist zur Autoritätsfigur verkommen, und der

Witz geht nun auf seine Kosten. Es ist ein Jammer, aber keine Überraschung. Um die Ideen einer Person zu neutralisieren, muss man sie ganz einfach zur Ikone machen. Wie Duchamp lebte und was er wirklich tat, hat kaum etwas mit dem Bild zu tun, das sich jene von ihm machen, die im Alltag nicht ohne Helden und Bösewichte auskommen. Für den Rest von uns ist das Leben glücklicherweise nicht so starr, und vielleicht können wir Duchamp auch so im Gedächtnis behalten: Er hat die Kunst und das, was wir von ihr erwarten, weniger starr und vorhersehbar, dafür empfänglicher für eine andere Auffassung des guten Lebens gemacht – für eine, die keiner anderen Autorität verpflichtet ist, als wie es gelebt wird und welche Freuden es bieten kann, Augenblick für Augenblick. Es ist das Bild eines Lebens voller Überraschungen.

Das ist es wohl, was Duchamps Werk zu erreichen suchte. Er machte Kunst als einen zum Stillstand gebrachten Augenblick. Und er setzte die Spannung zwischen dem Ernsten und dem Leichten oder Komischen ein, um die Wirkung zu erhöhen. Das ist seine Dialektik. Langweilige Kunst neigt ja dazu, entweder zu ernst oder nicht ernst genug sein; Duchamp hingegen schuf Werke, die mehr oder weniger beides waren. Deshalb kommen sie wie Gags daher. Der Welt wurde ein Streich gespielt, doch welcher, weiss eigentlich niemand. Müsste Freiheit sich nicht genau so anfühlen?

Ursprünglich vorgetragen als Penndesign Fine Arts Lecture, 15. November 2012, Institute of Contemporary Art, Philadelphia.

[1] *Show: The Magazine of the Arts*, 1963, S. 116.

[2] Marcel Duchamp, *Die Schriften*, Bd. 1: Zu Lebzeiten veröffentlichte Texte, übers., hrsg. und komm. von Serge Stauffer; gestaltet von Peter Zimmermann, Zürich: Regenbogen-Verlag 1981, o.S.

Die verschlungenen Pfade der Perversion

Zu Pier Paolo Pasolini

Stich von Claude Bornet für Marquis de Sade's Roman *Juliette*, ca. 1798

Die Planung einer Orgie ist nicht einfach. Die Inszenierung verlangt eine besondere Mischung aus Know–how und Temperament, ganz zu schweigen von den Ressourcen. Ein mit Teppichen ausgelegter Raum ist bald gefunden und mit Handtüchern und Weinkühlern ausgestattet. Doch es braucht einen visionären Blick, um zu erkennen, dass solch ein Ort die Qualität der sexuellen Begegnungen nur schmälern kann. Alle physischen Elemente, die eine Orgie ausmachen, sollten die wechselnden Erregungszustände widerspiegeln, die ein echtes sexuelles Erlebnis ausmachen. Räumlich gesehen heisst dies im Idealfall: drei miteinander verbundene Räume oder zumindest drei visuell klar unterschiedene Bereiche, die den Gästen erlauben, umherzugehen und dort zusammenzukommen, wo ihrer Empfindung nach Stimulation und Hingabe am meisten harmonieren. Das heisst nicht, dass jeder Bereich nur einer bestimmten Art von Handlung vorbehalten sein sollte. Lust ist insofern ein Element der Freiheit, als es Lust bereitet zu tun, was einem gefällt und wo es einem gefällt. Die räumliche Vielfalt kommt unserem natürlichen Hang entgegen, Empfindungen und Erfahrungen zu unterscheiden und zu variieren. Die Gäste werden sich eher verschiedene Weisen des Zusammenfindens ausdenken, wenn sie die Möglichkeit erhalten, dies in mehreren Räumen zu tun; so können sie sich auf eine *Reihe* von Begegnungen einlassen. Letztlich geht es darum herauszufinden, was dieses ozeanische Gefühl der sexuellen Lusterfüllung hervorzurufen und zu verstärken vermag.

Auch die Beleuchtung ist wichtig. Da ich empfindlich auf Licht reagiere, weiss ich, dass die Farbe und die Qualität des Lichts in einem Raum die Art und Weise, wie Haut sich beim Berühren anfühlt, beeinflussen, ja sogar bestimmen kann. Mir fallen noch tausend andere Details ein. Und sie alle sind von Bedeutung, weil die Sinne sich durch das Lustempfinden schärfen. Unsere Fähigkeit, Lust zu bereiten und zu empfinden, hängt direkt damit zusammen, wie gut wir uns in unseren Wünschen und Bedürfnissen verstanden und umsorgt fühlen. Und in dem Mass, wie unser Begehren wächst und stärker wird, wächst auch unser Wunsch, Lust zu bereiten und zu empfinden. Dieser Prozess verläuft zirkulär und erweitert sich dialektisch. Er *ist* eine Dialektik: vielleicht die entscheidende, die uns zu dem macht, was wir sind, wenn man Diotima glauben darf.

Ich lasse mich lieber zu Orgien einladen, als sie vorzubereiten – zu viel Arbeit. Dennoch interessiert mich die Arbeit, besser gesagt: die Organisation, die nötig ist, um eine Orgie zu einem Erlebnis zu machen. Ich will wissen, welche Mittel welche Wirkungen entfaltet haben. Und für wen. Das ging mir durch den Kopf, als ich 2004 zum ersten Mal dieses Bild sah.

Abu Ghraib, 2003

Mittel und Wege, die zu diesem Resultat führten, sind kein Geheimnis. Es war der Krieg. Konkret war es der zweite Golfkrieg, der offiziell im März 2003 ausbrach. Inoffiziell begannen die USA Bagdad schon zwei Monate früher zu bombardieren. Ich weiss das, weil ich dort war, verschanzt im Hotel Al Fanar, am Ufer des Tigris, gemeinsam mit anderen Aktivisten und Journalisten. Mitte Januar verliess ich den Irak, doch andere aus der Antikriegsgruppe, in der ich mitarbeitete, blieben. Unter anderem kümmerten sie sich um die Dokumentation der Behandlung Gefangener in den verschiedenen Lagern, welche die US-Armee rund um die Stadt errichtet hatte. Die Arbeit meiner Kollegen und Freunde half damals aufzudecken, was später unter dem Namen Abu Ghraib bekannt werden sollte.

Krieg ist abscheulich genug. Aber dieses Foto und andere verkörpern den wohl unerträglichsten Aspekt jeder kriegerischen Gewalt: Sie birgt eine sexuelle Dimension. Es gibt nichts Schrecklicheres, als wenn die Macht zu verletzen und zu demütigen einem Lustprinzip dient, das im Namen der Selbsterhaltung handelt. Sexuelle Gewalt vergewaltigt nicht nur den Körper, sondern zerstört auch die Fähigkeit, die eigene Sexualität zu leben – und wohl überhaupt körperliche Lust zu empfinden – und damit letztlich das, was uns hilft, unseren Geist und unsere Kräfte zu erneuern, um der Plackerei des Lebens trotzen zu können.

Ich kam zu dieser Einsicht, weil ich zu der Zeit, als die Bilder in der Presse auftauchten, in der Anfangsphase eines Projektes steckte, das später den Titel *Sade for Sade's Sake* (2009) erhalten sollte, natürlich nach dem Schriftsteller und Philosophen Marquis de Sade. Aber es war nicht nur die Tatsache, wie Sex und Gewalt im Abu-Ghraib-Skandal ineinander verstrickt waren, wodurch mir de Sades Werk so prophetisch erschien. Es war auch die Art, wie de Sade stets den Krieg und andere soziale Konflikte als Rahmen für seine Geschichten sexueller Ausschweifungen verwandte – als wollte er darauf hinweisen, dass das eine stets zum anderen führt. Es wird zum Beispiel gern vergessen, dass de

Sades perversestes Werk, *Les 120 journées de Sodome* (*Die 120 Tage von Sodom*), eine Geschichte über Kriegsprofiteure war. Hier ein Auszug aus dem Vorwort des Marquis:

> Die umfangreichen Kriege, die Ludwig XIV. im Laufe seiner Herrschaft führen musste, leerten zwar die Staatskassen und erschöpften die Kräfte des Volkes, waren jedoch auch eine geheime Quelle der Bereicherung für eine enorme Zahl jener Blutsauger, die stets auf politische Katastrophen lauern und diese heraufbeschwören, statt sie zu schlichten, allein um noch mehr eigene Vorteile daraus schlagen zu können. Im Übrigen ist diese so bedeutsame Regierungszeit wohl eine der Epochen des französischen Reiches, in der es am meisten klandestine Vermögen gab, die sich ausschliesslich in Luxus und Ausschweifungen nicht minder obskurer Art niederschlugen. Es war gegen Ende seiner Herrschaft und kurz bevor der neue König mit dem berühmten Tribunal, das unter dem Namen *Chambre de Justice* bekannt werden sollte, die zahlreichen Übeltäter zur Rückgabe der gestohlenen Güter zu zwingen suchte, als vier derselben sich diese unerhörte Ausschweifung ausdachten, von der wir hier berichten werden.[1]

Wenn mich de Sade über Abu Ghraib aufgeklärt hat, so hat mir Pier Paolo Pasolini geholfen, de Sade besser zu verstehen. Der Neoplatoniker Plotin vertrat die Idee, dass «Gleiches nur durch Gleiches erkannt wird». Das mag auch hier der Fall sein. Denn Pasolinis Werk ist genauso intensiv, komplex und widersprüchlich wie de Sades Romane und Dramen. Dank *Salò* (1975), Pasolinis Filmversion von *Sodom*, habe ich begriffen, wie Pasolini de Sades Werk als bissige Sozialkritik zu erneuern suchte. Unter de Sades Einfluss verfestigte sich Pasolinis Werk zu einem filmischen Realismus, der darzustellen wagte, was die Wirklichkeit selbst nicht wahrhaben wollte.

Salò ist nicht mein liebstes Werk von Pasolini, obwohl ich es bewundere. *Il Vangelo secondo Matteo* (Das 1. Evangelium – Matthäus, 1964) steht mir näher. Manchmal nutze ich den Schnellvorlauf, um auf meiner digitalen Kopie direkt zu der Szene zu kommen, in der Jesus alleine auf einem wüsten und leeren Hügel kniet und seine Hände zum Himmel streckt. Die Kamera schwenkt nach links, nach rechts und dann hinauf zur Sonne, die durch die wogenden Wolken bricht. Schliesslich eine Totale auf den weiss gekleideten Christus, immer noch auf den Knien, schweigend. Jedes Mal kommt es mir so vor, als verweile die Aufnahme ein wenig zu lange auf ihm. Und als habe Pasolini – der Ungläubige – vielleicht gar nicht Christus im Visier gehabt.

Erst durch meine Auseinandersetzung mit de Sade wurde mein Interesse an Pasolini wieder entfacht, letztendlich aber spielte *Salò* doch nur eine Nebenrolle. Den Ausschlag gab vielmehr Pasolinis Dichtung. Welche Ironie, denn die Gedichte sind überhaupt nicht pervers. Und wenn sie von Sexualität handeln, dann mit einer Offenheit, die eher bekenntnishaft als provokativ anmutet. Es geht nicht um die Worte, auch nicht darum, was sie heraufbeschwören wollen. Es ist der Rhythmus.

Die Lektüre von Pasolinis Gedichten machte mich hellhörig für die Rhythmen in seinen Filmen und in Kunstwerken ganz allgemein. Dichter wissen, dass Bedeutung nicht nur durch das, was gesagt wird, entsteht, sondern auch dadurch, wie es gesagt wird. Das Steigen und Fallen von Atem und Ton offenbart genauso viel, wie die Wörter selbst. Manchmal auch mehr. Das gilt besonders bei sexuellen Themen. Rhythmus erregt eine besondere Art von Aufmerksamkeit und erhöht die Fähigkeit, mitbewegt zu sein, mit dem, was bewegend ist. In einem Wort, er ist erotisch. Hier die letzte Strophe aus Pasolinis Poem *Un rap di ùa* (Eine Traubendolde) in Friaulisch:[2]

Il Tilimínt, cu'l stradon di sfalt,
e li planuris verdulinis,
cu li boschetis flapis e il zal
dai ciamps di blava, fra il mar
et la montagna:
dut a ardeva ta la me ciar frutina.
Al era un fòuc il mal.

Der Tagliamento mit der Asphaltstrasse
und den grünen Ebenen,
dem dürren Buschwerk und dem Gelb
der Maisfelder, zwischen Meer
und Bergen:
alles brannte in meinem kindlichen Fleisch.
Der Schmerz war ein Feuer.

Pasolinis Gedichte führten mich zu anderen Dichtern, die
mir zeigten, wie wichtig Rhythmus ist – gerade auch für meine damalige Arbeit. Noch erstaunlicher ist jedoch, wie seine
Gedichte meinem Verständnis von de Sade, besonders von *Les
120 journées de Sodome*, eine ganz neue Richtung gaben. Es ist fast
Pflicht zu sagen, *Sodom* sei eigentlich nicht lesbar. Dieser Roman
über vier Kriegsprofiteure, die ihre Gefangenen systematisch
missbrauchen und foltern, handelt nicht nur von abgründigen
Perversitäten, er ist auch unglaublich repetitiv und monoton. Er
hat die erzählerische Qualität einer Gebrauchsanweisung für eine
Buchhaltungssoftware.

Versteht man *Sodom* aber weniger als Erzählerung, sondern als Gedicht, verändert sich das Werk. Liest man es mehr
mit einem Ohr für den Rhythmus als mit Blick auf die narra-
tive Kohärenz, wird es seltsam – und zwanghaft – lesbar. Das
Provokanteste an *Sodom* scheint nicht die Handlung zu sein,
sondern dass es geschrieben ist in der Kadenz einer nicht nach-

lassenden sexuellen Getriebenheit. Es ist der Rhythmus, durch den das Werk lebt – und dies ist vielleicht das Sadistischste daran.

Pasolini war ausufernd produktiv und ästhetisch promisk. Er machte Filme, zeichnete und verfasste Essays, Dramen, Gedichte und Zeitungsartikel. In der freien Zeit legte er sich mit der Mafia an, der Kirche, den Faschisten, den Marxisten, den Politikern und mit all jenen, die er sonst noch dafür verantwortlich machte, das Leben der anderen zu ruinieren. Dies und sein Werk veranlassen mich, heute seiner zu gedenken.

Ursprünglich vorgetragen als «A Harlot's Progress» an der Sunday Session «Pier Paolo Pasolini: Intellettuale», 16. Dezember 2013, PS1 MoMA, New York, vorgetragen von Kate Valk.

[1] Marquis de Sade, *Les 120 journées de Sodome ou L'école du libertinage*, Bd. 1, Paris: Collection L'Enfer de la Bibliothèque nationale de France, Editions Dominique Leroy, 1997. Vorwort, S. 10. Deutsche Übersetzung von Suzanne Schmidt und Tarcisius Schelbert.

[2] Zitiert nach: Pier Paolo Pasolini, *Poèmes oubliés / Poesie dimenticate*, zweisprachige (friaulisch-französische) Ausgabe, aus dem Friaulischen übers. von Vigji Scandella, Arles: Actes Sud, 1996, S. 98. Deutsche Übersetzung von Suzanne Schmidt und Tarcisius Schelbert.

Die Schriften von Hans Ulrich Obrist
Eine Einleitung

Meine erste Begegnung mit Hans Ulrich Obrist war 2003. Er stand unter der Tür meines Ateliers in einem hellblauen Anzug, der so arg zerknittert war, dass ich dachte, er habe die Nacht zuvor in einem Koffer verbracht oder sei sogar obdachlos. Ich bat ihn herein und fragte, ob er ein Glas Wasser möchte, wollte aber eigentlich eher wissen, ob er eine warme Wolldecke und eine ruhige Ecke zum Schlafen bräuchte.

Es stellte sich heraus, dass er tatsächlich mehr oder weniger im Koffer schläft, denn bevor er an meiner Ateliertür erschien, hatte er sich innerhalb von achtundvierzig Stunden in drei verschiedenen Ländern aufgehalten, um sich mit Künstlern, Wissenschaftlern, Soziologen, Philosophen und noch einmal mit Künstlern zu treffen. Das ist typisch Hans. Es ging ihm also bestens. Und nach drei Stunden Gespräch merkte ich, er war ganz und gar nicht obdachlos. Er fühlte sich in meinem Atelier ganz zu Hause, obwohl ich gestehen muss, es war nicht gerade gemütlich und ist es auch jetzt nicht. Raum – als etwas Erfahrbares – fesselt mich bei weitem nicht so stark wie Zeit. Verlorenem Raum (wie einem Atelier oder einer Wohnung oder einer Ausstellungsmöglichkeit) traure ich nie nach, verlorener Zeit hingegen immer.

Worüber wir genau gesprochen haben, weiss ich nicht mehr. Ich weiss aber, woran es mich erinnerte. Ein bekannter Romanautor besuchte einmal einen anderen, von ihm verehrten Romanautor in dessen Heimat. Nach seiner Ankunft am Flughafen nahm der eine Autor ein Taxi, um den anderen in einem Park zu treffen. Er fand ihn dort auf einer Bank sitzend. Sie grüssten einander und reichten sich die Hand. Doch als sie reden wollten, merkten sie, dass keiner die Sprache des anderen verstand. Es war wie ein böser Witz. Der eine Autor war verlegen und enttäuscht. Er hatte die ganze weite Reise unternommen und stand nun dem Menschen gegenüber, mit dem er sich unterhalten wollte, nur um festzustellen, dass es gar nicht die Entfernung war, die sie voneinander trennte. Vermutlich ging es dem anderen Autor nicht besser. Schweigend spazierten sie durch den Park. Dann sagte der andere Autor plötzlich: «Nabokov». Sein Gegenüber wusste darauf zunächst keine Antwort. Dann sagte er: «Mann». Der andere lächelte und erwiderte sofort: «Musil». So ging es hin und her. «Dickens». «Gogol». «Chaucer». «Joyce». «Boccaccio». Stundenlang, hab ich mir sagen lassen.

Wir sind in der Sprache zu Hause, die wir sprechen und die uns verbindet. Und ich meine damit nicht einfach Englisch oder Arabisch. Ich rede von jener anderen Sprache, die wir brauchen, um auszudrücken, was sich zu tun, zu wissen und zu suchen lohnt. Diese Sprache sprechen wir, wenn wir sagen wollen, wo unser wahres Zuhause ist. Robert Walser. Samuel Beckett. Fischli und Weiss. Samir Amin. Es waren mehr als Eigennamen, die zwischen Hans und mir hin- und hergereicht wurden: Es waren Nomina einer Grammatik der intellektuellen und künstlerischen Entwicklung. Und auch einige Wörter wie entkoppeln, Experimentalfilm und -video, via negativa. So ging es weiter. An der Art, wie Hans sprach (und zuhörte), merkte ich bald, dass er aus dem gleichen unentdeckten Land kam wie ich.

Was nicht heisst, dass wir immer gleicher Meinung waren. In Anbetracht von Hans' Arbeit und Sensibilität wäre die Idee eines Auseinanderdividierens für ihn etwa das, was die Ornithologie für die Vögel ist. Und natürlich besteht ein Unterschied im Tempo des Denkens und Sprechens. Ich neige eher zum Adagio, während Hans eher zu presto, je nach Tageszeit sogar zu prestissimo tendiert. Wir entdeckten im Lauf des Gesprächs noch viele Differenzen zwischen uns, und das machte das Ganze nur noch vergnüglicher. Der Grund liegt darin, dass Hans ständig auf der Suche nach Dingen ist, die er nicht kennt oder nicht versteht. Er ist von Natur aus neugierig auf fast alles. Seine legendäre Rastlosigkeit ist wohl Ausdruck seines unstillbaren Bedürfnisses, dem Lauf der Dinge nachzuspüren.

Neugier ist das Lustprinzip des Denkens. Aus Erfahrung weiss ich, dass man gute Liebespartner am Ausmass ihrer Neugier erkennt. Wenn Sie also das nächste Mal jemanden treffen, zu dem

Sie sich hingezogen fühlen oder mit dem Sie zufällig plaudern, merken Sie sich die Anzahl der gestellten Fragen (im Kopf, nicht laut). Sind es, sagen wir, mehr als vier pro Minute, dann haben Sie jemanden vor sich, der wahrscheinlich weiss, wie man sich und anderen Freude bereitet. Hat besagte Person nach ein oder zwei Minuten noch keine einzige Frage gleich welcher Art gestellt – darüber, wie Sie heute Abend aussehen, was Sie kürzlich gesehen haben oder einfach, ob Sie die Farbe Lila mögen – dann Finger weg. Hier gibt es nichts zu holen. Ich nenne es das Gesetz der Diotima. Vermutlich hätte Diotima an Hans Gefallen gefunden. Denn er verkörpert dieses Gefühl echten Vergnügens, das man nur findet, wenn man sich von nichts anderem leiten lässt als von dem, was man attraktiv genug findet, um sich damit zu befassen und worüber man unbedingt mehr herausfinden will. Seine Neugier hat ihn ins Zentrum und an die Ränder unzähliger Wissens- und Kulturbereiche geführt. Und im Zuge seiner unablässigen Reisen hat er uns Ausstellungen, Interviews, Marathonprojekte und jetzt seine gesammelten Schriften hinterlassen.

Ich schreibe hier am sogenannten ersten Frühlingstag. Es ist Morgen, und ich höre Vogelgezwitscher. Spatzen? Drosseln? Unvermittelt kommt mir eine Theorie in den Sinn. Oder ist es eine Geschichte? Sie geht so: Im Anfang war die Sprache Gesang. Musik und Rede waren eins. Die Menschen sprachen, indem sie Worte sangen, und mit jeder Note gewann die Welt an Bedeutung. Doch dann kam der Punkt, an dem sich die Sprache vom Gesang abspaltete. Beide gingen danach verschiedene Wege, berührten sich ab und zu, kamen aber nie mehr wirklich zusammen. Und genau da – in dem Moment, als sich Musik und Rede voneinander trennten – trat ein neues Konzept in die Welt: die Tragödie.

Ich weiss nicht mehr, woher ich dies habe. Eines Tages sollte ich Hans danach fragen.

Erstmals veröffentlicht als «Introduction», in: *Writings of Hans Ulrich Obrist*, Berlin: Sternberg. Wiederabdruck mit freundlicher Genehmigung.

Sünden und Edelsteine
Zu Sigmar Polke

Als der Urknall die Entstehung des Universums in Gang setzte, löste die Explosion angeblich ein so lautes Dröhnen aus, dass es noch heute zu hören ist, sofern man Ohren hat, die gut genug sind, um Geräusche wahrzunehmen, die 57 Oktaven unterhalb des Klangspektrums eines normalen Klaviers liegen. Daran musste ich denken, als ich zum ersten Mal mit Sigmar Polkes Grossmünsterfenstern in Zürich in Berührung kam. In der romanischen Kirche aus dem 12. Jahrhundert wurde, als ich eintrat, gerade die Orgel gestimmt, und das Kirchenschiff war vom Dröhnen eines E-is erfüllt, das gleich in ein Es zu kippen schien. Eine *Terry-Riley-Passion*? Kein Mensch in den Kirchenbänken. Ein Mann, der vor der Steintreppe, die zu den beiden Türmen hochführt, Postkarten und Bücher verkaufte, war der einzige Zuhörer. Dachte ich zumindest. Denn als ich genauer hinschaute, entnahm ich der Grimasse, die er schnitt, dass er nicht dem lauschte, was ich als Musik wahrnahm, sondern nur widerwillig ertrug, was ihm als Lärm erschien. Endlich wurde das E-is zum Es. Ein paar Sekunden Stille. Dann brüllte die Orgel ein lautes F. Mir war, als hörte ich den Mann leise fluchen.

Sieben der zwölf Fenster, die Polke schuf, sind Kompositionen aus Achatscheiben. Sie fügen sich zu Bildern, die wirken, als stammten sie aus den Tiefen des Weltraums: Szenen von abstrakter, himmlischer Pracht. Das Fenster, das mich als erstes fesselte, war das einzige in Halbkreisform. Da es sich über dem Nordportal der Kirche befindet, ist es schon von aussen zu sehen. Doch was man da sieht, bereitet einen nicht annähernd auf den Anblick vor, der einen im Inneren erwartet.

Es ist die Genesis im wahrsten Sinne des Wortes. Die runden Achatscheiben mit ihren konzentrischen Schichten natürlich gewachsener Kristalle erinnern an Vorgänge wie Planetenbildung, Atomspaltung oder embryonale Zellteilung. Die schillernden

Ringe warten mit einer leuchtenden Farbpalette auf, die man unwillkürlich mit der Geburt von etwas Neuem verbindet. Es ist jedoch mehr als eine Illustration unserer Vorstellungen von der Entstehung der Welt. Indem Polke, kristalline Schicht um kristalline Schicht, den natürlichen Entstehungsprozess der Achate offenlegt, greift er den vielleicht radikalsten und merkwürdigsten Aspekt des christlichen Schöpfungsgedankens auf, nämlich die Vorstellung, dass ein Anfang kein echter Anfang ist, wenn er nicht in sich selbst auf das Kommende verweist. Deshalb heisst es von Christus, er sei Alpha *und* Omega. Im Christentum ist der Anfang das Ziel. Wandel und Fortschritt, die sich im Lauf der Zeit einstellen, sind insofern wichtig, als sie Zeugnis davon ablegen, dass jedes Stadium und jede Generation das göttliche Prinzip verkörpern und weitertragen, das dem christlichen Glauben zufolge im Anfang aller Dinge wurzelt. Also quasi vom Samen Gottes zum Baum des Lebens. Etymologisch geht das Wort *Genesis* auf das griechische γίγνεσθαι (*gígnesthai*: geboren werden) und γένος, γένη (*génos*, im Plural *gēné*: Geschlecht, Familie, Nachkommenschaft) zurück. Wörtlich und biblisch übersetzt wäre das Buch Genesis demnach das Buch der Generationen, was es ja tatsächlich ist. Letztlich ist die Genesis eine Geschichte der familiären und prophetischen Abstammungslinien, die erzählt wird, um die Verbindung zwischen Vergangenheit und Gegenwart wiederaufleben zu lassen. Im Christentum kommt neu der Gedanke hinzu, dass die zeitlichen Ablagerungsschichten der verschiedenen Epochen und Zeitalter nur würdig sind, als Vergangenheit zu gelten, sofern das in Erinnerung Gebliebene auf die Gestalt des Kommenden verweist.

Dieser Hintergrund verleiht den sieben Achatfenstern ihren überraschend konzeptuellen Charakter. Indem sie einfach sind, was sie sind, verkörpern sie zugleich, worauf sie inhaltlich verweisen. Natürlich zu wirken ist Schwerstarbeit. Polke arbeitete mit einer Reihe von Tricks und Techniken, um den sieben Seiten seiner Schöpfungsgeschichte Leben einzuhauchen. Erstens wurden zahlreiche Achate in diverse chemische Lösungen getaucht, um die Farben der Steine zu intensivieren oder sogar völlig zu verändern. Dieses Vorgehen erlaubte Polke, Leuchtkraft und Aufbau jeder Fensterpartie genau zu kontrollieren. Zweitens strotzen die Kompositionen nur so von Possen und Anspielungen. In eines der Fenster ist oben mittig ein grosser schwarzer Achat mit zwei weissen, annähernd kreisförmigen Einschlüssen eingepasst, die fast wie ein Augenpaar wirken, das auf uns herabschaut. Tatsächlich finden sich in den Fenstern viele Augen, die unseren Blick erwidern. Einmal lässt sich auch so etwas wie ein Gesicht ausmachen, das die Zunge herausstreckt oder eine Zigarette raucht.

In den traditionellen Religionen hatten Bilder schon immer auch die Funktion einer Art Physik. Mythen und Götter mögen in ihrer Form noch so phantastisch und übernatürlich wirken, sie stellen doch stets reale Versuche dar, das Wirken der Natur zu verstehen. Die Riten, Rituale und Reden heidnischer Kulturen dienten im Allgemeinen dazu, den Menschen ihren Platz inmitten natürlicher Phänomene, wie wechselnder Jahreszeiten, Tod oder Feuer, zuzuweisen. Man könnte die Naturreligionen als parawissenschaftliche Versuche beschreiben, die Natur auf allegorischem Weg zu verstehen. Göttliche Mächte und Persönlichkeiten fungieren als imaginäre Koordinatensysteme, die konkrete Anweisungen zum Verständnis – und noch wichtiger zur Organisation – möglicher Lebensweisen liefern. Das Christentum ist in dieser Hinsicht nicht anders, vielleicht weil es im Lauf seiner Entwicklung die parallel existierenden Praktiken und Philosophien absorbiert hat und sich dadurch am Leben erhielt, dass es sich laufend anpasste und über seine Anfänge als marginale und radikale jüdische Sekte hinauswuchs.

Nietzsche hat es vielleicht am besten auf den Punkt gebracht: Christentum ist Platonismus fürs Volk. Platon gründete die Akademie und schrieb Abhandlungen und Dialoge als Lehrstücke, um Politiker und andere Leute in Machtpositionen zu ermahnen, ein gutes Leben zu führen und die Stadt Athen gerecht zu regieren. Das Christentum hat die Grundzüge der platonischen Philosophie neu umrissen, um jene, die unter der Herrschaft der Macht und des Reichtums standen, zu beeinflussen und zu organisieren und um die ganze Welt als Stadt unter Gottes Rechtsprechung zu deuten. Das funktionierte rund ein Jahrtausend lang mehr oder weniger, mit allen Vor- und Nachteilen. Mit Sicherheit gibt es heute mehr Christen als Platoniker. Eine mögliche Erklärung: vielleicht deshalb, weil der philosophische und politische Kern des Christentums geschickter auf etwas einging, was – damals und wohl noch heute – alle betrifft, Mächtige und Ohnmächtige, Männer und Frauen, Juden und Nichtjuden, Freie und Sklaven, Junge und Alte. Es ist die Frage, die, einmal gestellt, jedes menschliche Dasein entscheidend prägt: Wie soll ich leben?

Bunte Kirchenfenster waren nur eine unter vielen Formen, mit denen das Christentum versuchte, sich mit dieser Frage auseinanderzusetzen. Die ersten Bildfenster entstanden gegen Ende des 9. Jahrhunderts zu Ehren der Vita Christi, seiner Apostel und der in den jeweiligen Regionen und Ländern verehrten Heiligen. Sie zeigten das gute Leben, wie es in der Bibel erzählt wird, teils um jenen Genüge zu tun, die nicht lesen konnten, teils um den Menschen durch die Bildwerke zu vermitteln, dass die Ausübung des christlichen Glaubens ihr Innenleben ebenso bereichern und zum Leuchten bringen kann, wie die Fenster die dunklen Innenräume der Kirchen und Kathedralen erhellen.

Der pädagogische Charakter von Polkes Fenstern ist vielleicht ihr traditionellster Aspekt. Denn trotz all ihrer umwerfenden Effekte gewinnen die Achatfenster eine noch grössere Leuchtkraft, weil sie uns – sofern wir bereit sind, uns von ihnen bezaubern zu lassen – eine bildhafte Lektion erteilen: dass die Welt, die das Christentum im Bild Christi zu erfassen suchte (und immer noch sucht), in Wirklichkeit viel grösser, älter und komplexer ist, als die Kirche wahrhaben will. Die fünf weiteren

Fenster, die Polke für das Grossmünster schuf, verraten ebenfalls etwas über die Widersprüche, die den christlichen Glauben und das moderne Leben prägen, oder zumindest einen bestimmten religiösen und historischen Standpunkt, den der Künstler würdig befand, in Stein und buntes Glas gefasst zu werden.

Zunächst einmal sind diese Fenster ausschliesslich von Symbolen und Gestalten aus dem Alten Testament inspiriert: dem Propheten Elija, der Opferung Isaaks, von König David, dem Sündenbock sowie dem Ausdruck «Menschensohn». Die Kritikerin und Kunsthistorikerin Jacqueline Burckhardt, Mitglied der Jury, die Polke 2006 den Auftrag für die Fenster erteilte, hat mir gegenüber angedeutet, dass es Polke darum gegangen sei zu unterstreichen, wie sehr verschiedene Religionen und Kulturen historisch miteinander verflochten sind, eine Ansicht, die heute, da wir in einer Zeit religiöser Fundamentalismen leben, vielleicht nicht gebührend gewürdigt wird. Moslems, Juden und Christen verehren zum Teil dieselben Propheten und heiligen Schriften des Alten Testaments, die das Fundament der drei monotheistischen Religionen bilden. Indem er auf das gemeinsame Erbe verwies, welches das Christentum mit anderen Religionen teilt, wollte Polke ein Licht darauf werfen, wie unrein und ungewiss zu Anfang alles war.

Das Fenster mit dem Namen «Menschensohn» veranschaulicht dies auf eindrückliche Weise. Als einzige Darstellung in Schwarz-Weiss steht es in starkem Kontrast zum Farbreichtum der übrigen Fenster. Es ist auch die weitaus grafischste Arbeit, bestehend aus neun Elementen oder Glasscheiben, die jeweils zwei einander zugewandte Gesichter im Profil zeigen. In einigen Elementen sind die Umrisse der Gesichter scharf; in anderen lässt ein sanftes Leuchten die Ränder verschwimmen, beinah als würde das Sonnenlicht das Glas gleich auflösen und ungehindert in die Kirche einfallen. Es ist jedoch auch möglich, in den Elementen gar keine Gesichter zu erkennen, sondern lediglich neun weisse Kelche. Polke hat bei der Komposition dieses Fensters auf einen der ältesten visuellen Tricks zurück-gegriffen, die Kippfigur, die auf der wechselnden Figur-Grund-Wahrnehmung beruht: Je nachdem, ob man die weissen Flächen in den Vordergrund rückt oder die schwarzen, sieht man weisse Kelche oder schwarze Gesichter.

Wie bei den Achatfenstern ist die Form, die das Menschensohn-Fenster annimmt, sein sedimentierter Gehalt. Die historische Bedeutung des Ausdrucks Menschensohn ist nämlich genauso ungewiss wie die Frage, ob das Fenster Kelche oder Menschen zeigt. Der Ausdruck «Menschensohn» erscheint erstmals im Buch Daniel (7,13), das etwa zweihundert Jahre vor Christi Geburt verfasst wurde. Und er beschreibt jemanden, der eine ewige Friedensherrschaft errichtet und alle dämonischen Königreiche vom Angesicht der Erde verbannt. Jesus bezeichnet sich im Neuen Testament nie als Menschensohn ausser im Johannesevangelium, das in ihm den Messias erkennt, von dem die jüdischen Propheten verhiessen, er würde kommen, um den Frieden auf Erden zu bringen. Doch in keinem anderen Evangelium wird überliefert, dass Jesus sich selbst Menschensohn nannte. Entsprechend stritten die Bibelgelehrten darüber, ob Jesus sich als personifizierte Gottheit verstanden wissen wollte. Und wenn ja, warum er dann eine so seltsame, fast poetische Bezeichnung verwendete, die zu seinen Lebzeiten kein Mensch als Verweis auf seine Göttlichkeit verstehen konnte. Noch verwirrender wird es, wenn man den Aspekt der Übersetzung mit einbezieht. «Menschensohn» könnte im Griechischen eine Wendung aus der Muttersprache Jesu, dem Aramäischen, widerspiegeln, die etwa so viel heisst wie «jemand wie ich» oder, etwas weiter gefasst: «Menschen wie wir». Diese Interpretation legt nahe, dass Jesus sich selbst so darstellte, wie es jeder Politiker tun würde: als jemanden, der sich in nichts von den Menschen unterscheidet, die er überzeugen will. Doch letztlich spielt all dies wohl keine Rolle, denn was sich über die Jahrhunderte hinweg gehalten hat, ist der Eindruck, dass er ununterscheidbar beides war, Mensch und Gott.

In einem anderen Fenster tritt Christus weder als Mensch noch als Gott auf, sondern als zweigeteilter Ziegenbock. Bei diesem Fenster mit dem Titel «Sündenbock» stützte sich Polke auf die in Leviticus geschilderte Zeremonie für Yom Kippur, den jüdischen Versöhnungstag, bei welcher zwei Böcke auserkoren werden: Der eine wird geopfert, um Gott zu besänftigen, und auf den anderen wird die Sündenlast der gesamten Gemeinschaft symbolisch abgeladen, worauf er in die Wüste geschickt wird und die Sünden der Menschen mit sich fortträgt. Eine gängige Interpretation der Sündenbockgeschichte lautet, dass sie vorwegnimmt, was Johannes der Täufer von Jesus sagte: «Siehe, das ist Gottes Lamm, welches der Welt Sünde trägt!» (Johannes, 1,29). Dahinter steht die Vorstellung, dass die Kreuzigung Christi uns von unseren Sünden erlöst, wie der Sündenbock es im 3. Buch Mose tat. Das hatte Polke wohl im Kopf, als er das Sündenbock-Fenster schuf. Ausgehend von Bildern in religiösen Handschriften des 12. Jahrhunderts gestaltete er den oberen Teil des Fensters mit dem Kopf und den Vorderbeinen eines beinah comicartig dargestellten, nach rechts schauenden Bocks, dessen Hinterteil und -beine, diesmal nach links gewandt, im unteren Teil des Fensters zu sehen sind. Ein feiner weisser Glorienschein erstrahlt im Mittelteil des Fensters, während eine Reihe grüner, textil anmutender Formen fruchtbaren Boden andeuten und beiden Hälften des Bocks als Standfläche dienen.

In den Körper des Tieres sind einige mehrfarbige Steine eingebettet, die dem Fenster seine markante Wirkung verleihen. Die Steine lassen das Tier aussehen, als sei es mit schwärenden Stellen und offenen Wunden bedeckt oder leide an einem heftigen Ausschlag. Sündhaftigkeit lässt sich nicht besser ausdrücken als mit der Metapher der Krankheit. Aber Polke hat etwas anderes im Sinn und stellt das Ganze auf der Materialebene auf den Kopf. Bei den Steinen handelt es sich um Turmaline, Edelsteine also, denen man in gewissen spirituellen Kreisen heilende Eigenschaften zuschreibt. In ihnen findet die Qualität von Polkes Kunst, das

Unterste zuoberst zu kehren, ihr mächtigstes Symbol. Was Polke aus meiner Sicht sagen will: Wenn Sünde so etwas wie Übertretung ist, dann eine heilsame, ja sogar formgebende. Die Sünde ist ein edler Stein, weil sie uns – während wir sie begehen – den zwingenden Charakter des Gesetzes offenbart. Ausserdem vermittelt sie uns die eindringliche Erkenntnis, die aus dem Wissen entsteht, welchen Preis wir dafür zu zahlen bereit sind, selbst zu entscheiden, was wir für wirklich erstrebenswert halten.

In gewissem Sinne besteht Polkes Œuvre aus nichts anderem als Hinweisen darauf, wie kostbar und prägend Übertretungen sind. Wenige Künstler haben die Freuden der ästhetischen Entflammbarkeit durch Vermengung und Zusammenführung nicht zueinander passender Formen und Ideen so hartnäckig verfolgt wie er. Polkes Sensibilität liegt in seinem letzten bedeutenden Werk im Zürcher Grossmünster offen zutage. Aus den Grundmythen eines institutionalisierten Glaubens schmiedete er Szenen, so widersprüchlich und weitreichend – und damit befreiend und weise –, wie das Christentum sein sollte, wenn ihm denn die wesentliche Grundfrage noch immer so wichtig wäre wie uns.

Erstmals veröffentlicht in *Sigmar Polke. Alibis*, New York: Museum of Modern Art, 2014. Wiederabdruck mit freundlicher Genehmigung. Der Autor dankt Jacqueline Burckhardt und Bice Curiger für die erhellenden Einblicke und die freundliche Begleitung bei der Entstehung dieses Essays.

Der unergründliche Stuart Sherman

Stuart Sherman, der 2001 verstorbene Dichter, Performer und Künstler aus New York, realisierte Inszenierungen, die er «Spektakel» nannte. Es waren kurze Stücke, aufgeführt auf Parkplätzen, an Strassenecken, manchmal auf Theaterbühnen, in denen Sherman gewöhnlich mit alltäglichen Dingen auf einem tragbaren TV-Serviertablett hantierte. Er mischte Tassen und Spielkarten durcheinander, legte eine Möhre auf einen Hut und setzte sich dann eine Brille mit abgedeckten Gläsern auf usw. Das Tempo war bedächtig wie ein Ritual, aber nicht wie eines aus einer erdgebundenen Kultur. Er schuf insgesamt über zwanzig solcher Spektakel, die sich lediglich in Dokumentationen erhalten haben. Ich selbst habe nur eines gesehen und weiss noch, dass ich mir damals das Gleiche sagte, was ich mir immer noch sage, wenn ich eine seiner Aktionen auf Video anschaue: Was geht da vor?

Das ist das Vergnügliche an Shermans Werken. Was uns am meisten interessiert, gefällt uns häufig auch am besten. Doch deswegen strahlen die Dinge auch eine ungeheure Müdigkeit aus: Unser Interesse erschöpft sie und macht sie alt, weil wir wissen wollen, welchen Zweck sie für uns erfüllen können. Die einzig wahre Erkenntnis, heisst es, ist die Einsicht, dass man überhaupt nichts weiss. Shermans Werke überdauern zum Teil, weil sie – als Form – ihren letztlich unergründlichen Inhalt beschwören. Sie sind leicht (wie ein Vogel, nicht wie eine Feder), weil sie weder den Wunsch noch das Bedürfnis haben, bekannt zu sein. Und wir lernen ohne Belehrung, wie schön es ist, sich mit etwas zu befassen, das uns nicht vereinnahmen will, das ganz einfach, hartnäckig und unvereinbar das ist, was es ist.

Mach ich die Augen zu und versuche, die Aufführungen im Geist heraufzubeschwören, wirkt die Polyphonie der Rhythmen, mit denen Sherman das Publikum betörte, am lebendigsten nach, aber auch, wie er sich vor dem Tablett aufführte, vertieft und linkisch zugleich, als ob er seinen Körper nicht ganz im Griff hätte, als ob eine fremde Kraft seine Bewegungen fernsteuern würde. Manchmal zog er auch unvermittelt einen Zettel hervor und musterte ihn aufmerksam. Dann steckte er ihn wieder in seine Hemdtasche zurück und spielte weiter. Dieser Zettel wollte mich nicht mehr loslassen. Was stand wohl drauf? War es ein Spickzettel für sein Spiel? Notizen für die Aufführung, so etwas wie die Partitur einer unmenschlichen Intelligenz mit Regieanweisungen? Vielleicht nichts dergleichen, nur ein weiteres Requisit auf der Tischplatte seines Universums, genau wie der Schwamm oder die Dose «SpaghettiOs».

Dieser Zettel lässt mich immer noch nicht los. An ihn zu denken macht Spass, weil er Shermans Werk aus seiner eigenen hermetischen Welt in das grössere Beziehungs- und Bedeutungsgeflecht, das sein Werk errichten wollte, überführt. Oder anders gesagt, Shermans Geste mit diesem Zettel wirft eine Frage auf, die auch ich mir oft stelle. Die Frage lautet: Was mache ich nun?

Wahrscheinlich stellen wir uns alle diese Frage; wenn ich sie stelle, bezieht sie sich auf das, was ich gerade mache, oder richtet sich an jene, mit denen ich zusammenarbeite. Und manchmal stelle ich die Frage laut in den leeren Raum. Für mich ist es vor allem eine moralische Frage, sofern man das Moralische grundsätzlich als eine Art inneres Gesetz versteht, eine Reihe von Leitprinzipien, die man im Laufe der eigenen Entwicklung befolgt, um zwischen richtig und falsch zu entscheiden.

Aber es handelt sich auch um eine ästhetische Frage, da Ästhetik eine Sensibilität ist, die bestimmt, was man macht und was man gerne hat. In beiden Fällen geht es darum, etwas auszuwählen, was sich zu verfolgen lohnt, um dem näherzukommen, was man sein will.

Für mich ist dieser Zettel ein Emblem der eigenartigen inneren Gesetze, denen Sherman schliesslich folgte, um das zu werden, was er geworden ist, um so verquere und wunderbare Arbeiten wie seine Performances machen zu können. Selbstverständlich ist das Werk einer Person nicht identisch mit der Person, die es macht. Allerdings drückt ein – beachtenswertes – Werk nicht nur das aus, was es ist, sondern hinterlässt auch Spuren der Persönlichkeit, die es gemacht hat. Ähnlich wie eine sprechende oder singende Person in der «Körnung» ihrer Stimme verkörpert ist. Die «Körnung» ist die Beschaffenheit des Tons, welche die Form und den Weg der Luft bei ihrer Reise von der Lunge zum Kehlkopf und aus dem Mund ausdrückt. Sie ist der Körper im Ton.

Genauso beschäftigt mich der Körper im Werk. Es ist der nach der Aktion zurückgebliebene Beweis, der erhellt, wie eine Lebensform einem Leben Form verleiht (oder es zur toten Form erstarren lässt). Duchamp hat einmal etwas Ähnliches beschrieben, als er sagte, das Interessanteste an Warhols Suppendosenbildern seien nicht die Gemälde an sich, sondern das Hirn, dass sie für wertvoll genug hielt, um Zeit und Energie nicht zu scheuen, sie zu malen. Ich frage mich, was für ein Mensch überhaupt so etwas machen würde. Besonders wenn das Ergebnis wie bei Sherman so sperrig und unergründlich ist. Es spiegelt vielleicht eine Seinsweise, mit der ich besonders vertraut bin. Doch warum will überhaupt jemand so unnachgiebige und unergründliche Menschen oder Dinge um sich haben? Ich weiss es nicht. Aber es ist eine gute Frage.

Verfasst im Auftrag von der Foundation for Contemporary Arts und veröffentlicht in deren Stipendienpublikation 2013. Wiederabdruck mit freundlicher Genehmigung.

Dank

Ein Buch ist gelungen, wenn es sich aus einer Kette von Beziehungen ergibt, die dessen Entstehung mittragen. Ich möchte an erster Stelle Maja Oeri, Präsidentin der Laurenz-Stiftung, sowie dem Schaulager Team, Isabel Friedli und Martina Venanzoni, für ihre unermessliche Unterstützung und die Mitherausgabe dieses Buches danken. Für ihren Rat zur Auswahl und der Reihenfolge der Essays möchte ich Ralph Ubl und Susanne Leeb vom Kunsthistorischen Seminar der Universität Basel danken. Ich bin George Baker und Eric Banks für ihre Sorgfalt und ihr Engagement dankbar. Suzanne Schmidt und Tarcisius Schelbert danke ich für die grossartige Leistung bei der Übersetzung der Texte. Viele der Texte wurden auf Einladung von Redaktoren, Kuratoren und anderen Künstlern geschrieben, ihnen möchte ich dafür danken, dass sie mir den Raum zum Schreiben gegeben haben, um etwas sowohl stimmig als auch verkehrt durchzudenken. Zu ihnen gehören unter anderen Christopher Bedford, Daniel Birnbaum, Carolyn Christov-Bakargiev, Bice Curiger, Peter Eleey, Bettina Funcke, Tim Griffin, Kathy High, Bill Horrigan, Bruce Jenkins, Kathy Kelly, Michelle Kuo, Cathy Lebowitz, Dani Leventhal, Sven Lütticken, Hans Ulrich Obrist, Anne Pasternak, Jenny Schlenzka, Kitty Scott, Katy Siegel, Stacy Tenenbaum Stark, Anton Vidokle und Brian Kuan Wood. Freunden bin ich dankbar, dass sie als Leser oder Gesprächspartner Sätze und Gedanken zuspitzten. Dies sind nebst anderen Cynthia Banas, Mary Walling Blackburn, Kathy Halbreich, Jennifer Hayashida, Robert Hullot-Kentor, Claudia La Rocco, Karen Marta und Molly Nesbit. Ich möchte auch Carol Greene und allen Mitarbeitenden der Greene Naftali Gallery für ihre Betreuung und Unterstützung während der Ausarbeitung dieses Buches danken. Ich bin dem Team von Badlands Unlimited dankbar, dass sie jeweils am Montag und am Dienstag all dies möglich machen: Ian Cheng, Micaela Durand und Matthew So. Ein besonderer Dank geht an Gavin Kroeber, der es schafft, mich und alle anderen auf Kurs und im Dialog zu behalten. Und schliesslich möchte ich meine Dankbarkeit gegenüber Marlo Poras und Ruby Chan ausdrücken, die die ersten und letzten Worte meines Lebens sind.

Bildnachweis

ANDERE BÜCHER VON PAUL CHAN

Between Artists: Paul Chan and Martha Rosler
The 7 ~~Lights~~
The Shadow and Her Wanda
Waiting for Godot in New Orleans: A Field Guide
Phaedrus Pron
The Essential and Incomplete Sade for Sade's Sake
On Democracy by Saddam Hussein
Holiday
New New Testament